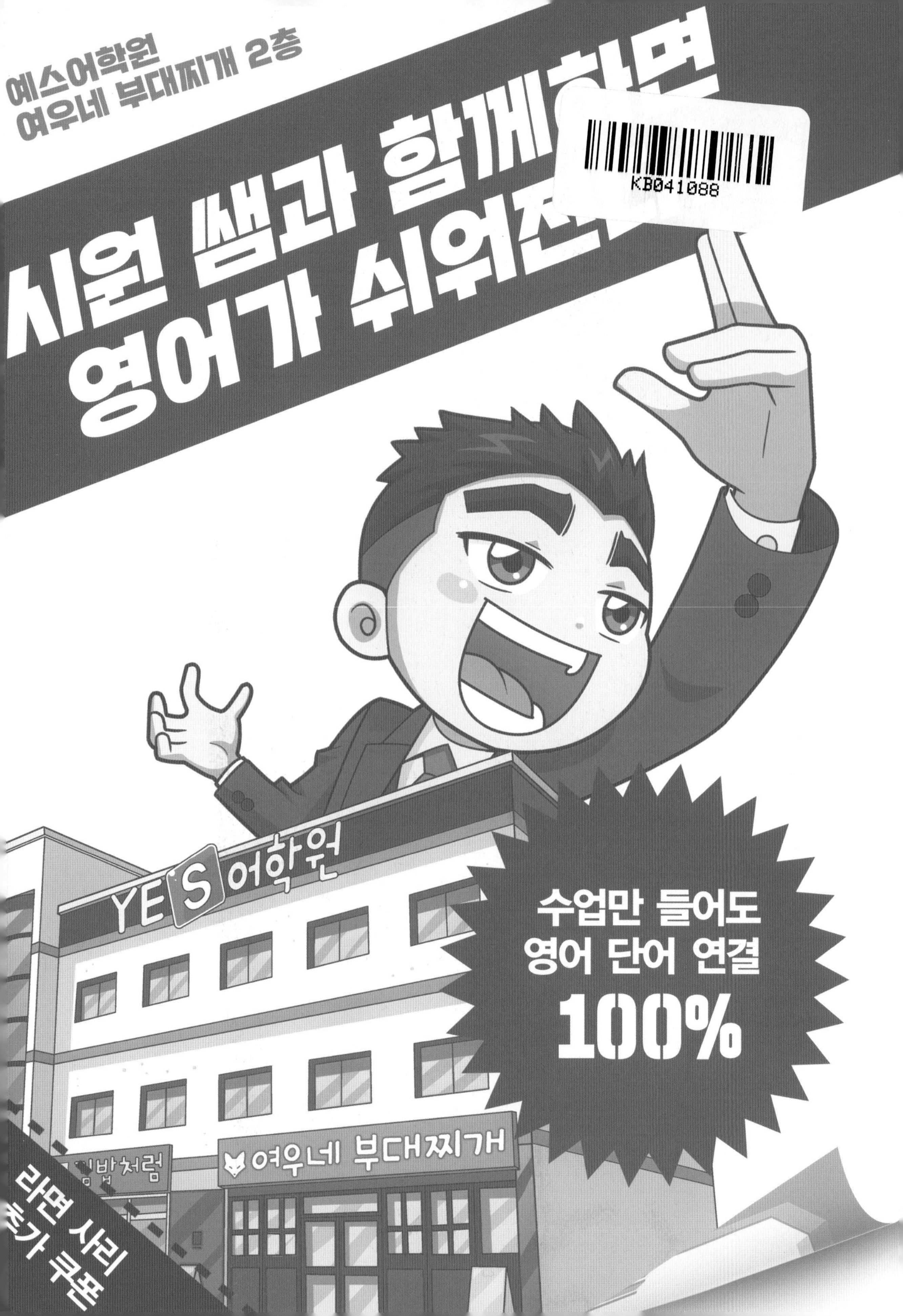
예스어학원
여우네 부대찌개 2층
시원 쌤과 함께하면
영어가 쉬워진
KB041088
YES어학원
수업만 들어도
영어 단어 연결
100%
여우네 부대찌개
라면 사리
쿠폰

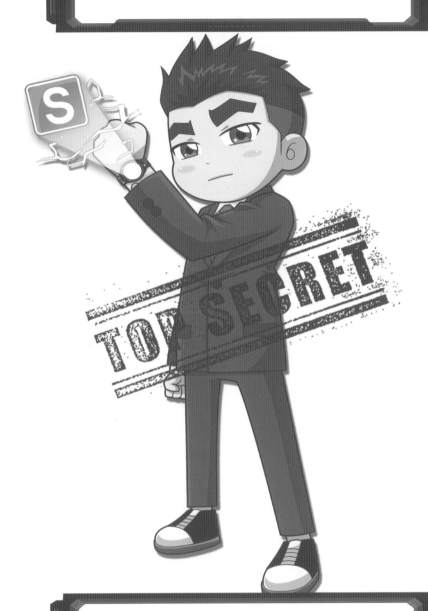

예스잉글리시
신입 단원 모집

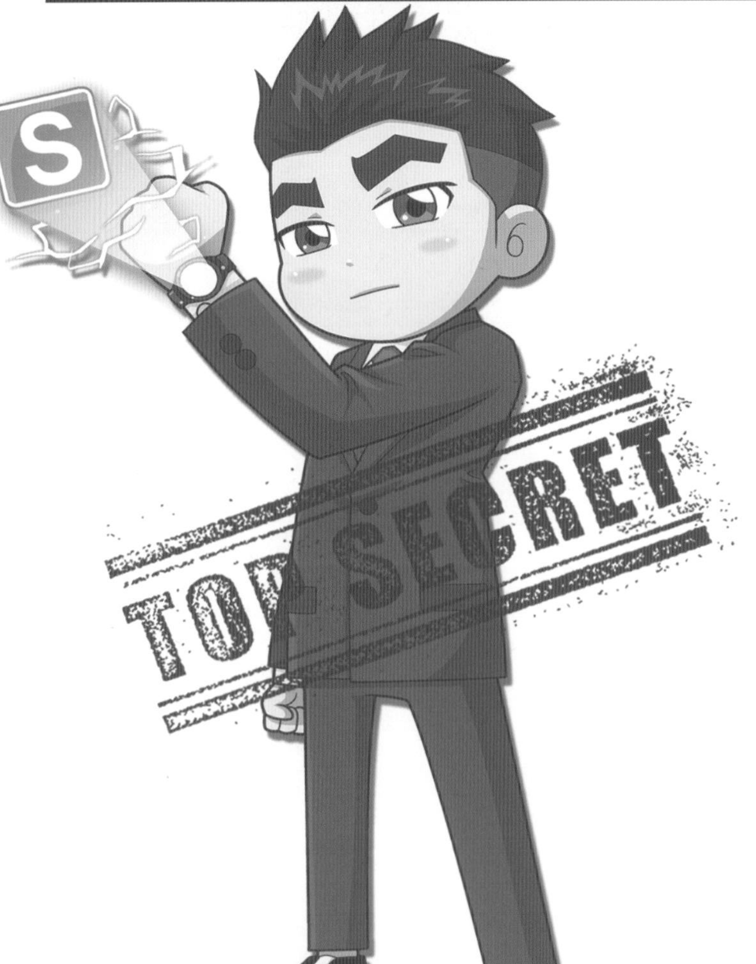
S
TOP SECRET

코드 네임 : 에스원 요원과
영어 유니버스를 구하라!

English Adventure

이시원의 영어 대모험

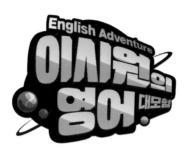

일러두기

이 책의 만화에 나오는 영어 문장 중 일부는 이야기의 자연스러운 이해를 위해 의역했습니다.
그 외의 영어 문장은 학습적인 이해를 돕기 위해 직역했습니다.

이시원의 영어 대모험 ⑨
동사 과거형

기획 시원스쿨 | **글** 박시연 | **그림** 이태영

1판 1쇄 발행 | 2021년 5월 17일
1판 2쇄 발행 | 2023년 12월 4일

펴낸이 | 김영곤
이사 | 은지영
키즈스토리본부장 | 김지은
기획개발 | 최지수 강혜인 심다혜
아동마케팅영업본부장 | 변유경
아동마케팅2팀 | 임동렬 이해림 최윤아
아동영업팀 | 강경남 오은희 김규희 황성진 양슬기
디자인 | 임민지

펴낸곳 | (주)북이십일 아울북
등록번호 | 제406-2003-061호
등록일자 | 2000년 5월 6일
주소 | 경기도 파주시 회동길 201(문발동) (우 10881)
전화 | 031-955-2107(기획개발), 031-955-2100(마케팅·영업·독자문의)
브랜드 사업 문의 | license21@book21.co.kr
팩시밀리 | 031-955-2177
홈페이지 | www.book21.com

ISBN 978-89-509-8500-4
ISBN 978-89-509-8491-5(세트)

∗ 잘못 만들어진 책은 **구입하신 서점**에서 교환해 드립니다.
∗ 가격은 책 뒤표지에 있습니다.
⚠ 주의 1. 책 모서리가 날카로워 다칠 수 있으니 사람을 향해 던지거나 떨어뜨리지 마십시오.
      2. 보관 시 직사광선이나 습기 찬 곳을 피해 주십시오.

• **제조자명** : (주)북이십일
• **주소 및 전화번호** : 경기도 파주시 회동길 201(문발동) / 031-955-2100
• **제조연월** : 2023.12.4
• **제조국명** : 대한민국
• **사용연령** : 3세 이상 어린이 제품

만 화 로 시 작 하 는 이 시 원 표 초 등 영 어

English Adventure
이시원의 영어 대모험 9

기획 시원스쿨
글 박시연
그림 이태영

동사 과거형

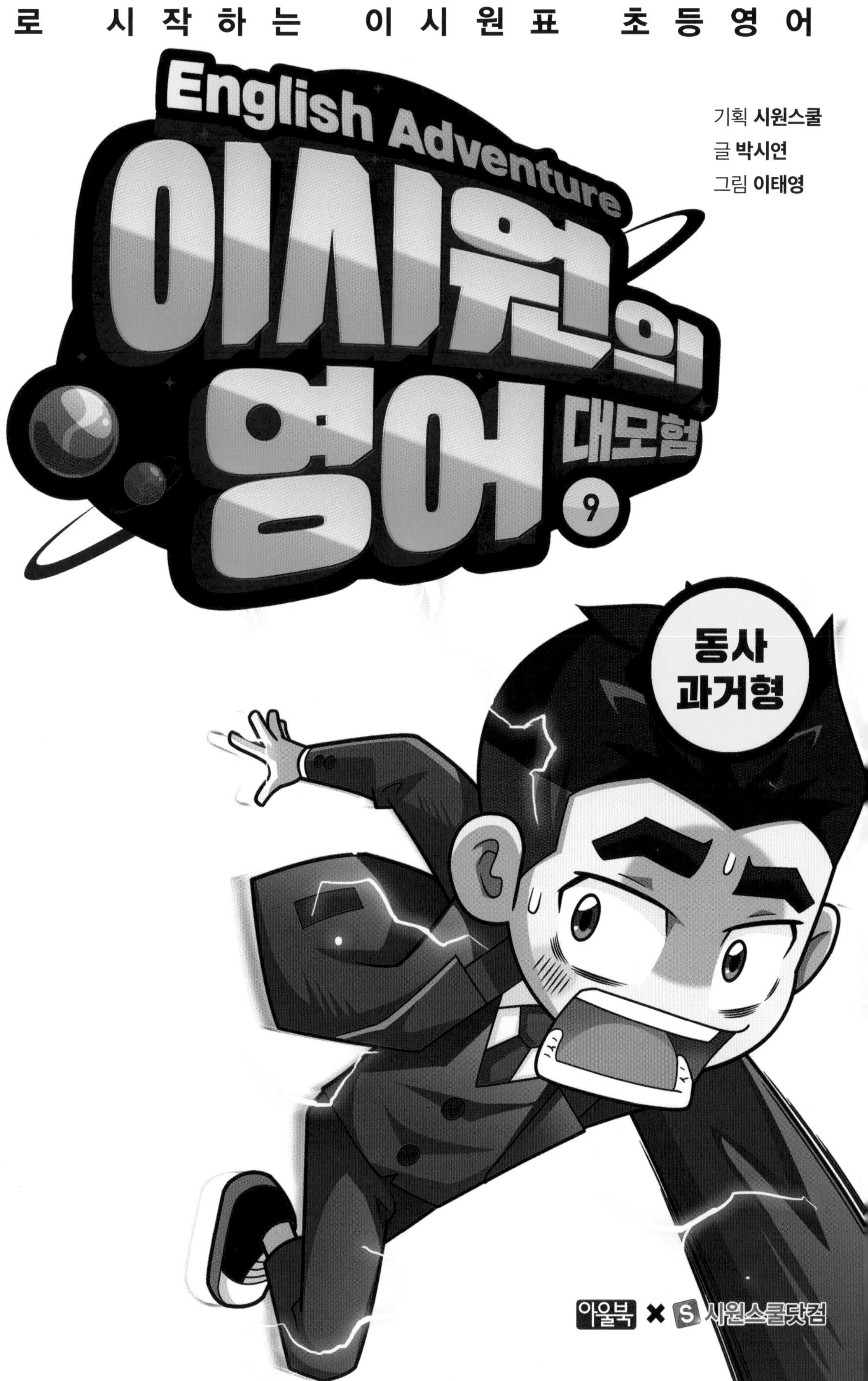

아울북 × S 시원스쿨닷컴

작가의 말

안녕하세요? 시원스쿨 대표 강사 이시원 선생님이에요. 여러분은 영어를 좋아하나요? 아니면 영어가 어렵고 두려운가요? 혹시 영어만 생각하면 속이 울렁거리고 머리가 아프진 않나요? 만약 그렇다면 지금부터 선생님이 영어와 친해지는 방법을 가르쳐 줄게요.

하나, 지금까지 배운 방식과 지식을 모두 지워요!

보기만 해도 스트레스를 받고, 나를 힘들게 만드는 영어는 이제 잊어버려요. 선생님과 함께 새로운 마음으로 영어를 다시 시작해 봐요.

둘, 하나를 배우더라도 정확하게 습득해 나가요!

눈으로만 배우고 지나가는 영어는 급할 때 절대로 입에서 나오지 않아요. 하나를 배우더라도 완벽하게 습득해야 어디서든 자신 있게 영어로 말할 수 있어요.

셋, 생활 속에서 자주 쓰이는 표현을 배워요!

우리 생활에서 쓸 일이 별로 없는 단어를 오래 기억할 수 있을까요? 자주 사용하는 단어 위주로 영어를 배워야 쓰기도 쉽고 잊어버리지도 않겠죠? 자연스럽게 영어가 튀어나올 수 있도록 여러 번 말하고, 써 보면서 잊지 않게 하는 것이 중요해요.

이 세 가지만 지키면 어느새 영어가 정말 쉽고, 재밌게 느껴질 거예요. 그리고 이 세 가지를 충족시키는 힘이 바로 이 책에 숨어 있어요. 여러분이 〈이시원의 영어 대모험〉을 읽는 것만으로도 최소한 영어 한 문장을 습득할 수 있어요.

단어와 단어를 연결하는 방법도 자연스럽게 익히게 될 거예요. 게다가 영어에 관련된 흥미로운 이야기들을 알게 되면 영어가 좀 더 친숙하고 재미있게 다가올 거라 믿어요!

자, 그럼 만화 속 '시원 쌤'과 신나는 영어 훈련을 하면서 모두 함께 영어의 세계로 떠나 볼까요?

시원스쿨 기초영어 대표 강사 **이시원**

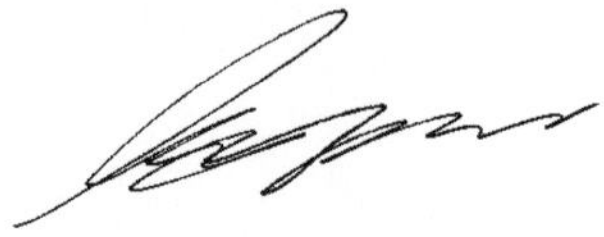

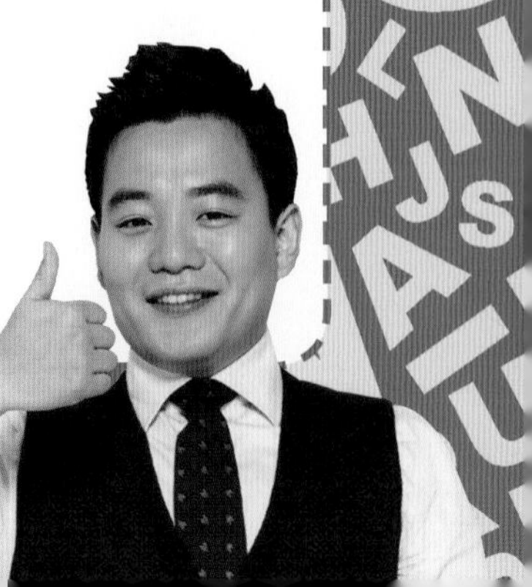

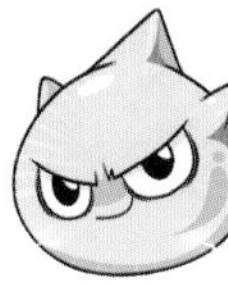

영어와 친해지는 영어학습만화

영어는 이 자리에 오기까지 수많은 경쟁과 위험을 물리쳤답니다. 영어에는 다른 언어와 부딪치고 합쳐지며 발전해 나간 강력한 힘이 숨겨져 있어요. 섬나라인 영국 땅에서 시작된 이 언어가 어느 나라에서든 통하는 세계 공용어가 되기까지는 마치 멋진 히어로의 성장 과정처럼 드라마틱하고 매력적인 모험담이 있었답니다. 이 모험담을 듣게 되는 것만으로도 우리 어린이들은 영어를 좀 더 좋아하게 될지도 몰라요.

영어는 이렇듯 강력하고 매력적인 언어지만 친해지기는 쉽지 않아요. 우리 어린이들에게 영어는 어렵고 힘든 시험 문제를 연상시키지요. 영어를 잘하면 장점이 많다는 것은 알지만 영어를 공부하는 과정은 어렵고 힘들어요. 이 책에서 시원 쌤은 우리 어린이 주인공들과 영어 유니버스라는 새로운 세계로 신나는 모험을 떠난답니다.

여러분도 엄청난 비밀을 지닌 시원 쌤과 미지의 영어 유니버스로 모험을 떠나 보지 않을래요? 영어 유니버스의 어디에선가 영어를 좋아하게 된 자신의 모습을 발견하게 될지도 몰라요.

글 작가 **박시연**

영어의 세계에 빠져드는 만화

영어 공부를 시작하는 어린이들은 모두 자기만의 목표를 가지고 있을 거예요. 영어를 잘해서 선생님께 칭찬받는 모습부터 외국 친구들과 자유롭게 영어로 소통하는 모습, 세계적인 유명인이 되어서 영어로 멋지게 인터뷰하는 꿈까지도요.

이 책에서는 어린이들이 공감할 수 있도록 영어를 배우며 느끼는 기분, 상상한 모습들을 귀엽고 발랄한 만화로 표현했어요. 이 책을 손에 든 어린이들은 만화 속 인물들에게 무한히 공감하며 이야기에 빠져들 수 있을 거예요. 마치 내가 시원 쌤과 함께 멋진 모험을 떠나는 것 같은 기분을 느낄 수 있도록요.

보는 재미와 읽는 재미를 함께 느낄 수 있는 만화를 통해 영어의 재미도 발견하기를 바라요!

그림 작가 **이태영**

차례

Good job!

등장인물

영어를 싫어하는 자,
모두 나에게로 오라!
굿 잡!

시원 쌤

비밀 요원명 에스원(S1)
직업 영어 선생님
좋아하는 것 영어, 늦잠, 힙합
싫어하는 것 노잉글리시단
취미 영어 단어 설명하기
특기 굿 잡 외치기
성격 귀차니스트 같지만 완벽주의자
좌우명 영어는 내 인생!

부대찌개 먹으러
우리 가게에 와용,
오케이?

폭스

비밀 요원명 에프원(F1)
직업 여우네 부대찌개 사장님

영어가 싫다고?!
내가 더더더 싫어지게
만들어 주마!

트릭커

직업 한두 개가 아님
좋아하는 것 영어 싫어하는 아이들
싫어하는 것 영어, 예스잉글리시단
취미 변장하기
특기 이간질하기
성격 우기기 대마왕
좌우명 영어 없는 세상을 위하여!

냥냥라이드에 태워 줄 테니
쭈루 하나만 줄래냥~!

빅캣

좋아하는 것 캐트닙, 쭈루
싫어하는 것 예스잉글리시단

내 방송 꼭 구독 눌러 줘!

루시

좋아하는 것 너튜브 방송
싫어하는 것 나우, 유령
좌우명 일단 찍고 보자!

헤이~요! 나는 나우!
L.A.에서 온 천재 래퍼!

나우

좋아하는 것 랩, 힙합,
쭈루 덫 놓기
싫어하는 것 영어로 말하기,
혼자 놀기
좌우명 인생은 오로지 힙합!

...

후

좋아하는 것 축구
싫어하는 것 말하기
좌우명 침묵은 금이다!

역시 예스어학원으로
옮기길 잘했어!

리아

좋아하는 것 뉴턴 도와주기
싫어하는 것 빅캣 타임
좌우명 최선을 다하자!

유령의 정체를 밝히고,
케임브리지 대학교를
지켜야 해!

뉴턴

흐흐흐
내가 누굴까~.

Chapter 1

케임브리지 유니버스

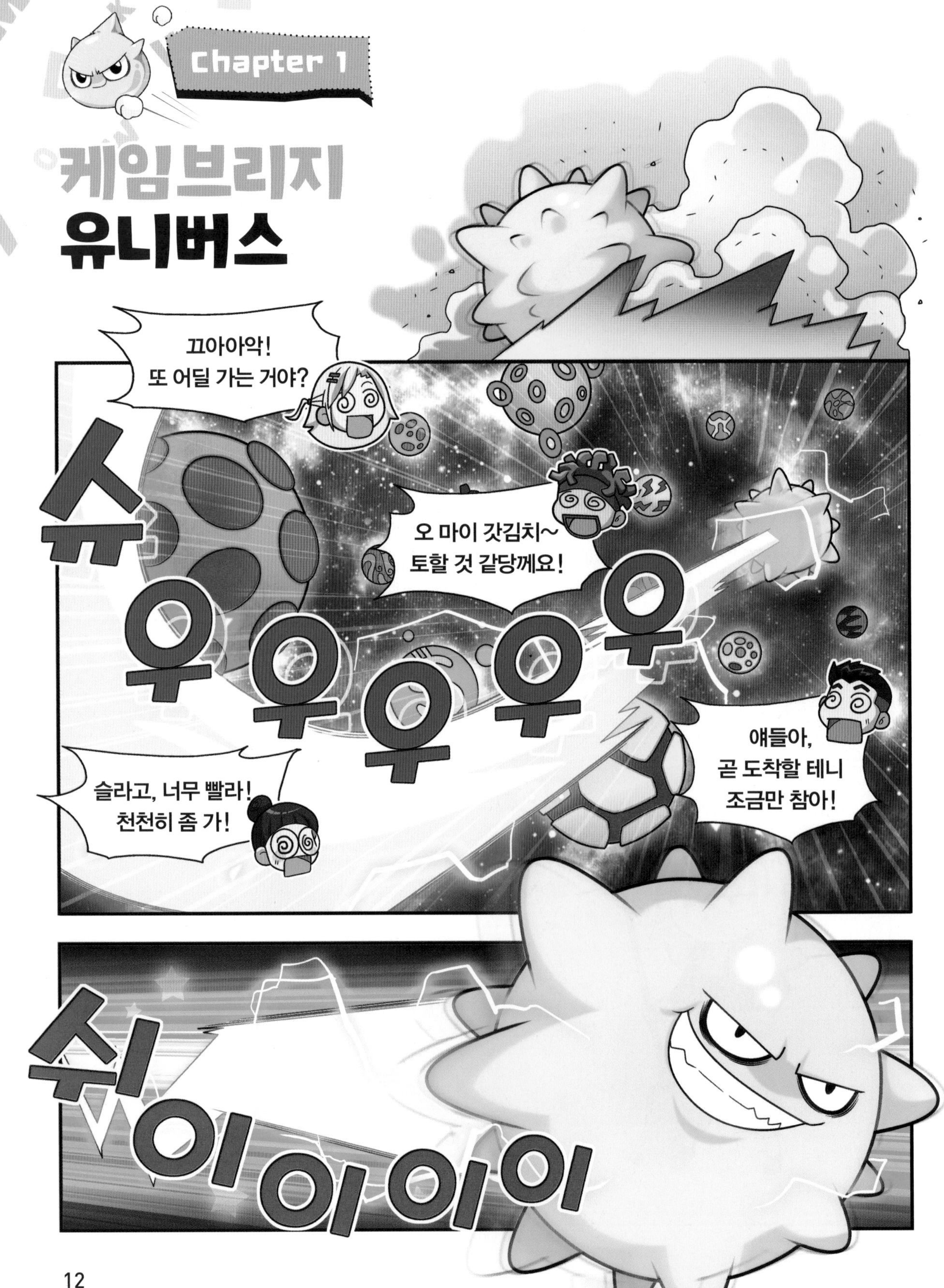
끄아아악! 또 어딜 가는 거야?
슈우우우우우
오 마이 갓김치~ 토할 것 같당께요!
슬라고, 너무 빨라! 천천히 좀 가!
얘들아, 곧 도착할 테니 조금만 참아!
쉬이이이이이

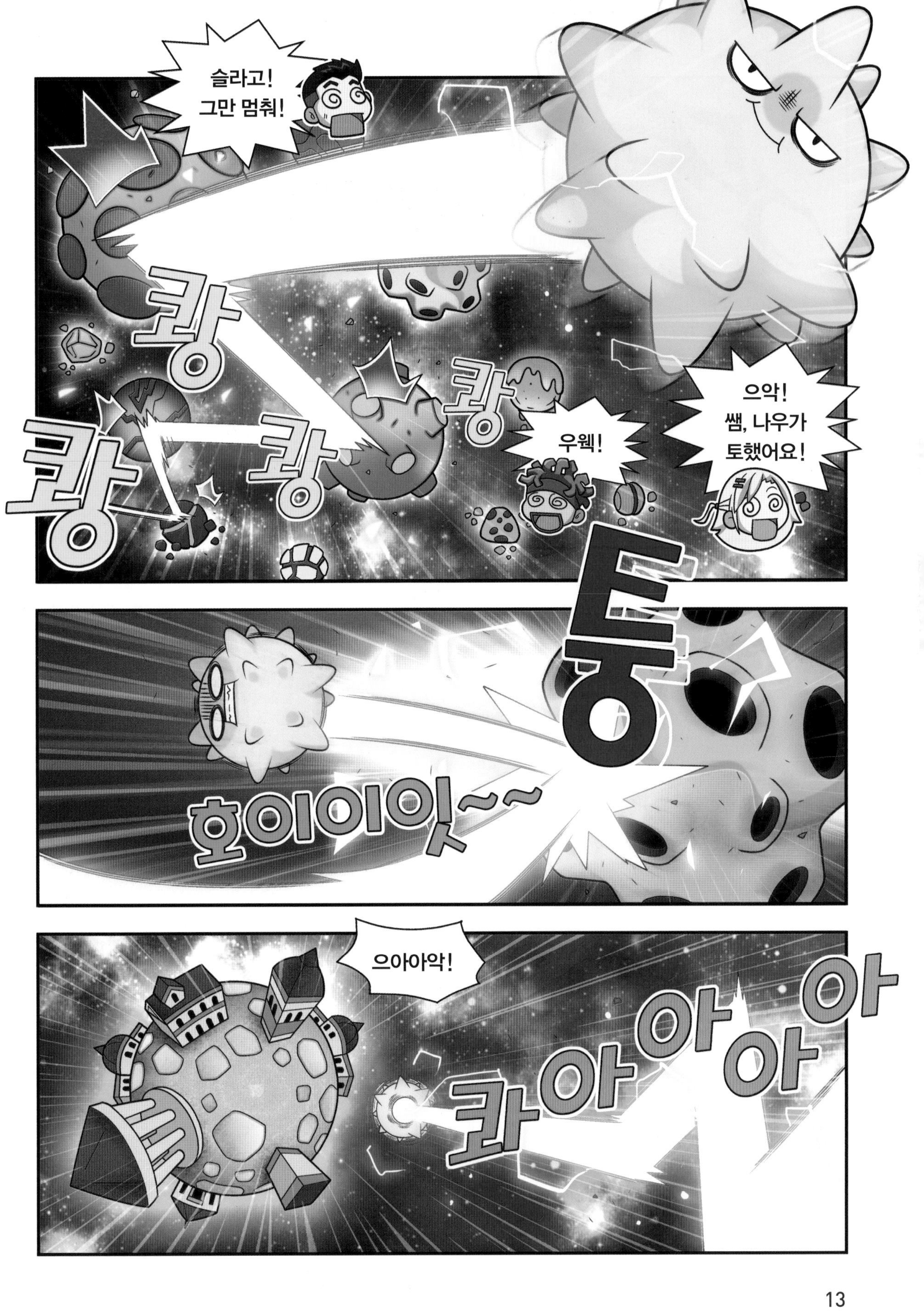

슬라고!
그만 멈춰!
쾅
쾅
쾅
쾅
우웩!
으악!
쌤, 나우가
토했어요!
퉁
호이이이잇~~
으아아악!
콰아아아아

파앗
슈우우
으아아아아아
첨벙
첨벙
첨벙
푸우~
노놉~ 우릴 강에 빠트리다니!
파닥
으으...
파닥
슬라고, 이 녀석 가만 안 둬!
앗, 차가워!

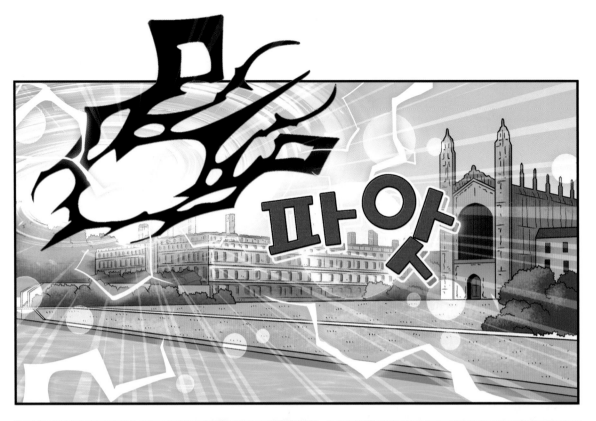

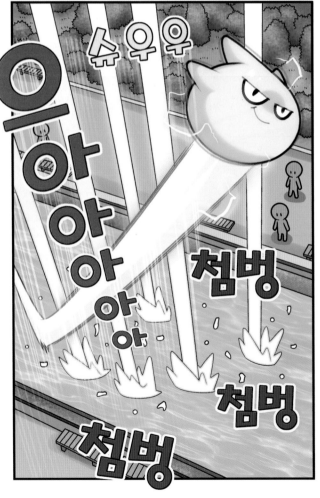

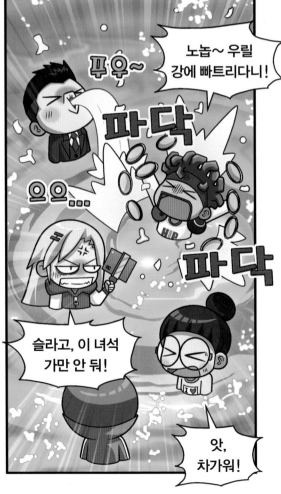

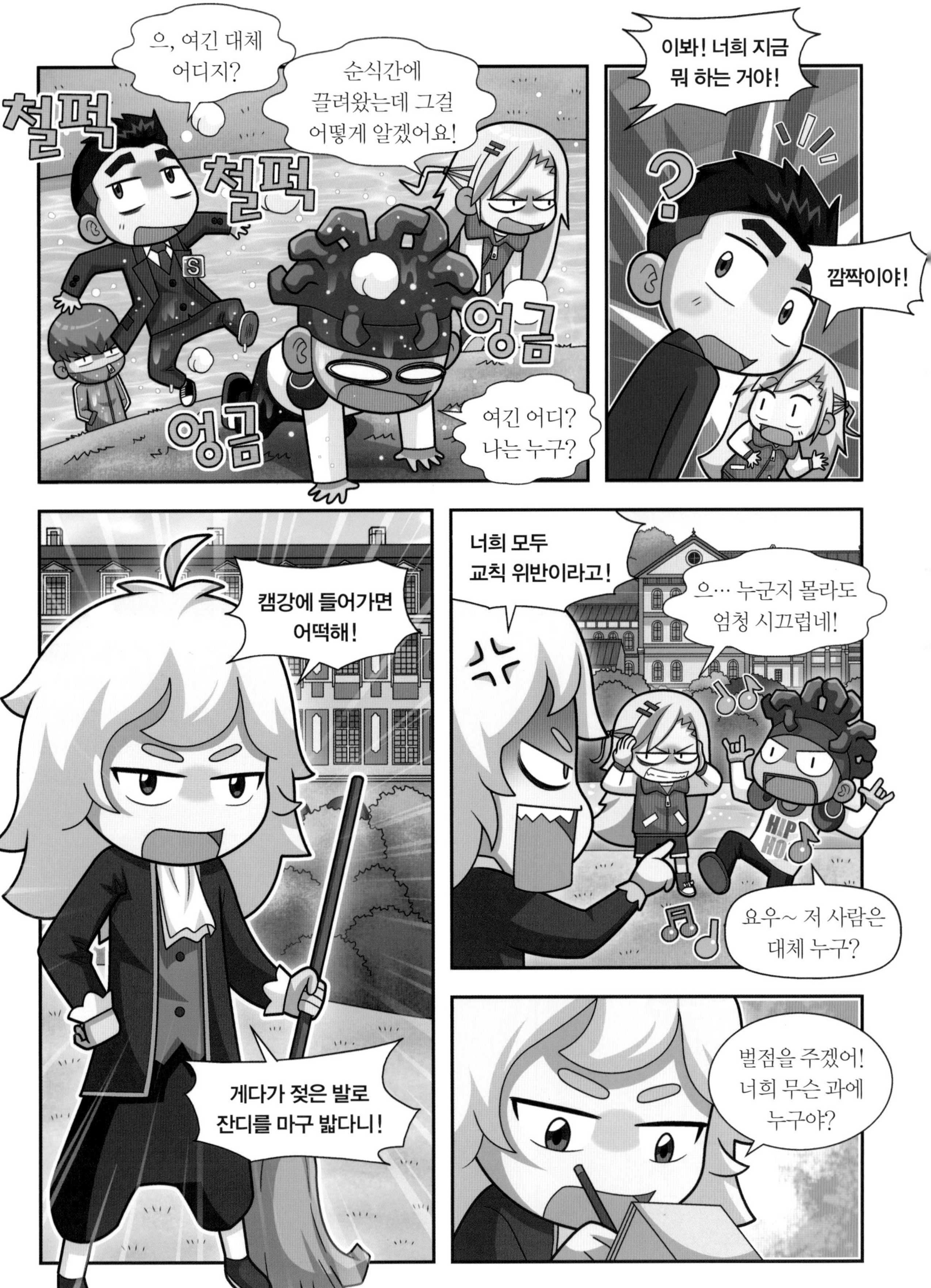
으, 여긴 대체
어디지?
순식간에
끌려왔는데 그걸
어떻게 알겠어요!
철퍽
철퍽
엉금
엉금
여긴 어디?
나는 누구?
이봐! 너희 지금
뭐 하는 거야!
깜짝이야!
캠강에 들어가면
어떡해!
게다가 젖은 발로
잔디를 마구 밟다니!
너희 모두
교칙 위반이라고!
으… 누군지 몰라도
엄청 시끄럽네!
요우~ 저 사람은
대체 누구?
벌점을 주겠어!
너희 무슨 과에
누구야?

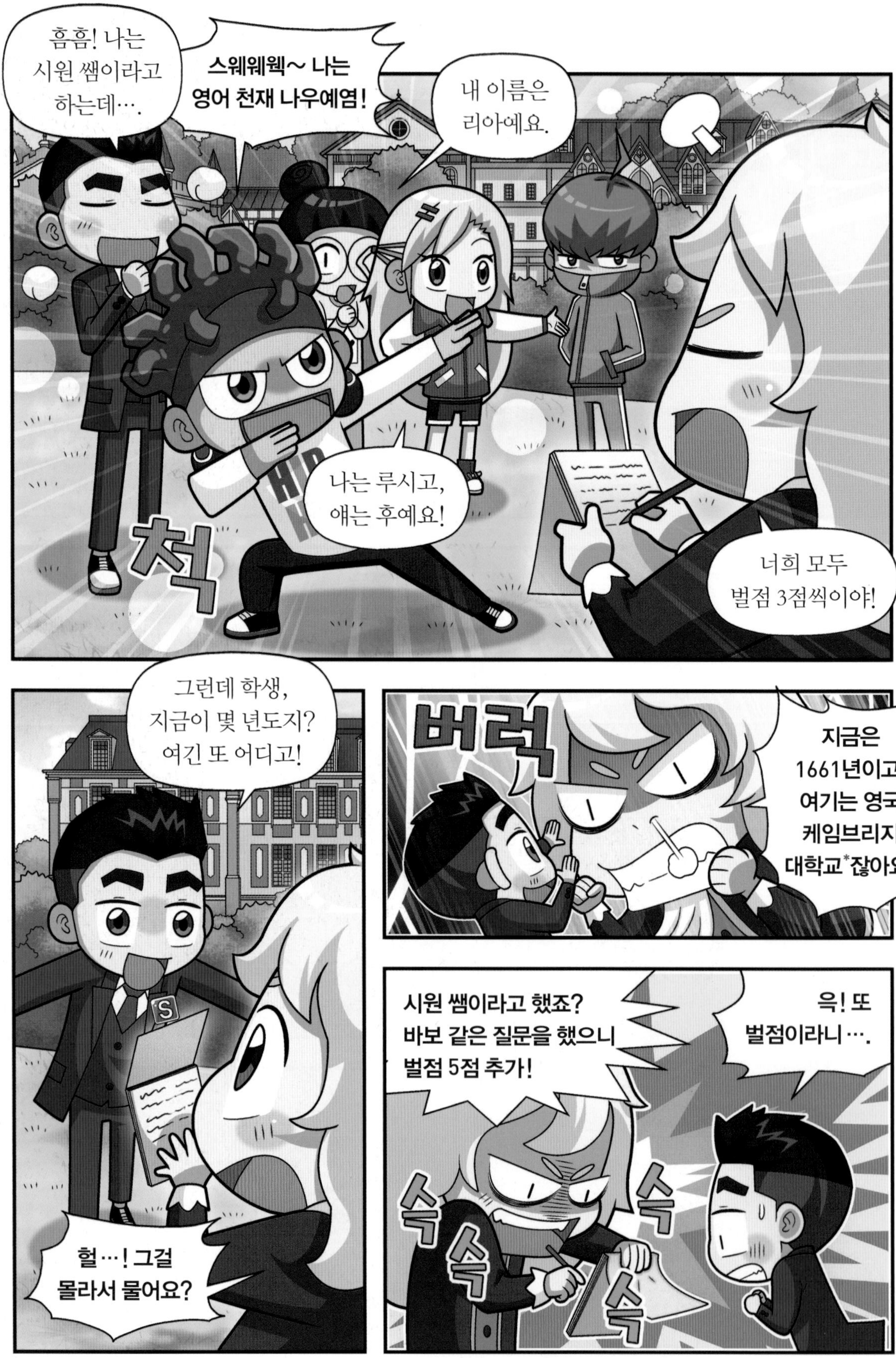

흠흠! 나는 시원 쌤이라고 하는데….
스웨웨웩~ 나는 영어 천재 나우예염!
내 이름은 리아예요.
나는 루시고, 얘는 후예요!
척
너희 모두 벌점 3점씩이야!
그런데 학생, 지금이 몇 년도지? 여긴 또 어디고!
헐…! 그걸 몰라서 물어요?
버럭
지금은 1661년이고, 여기는 영국 케임브리지 대학교*잖아요!
시원 쌤이라고 했죠? 바보 같은 질문을 했으니 벌점 5점 추가!
윽! 또 벌점이라니….
슥
슥
슥
슥

* Cambridge University[ˌkeɪmbrɪdʒ juːnɪˈvɜːrsəti]: 영국 케임브리지에 위치한 명문 대학교.

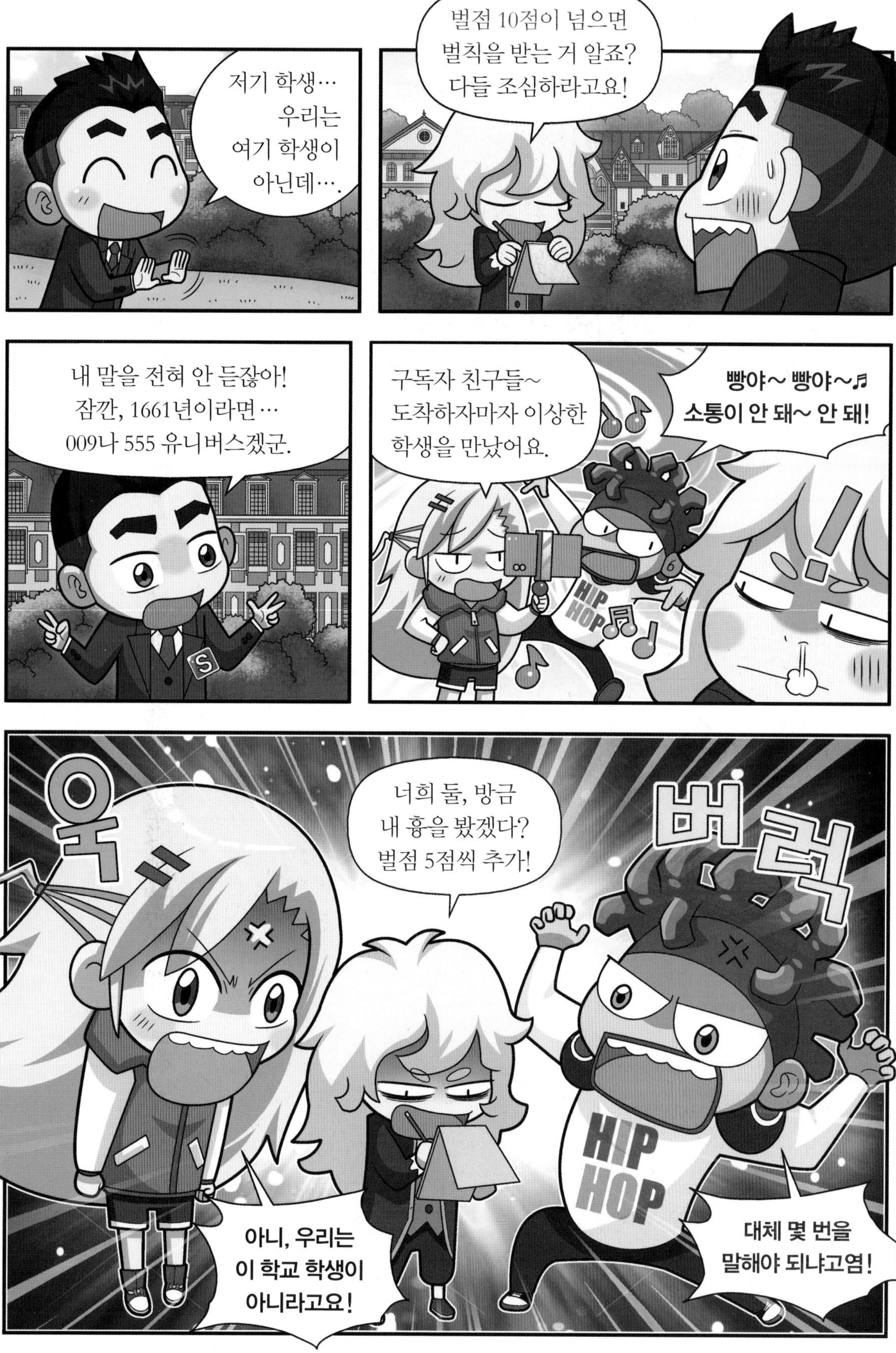
저기 학생… 우리는 여기 학생이 아닌데….
벌점 10점이 넘으면 벌칙을 받는 거 알죠? 다들 조심하라고요!
내 말을 전혀 안 듣잖아! 잠깐, 1661년이라면… 009나 555 유니버스겠군.
구독자 친구들~ 도착하자마자 이상한 학생을 만났어요.
빵야~ 빵야~♬ 소통이 안 돼~ 안 돼!
욱
너희 둘, 방금 내 흉을 봤겠다? 벌점 5점씩 추가!
버럭
아니, 우리는 이 학교 학생이 아니라고요!
대체 몇 번을 말해야 되냐고염!

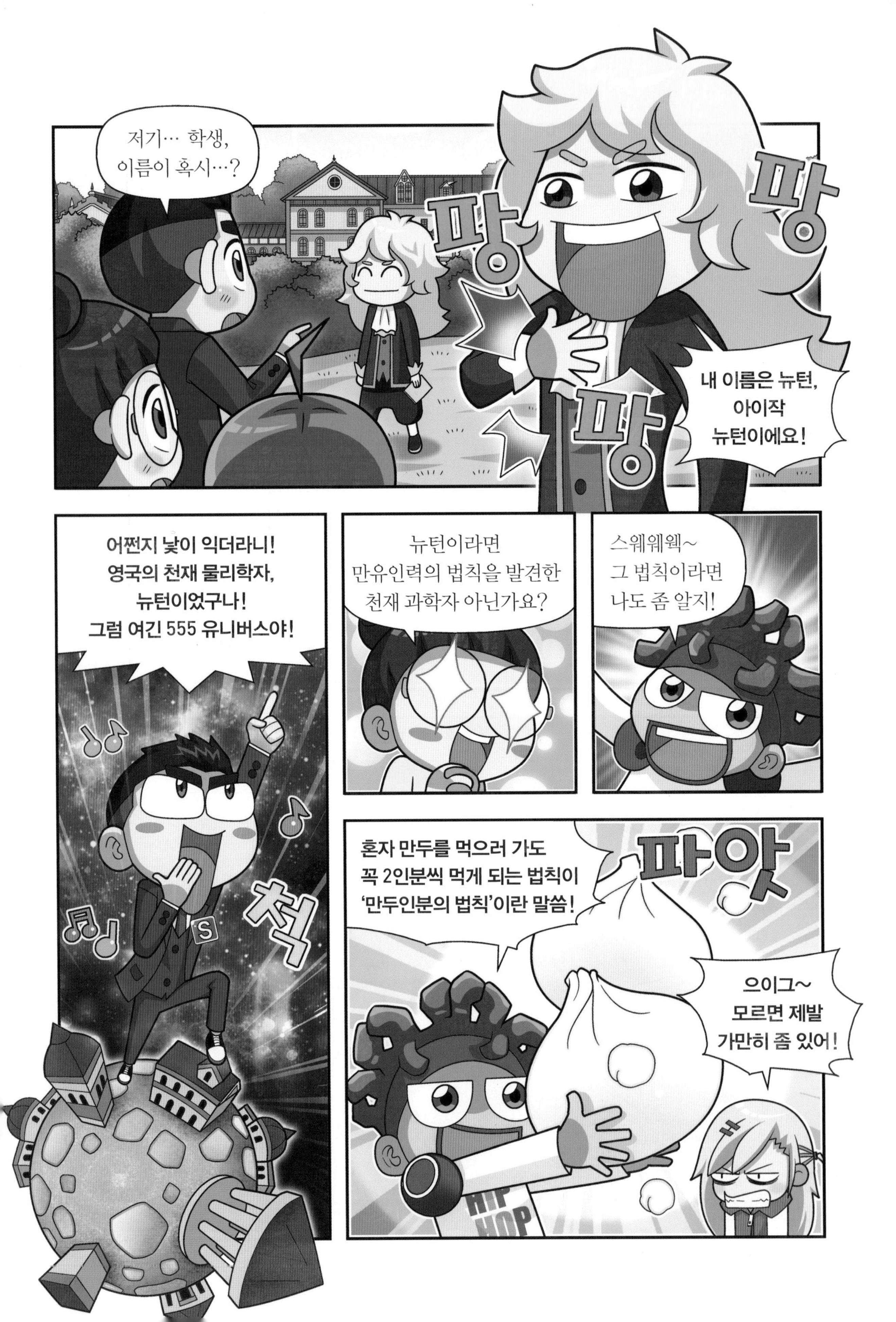

저기… 학생,
이름이 혹시…?
팡
팡
팡
내 이름은 뉴턴,
아이작
뉴턴이에요!
어쩐지 낯이 익더라니!
영국의 천재 물리학자,
뉴턴이었구나!
그럼 여긴 555 유니버스야!
척
뉴턴이라면
만유인력의 법칙을 발견한
천재 과학자 아닌가요?
스웩웩웩~
그 법칙이라면
나도 좀 알지!
혼자 만두를 먹으러 가도
꼭 2인분씩 먹게 되는 법칙이
'만두인분의 법칙'이란 말씀!
파앗
으이그~
모르면 제발
가만히 좀 있어!
HIP
HOP

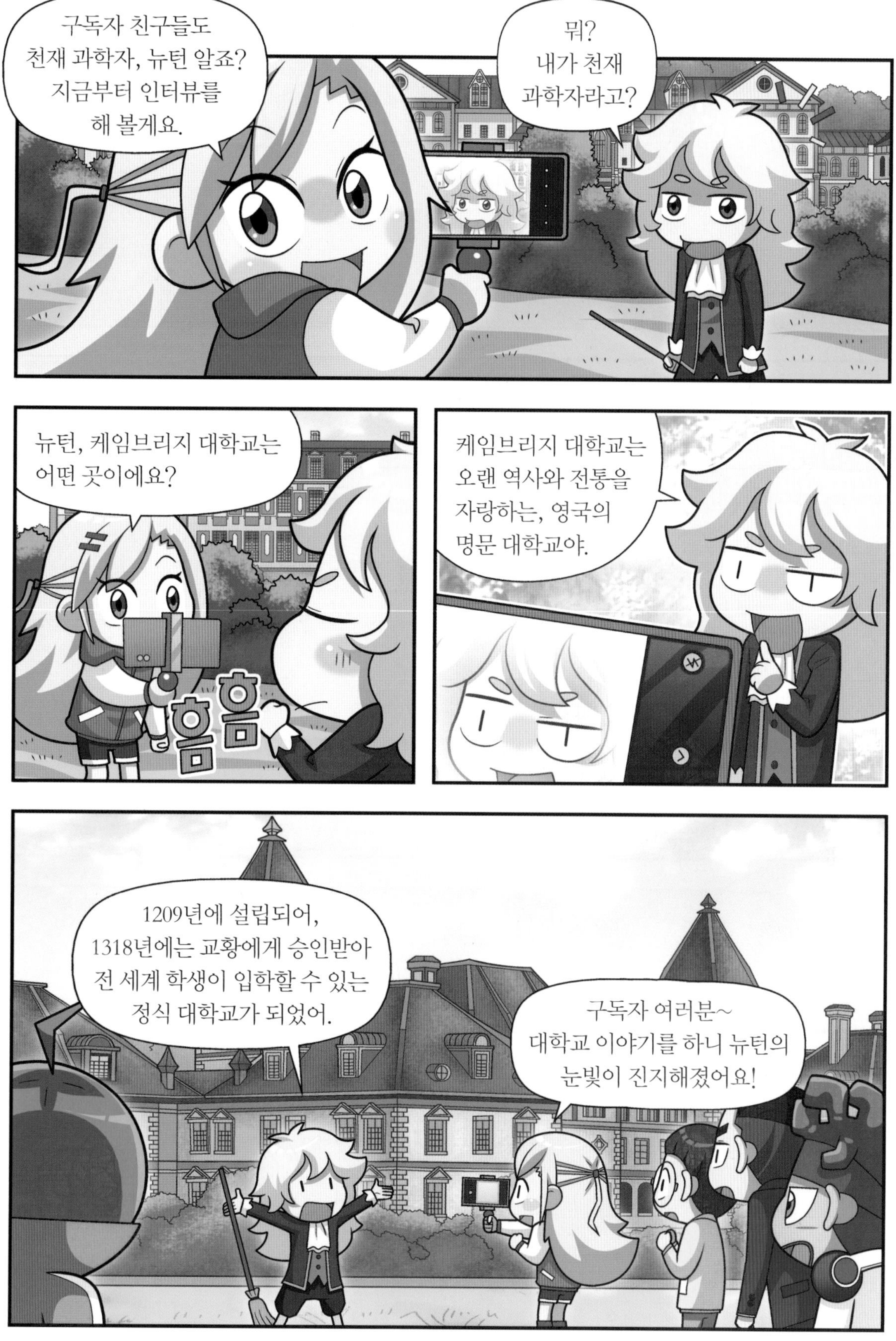
구독자 친구들도 천재 과학자, 뉴턴 알죠? 지금부터 인터뷰를 해 볼게요.
뭐? 내가 천재 과학자라고?
뉴턴, 케임브리지 대학교는 어떤 곳이에요?
흠흠
케임브리지 대학교는 오랜 역사와 전통을 자랑하는, 영국의 명문 대학교야.
1209년에 설립되어, 1318년에는 교황에게 승인받아 전 세계 학생이 입학할 수 있는 정식 대학교가 되었어.
구독자 여러분~ 대학교 이야기를 하니 뉴턴의 눈빛이 진지해졌어요!

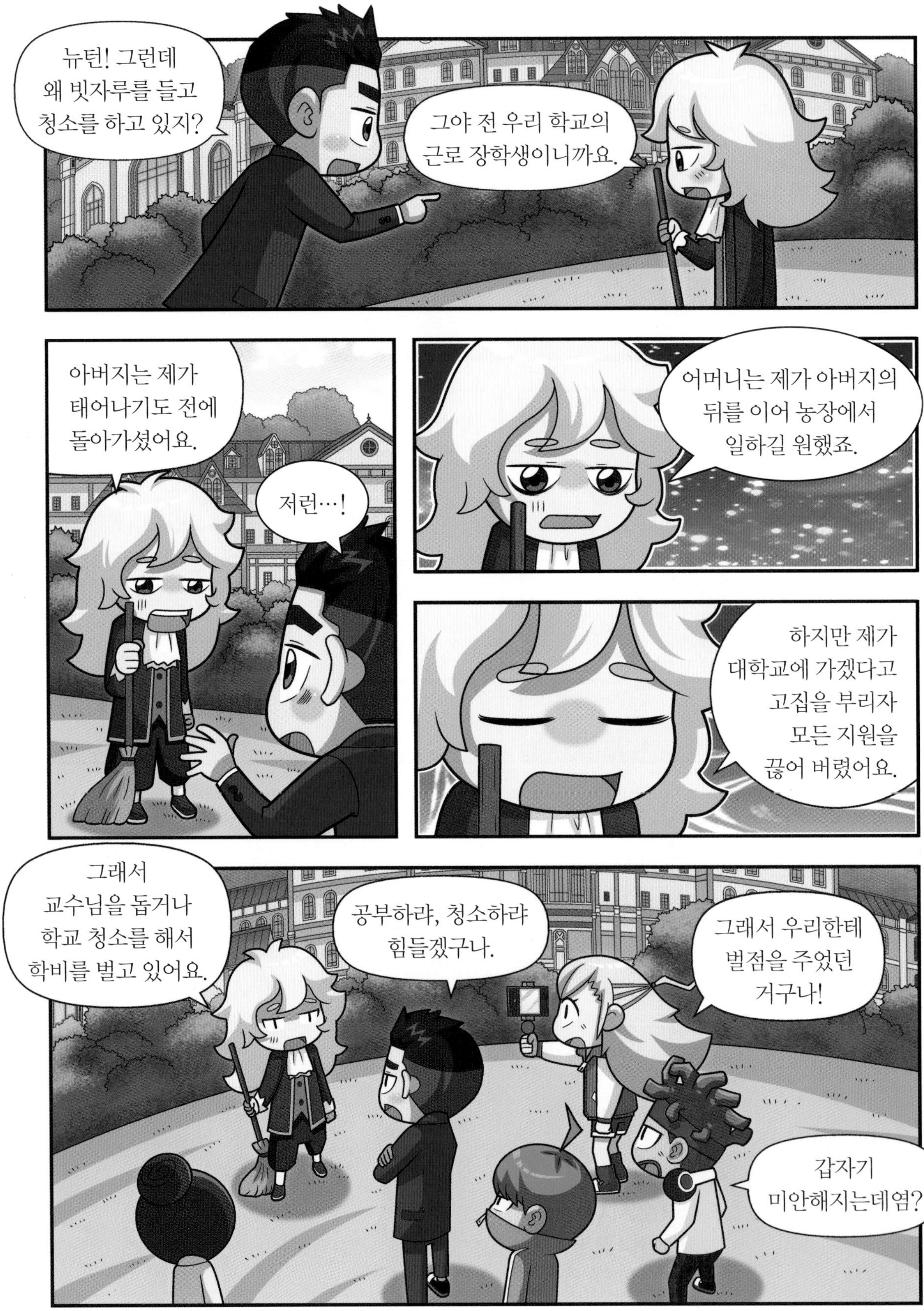
뉴턴! 그런데 왜 빗자루를 들고 청소를 하고 있지?
그야 전 우리 학교의 근로 장학생이니까요.
아버지는 제가 태어나기도 전에 돌아가셨어요.
저런…!
어머니는 제가 아버지의 뒤를 이어 농장에서 일하길 원했죠.
하지만 제가 대학교에 가겠다고 고집을 부리자 모든 지원을 끊어 버렸어요.
그래서 교수님을 돕거나 학교 청소를 해서 학비를 벌고 있어요.
공부하랴, 청소하랴 힘들겠구나.
그래서 우리한테 벌점을 주었던 거구나!
갑자기 미안해지는데염?

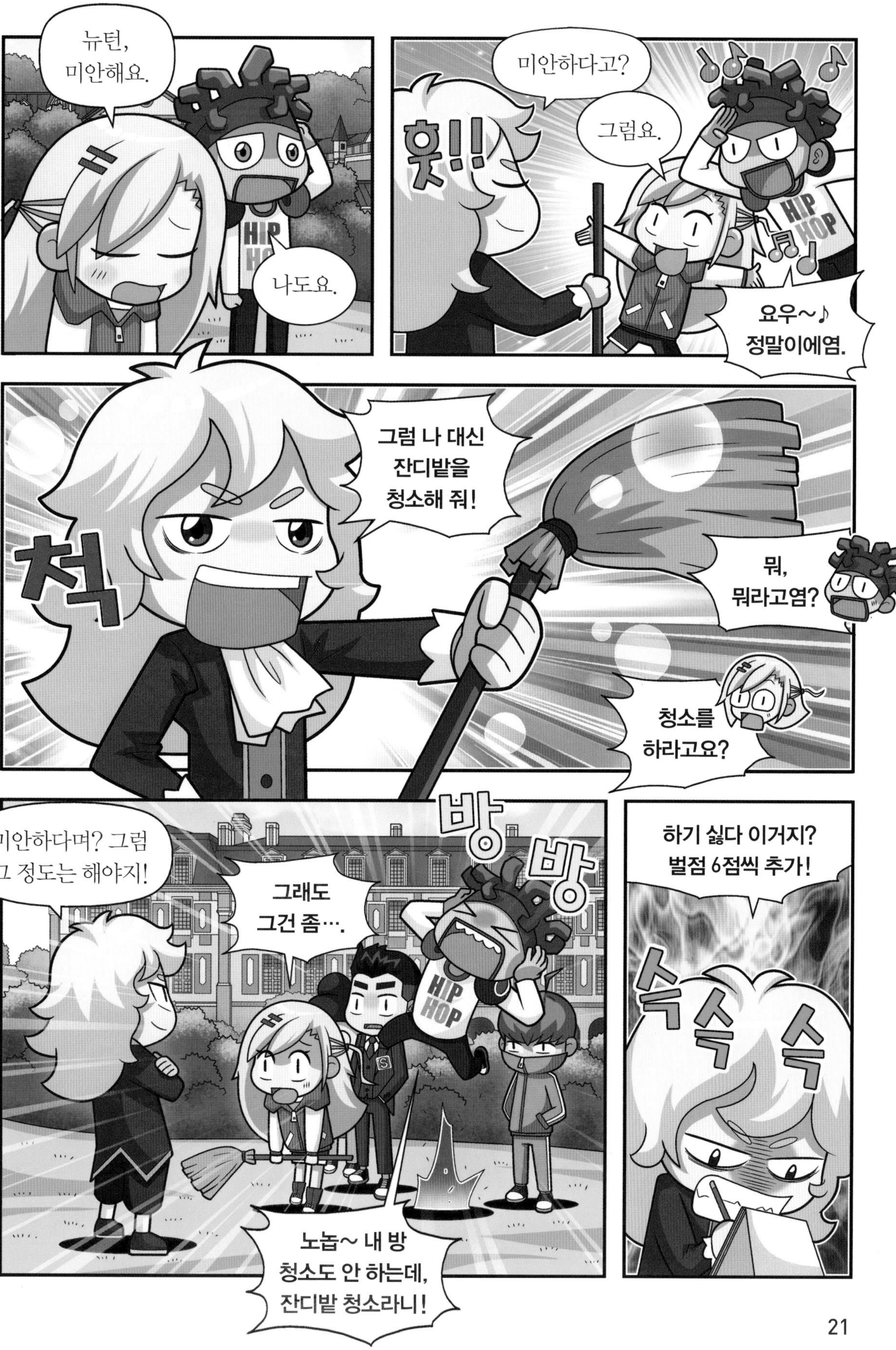
뉴턴,
미안해요.
나도요.
미안하다고?
훗!!
그럼요.
요우~♪
정말이에염.
그럼 나 대신
잔디밭을
청소해 줘!
척
뭐,
뭐라고염?
청소를
하라고요?
미안하다며? 그럼
그 정도는 해야지!
그래도
그건 좀….
방
방
노놉~ 내 방
청소도 안 하는데,
잔디밭 청소라니!
하기 싫다 이거지?
벌점 6점씩 추가!
슥
슥
슥

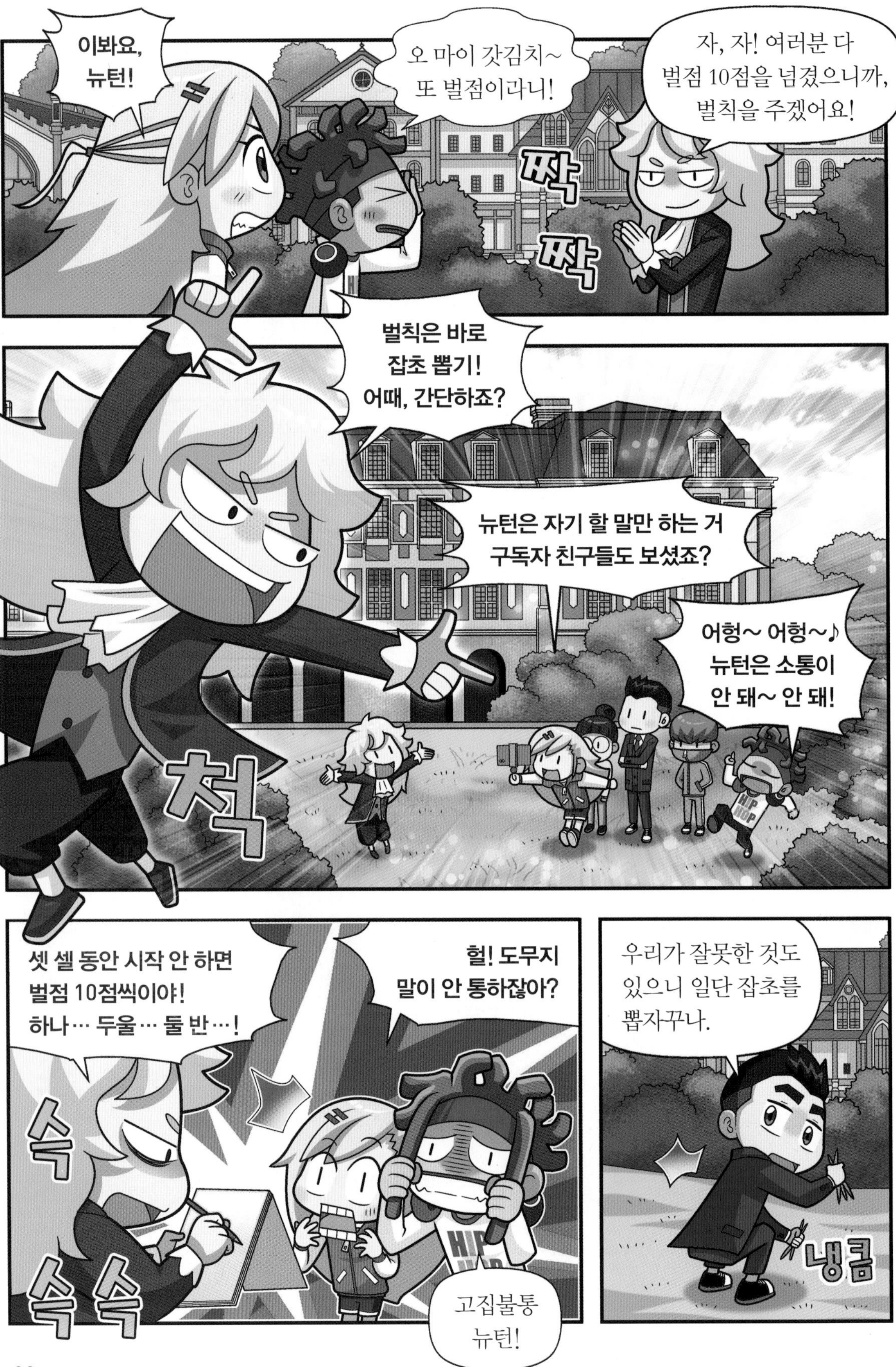
이봐요,
뉴턴!
오 마이 갓김치~
또 벌점이라니!
자, 자! 여러분 다
벌점 10점을 넘겼으니까,
벌칙을 주겠어요!
짝
짝
벌칙은 바로
잡초 뽑기!
어때, 간단하죠?
뉴턴은 자기 할 말만 하는 거
구독자 친구들도 보셨죠?
어헝~ 어헝~♪
뉴턴은 소통이
안 돼~ 안 돼!
척
셋 셀 동안 시작 안 하면
벌점 10점씩이야!
하나… 두울… 둘 반…!
헐! 도무지
말이 안 통하잖아?
슥
슥 슥
고집불통
뉴턴!
우리가 잘못한 것도
있으니 일단 잡초를
뽑자꾸나.
냉큼

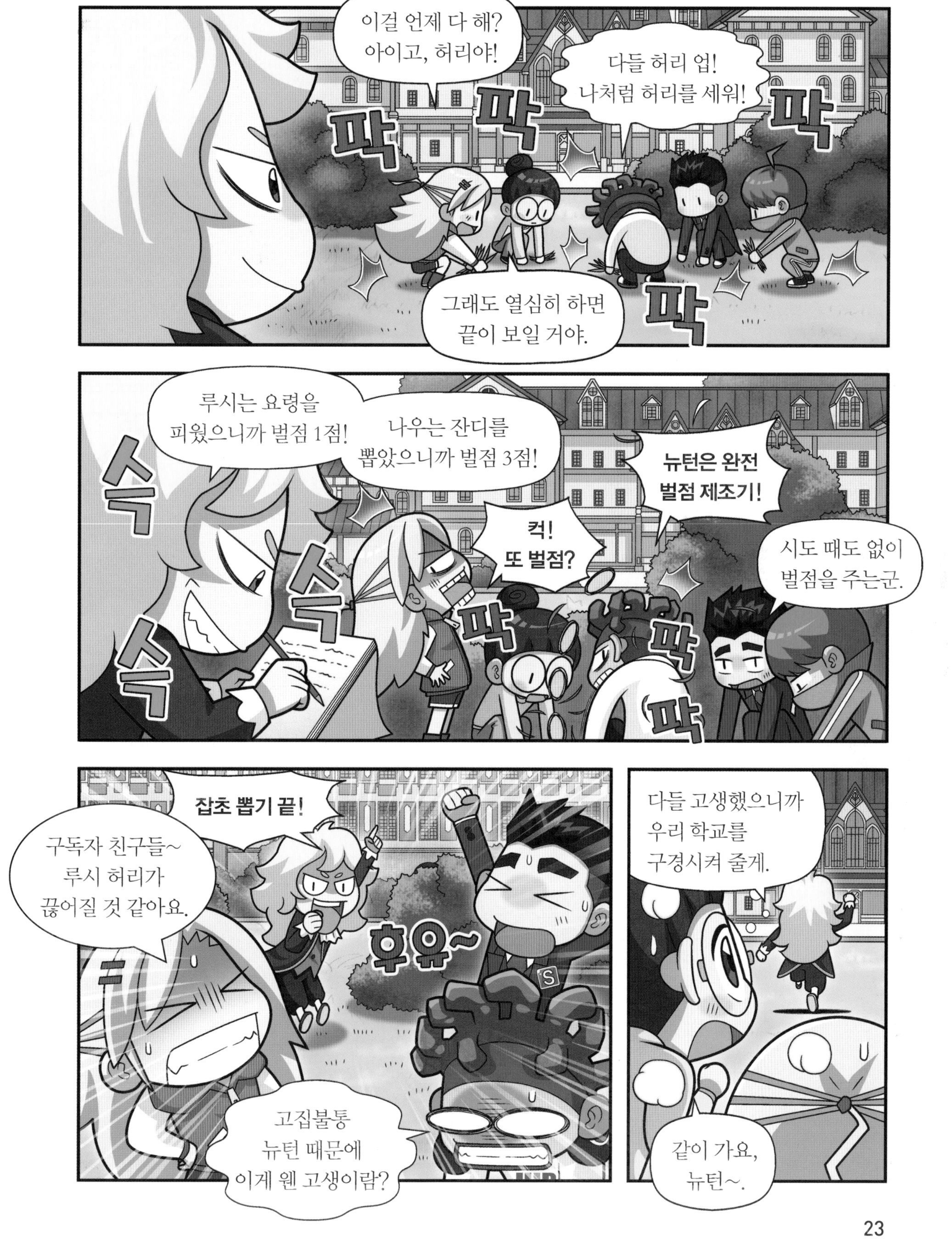
이걸 언제 다 해? 아이고, 허리야!
다들 허리 업! 나처럼 허리를 세워!
팍
팍
팍
그래도 열심히 하면 끝이 보일 거야.
팍
루시는 요령을 피웠으니까 벌점 1점!
나우는 잔디를 뽑았으니까 벌점 3점!
뉴턴은 완전 벌점 제조기!
슥
슥
슥
컥! 또 벌점?
시도 때도 없이 벌점을 주는군.
팍
팍
팍
잡초 뽑기 끝!
구독자 친구들~ 루시 허리가 끊어질 것 같아요.
후유~
고집불통 뉴턴 때문에 이게 웬 고생이람?
다들 고생했으니까 우리 학교를 구경시켜 줄게.
같이 가요, 뉴턴~.

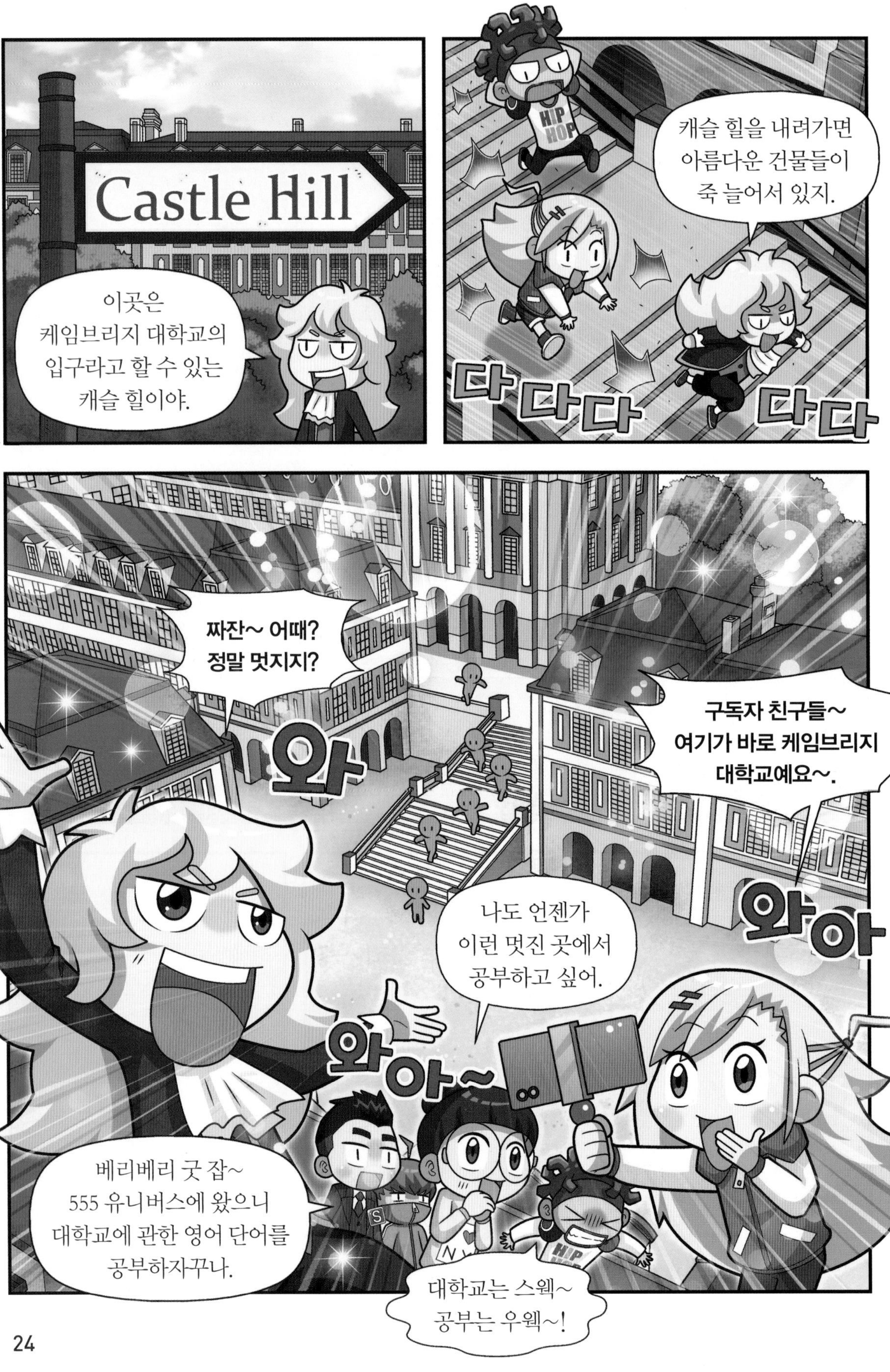
Castle Hill
이곳은 케임브리지 대학교의 입구라고 할 수 있는 캐슬 힐이야.
캐슬 힐을 내려가면 아름다운 건물들이 죽 늘어서 있지.
다다다
다다
짜잔~ 어때? 정말 멋지지?
와
구독자 친구들~ 여기가 바로 케임브리지 대학교예요~.
와아
나도 언젠가 이런 멋진 곳에서 공부하고 싶어.
와아~
베리베리 굿 잡~ 555 유니버스에 왔으니 대학교에 관한 영어 단어를 공부하자꾸나.
대학교는 스웩~ 공부는 우웩~!

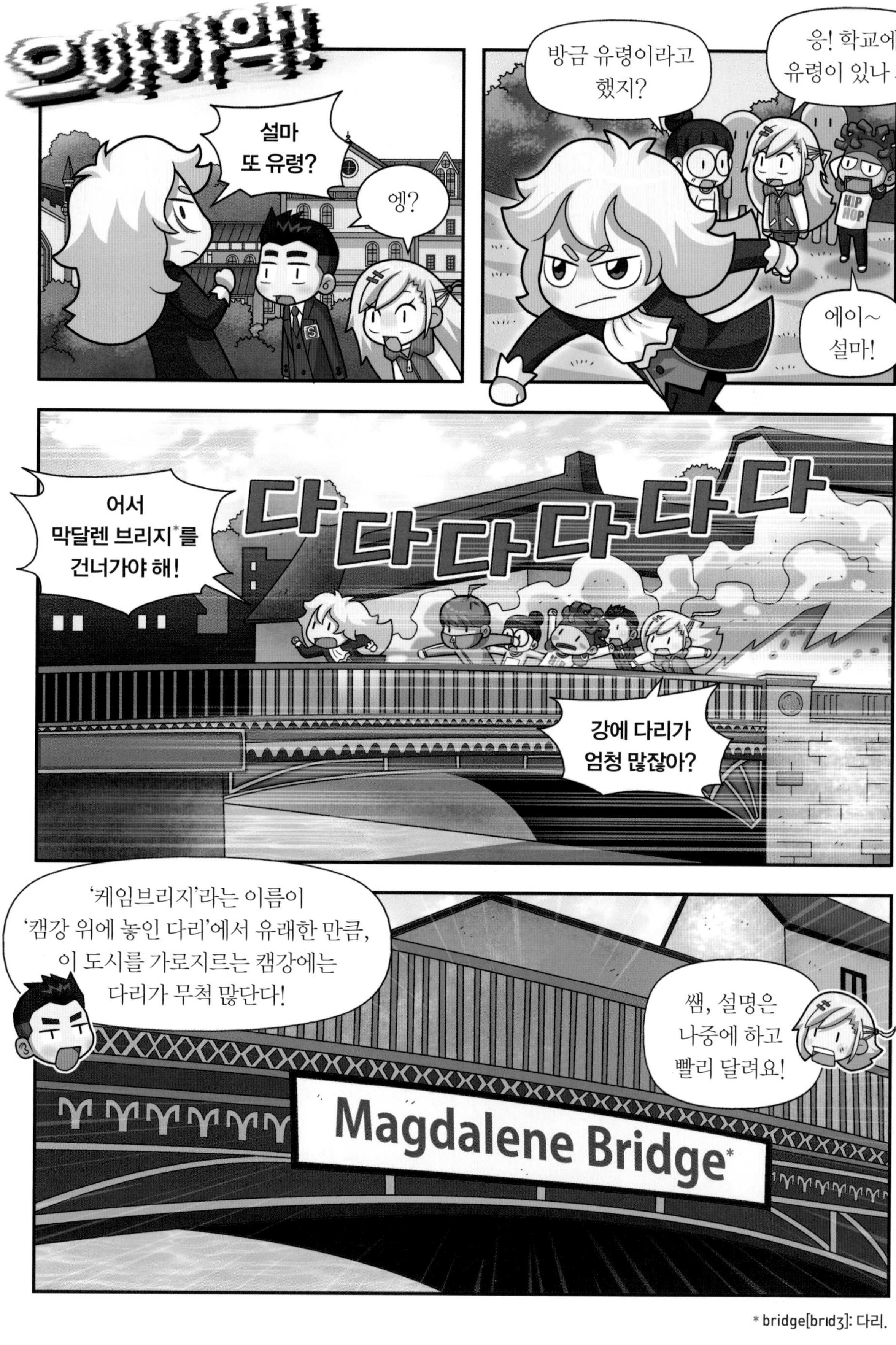
으아아악!!
설마
또 유령?
엥?
방금 유령이라고
했지?
응! 학교에
유령이 있나 봐!
에이~
설마!
어서
막달렌 브리지*를
건너가야 해!
다다다다다다
강에 다리가
엄청 많잖아?
'케임브리지'라는 이름이
'캠강 위에 놓인 다리'에서 유래한 만큼,
이 도시를 가로지르는 캠강에는
다리가 무척 많단다!
쌤, 설명은
나중에 하고
빨리 달려요!
Magdalene Bridge*

* bridge[brɪdʒ]: 다리.

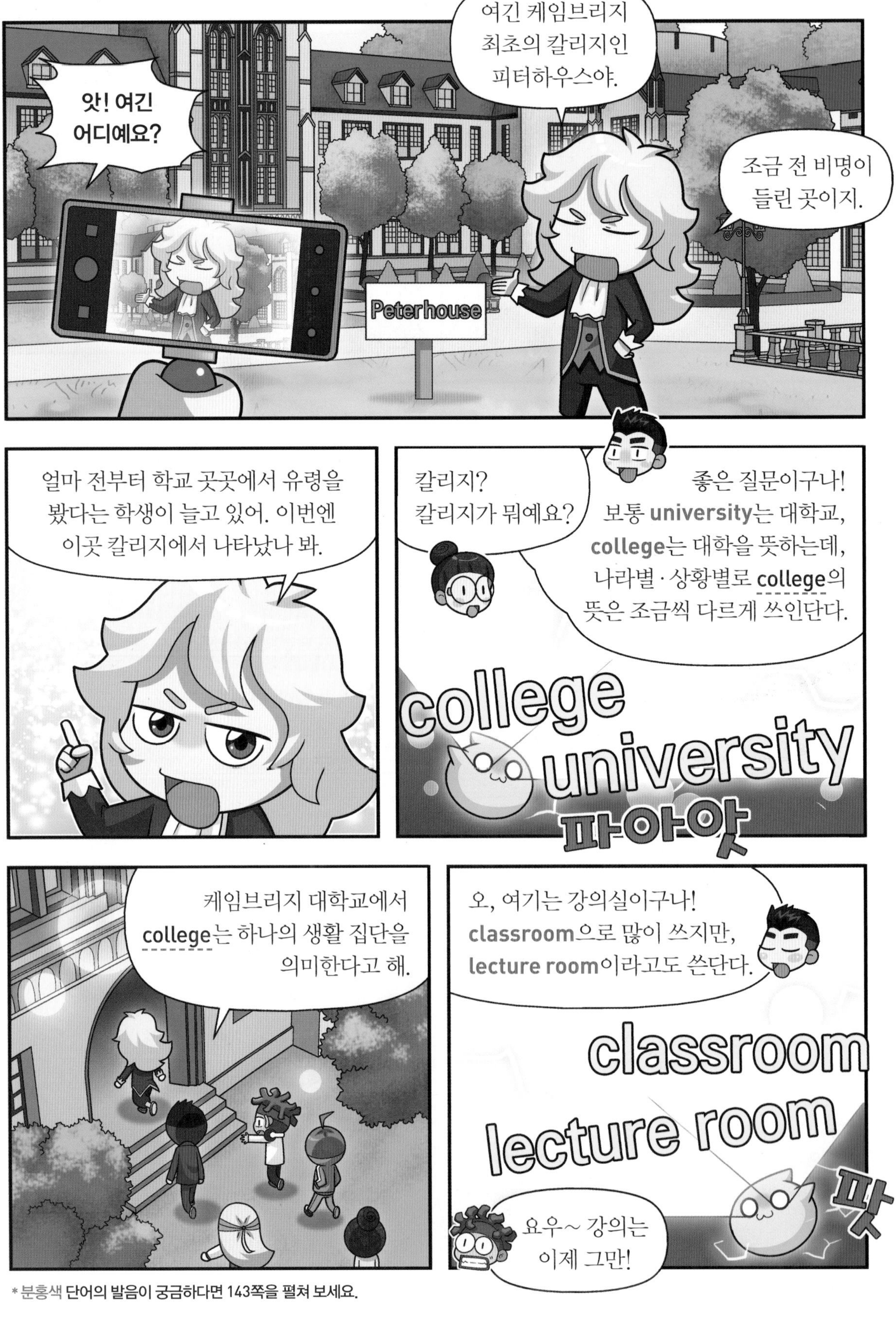

앗! 여긴 어디예요?
여긴 케임브리지 최초의 칼리지인 피터하우스야.
조금 전 비명이 들린 곳이지.
Peterhouse
얼마 전부터 학교 곳곳에서 유령을 봤다는 학생이 늘고 있어. 이번엔 이곳 칼리지에서 나타났나 봐.
칼리지? 칼리지가 뭐예요?
좋은 질문이구나! 보통 university는 대학교, college는 대학을 뜻하는데, 나라별 · 상황별로 college의 뜻은 조금씩 다르게 쓰인단다.
college
university
파아앗
케임브리지 대학교에서 college는 하나의 생활 집단을 의미한다고 해.
오, 여기는 강의실이구나! classroom으로 많이 쓰지만, lecture room이라고도 쓴단다.
classroom
lecture room
팟
요우~ 강의는 이제 그만!

* 분홍색 단어의 발음이 궁금하다면 143쪽을 펼쳐 보세요.

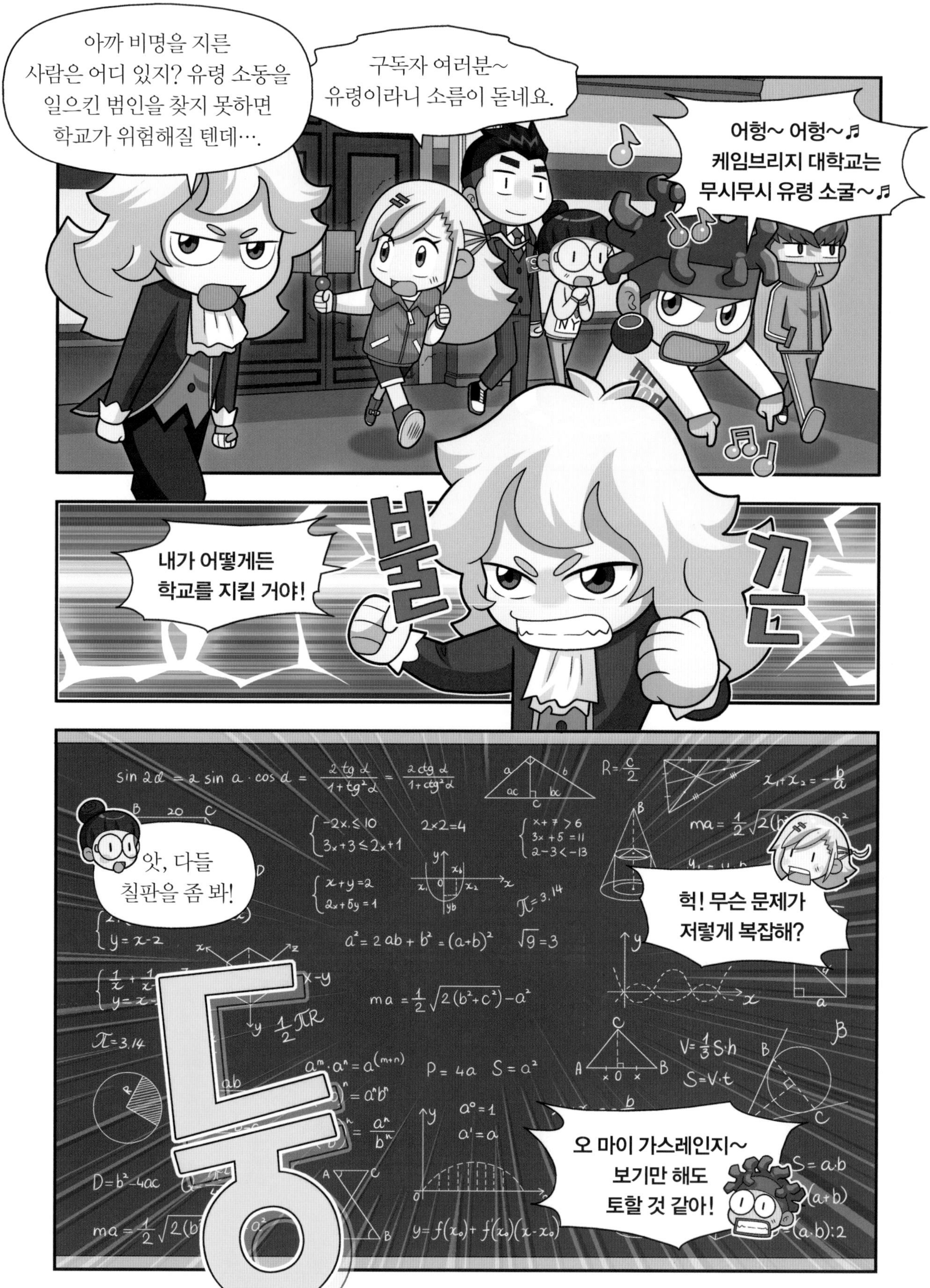
아까 비명을 지른 사람은 어디 있지? 유령 소동을 일으킨 범인을 찾지 못하면 학교가 위험해질 텐데….
구독자 여러분~ 유령이라니 소름이 돋네요.
어헝~ 어헝~♬ 케임브리지 대학교는 무시무시 유령 소굴~♬
내가 어떻게든 학교를 지킬 거야!
불끈
앗, 다들 칠판을 좀 봐!
헉! 무슨 문제가 저렇게 복잡해?
오 마이 가스레인지~ 보기만 해도 토할 것 같아!
둥

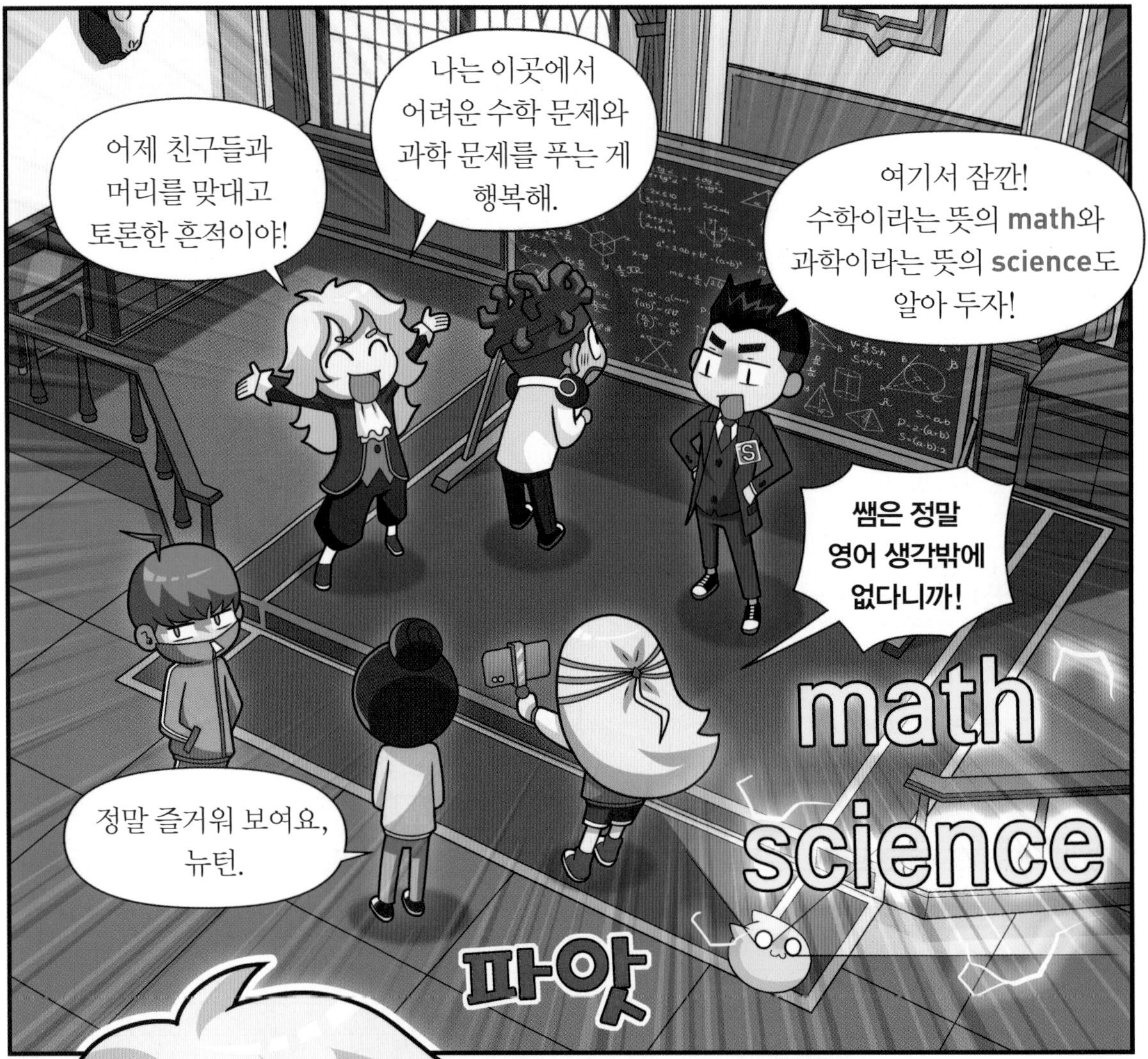
어제 친구들과 머리를 맞대고 토론한 흔적이야!
나는 이곳에서 어려운 수학 문제와 과학 문제를 푸는 게 행복해.
여기서 잠깐! 수학이라는 뜻의 math와 과학이라는 뜻의 science도 알아 두자!
쌤은 정말 영어 생각밖에 없다니까!
math
science
정말 즐거워 보여요, 뉴턴.
파앗

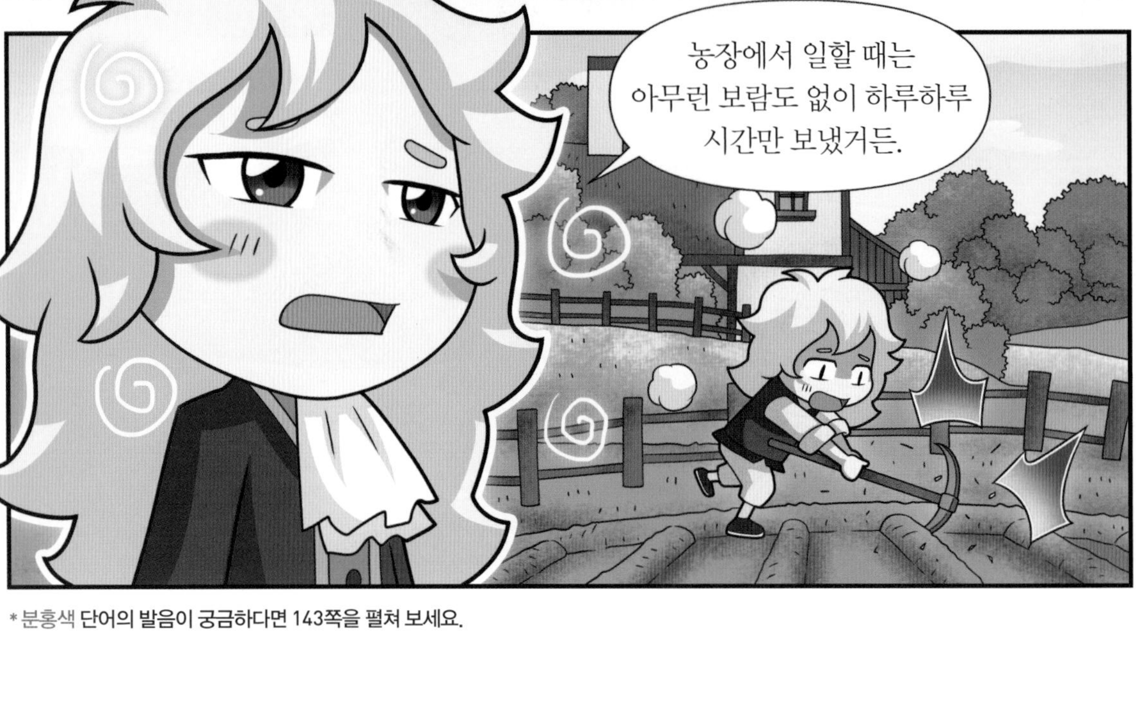
농장에서 일할 때는 아무런 보람도 없이 하루하루 시간만 보냈거든.

* 분홍색 단어의 발음이 궁금하다면 143쪽을 펼쳐 보세요.

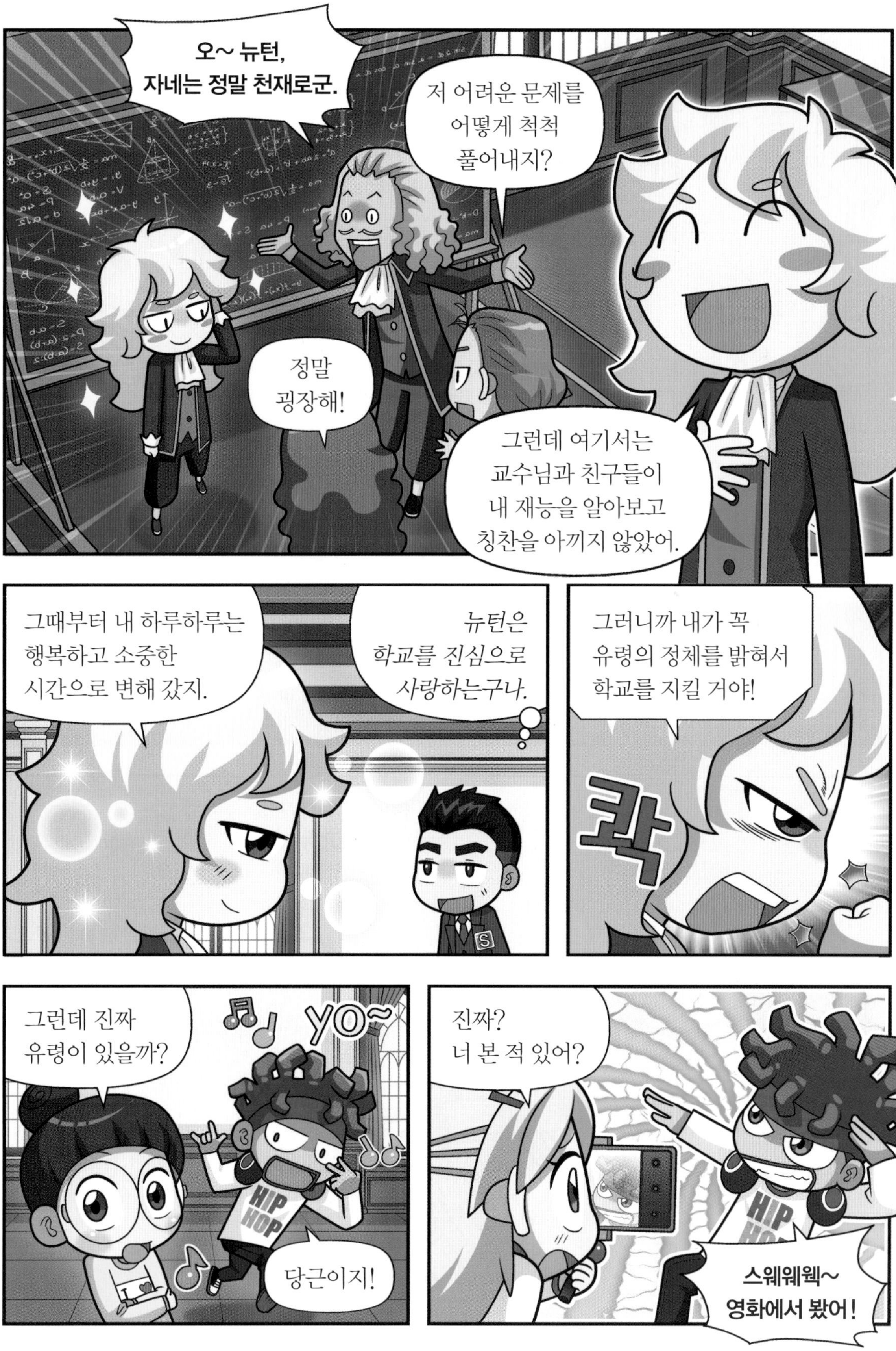

오~ 뉴턴,
자네는 정말 천재로군.
저 어려운 문제를 어떻게 척척 풀어내지?
정말 굉장해!
그런데 여기서는 교수님과 친구들이 내 재능을 알아보고 칭찬을 아끼지 않았어.
그때부터 내 하루하루는 행복하고 소중한 시간으로 변해 갔지.
뉴턴은 학교를 진심으로 사랑하는구나.
그러니까 내가 꼭 유령의 정체를 밝혀서 학교를 지킬 거야!
콱
그런데 진짜 유령이 있을까?
YO~
HIP HOP
당근이지!
진짜? 너 본 적 있어?
스웨웨웩~
영화에서 봤어!

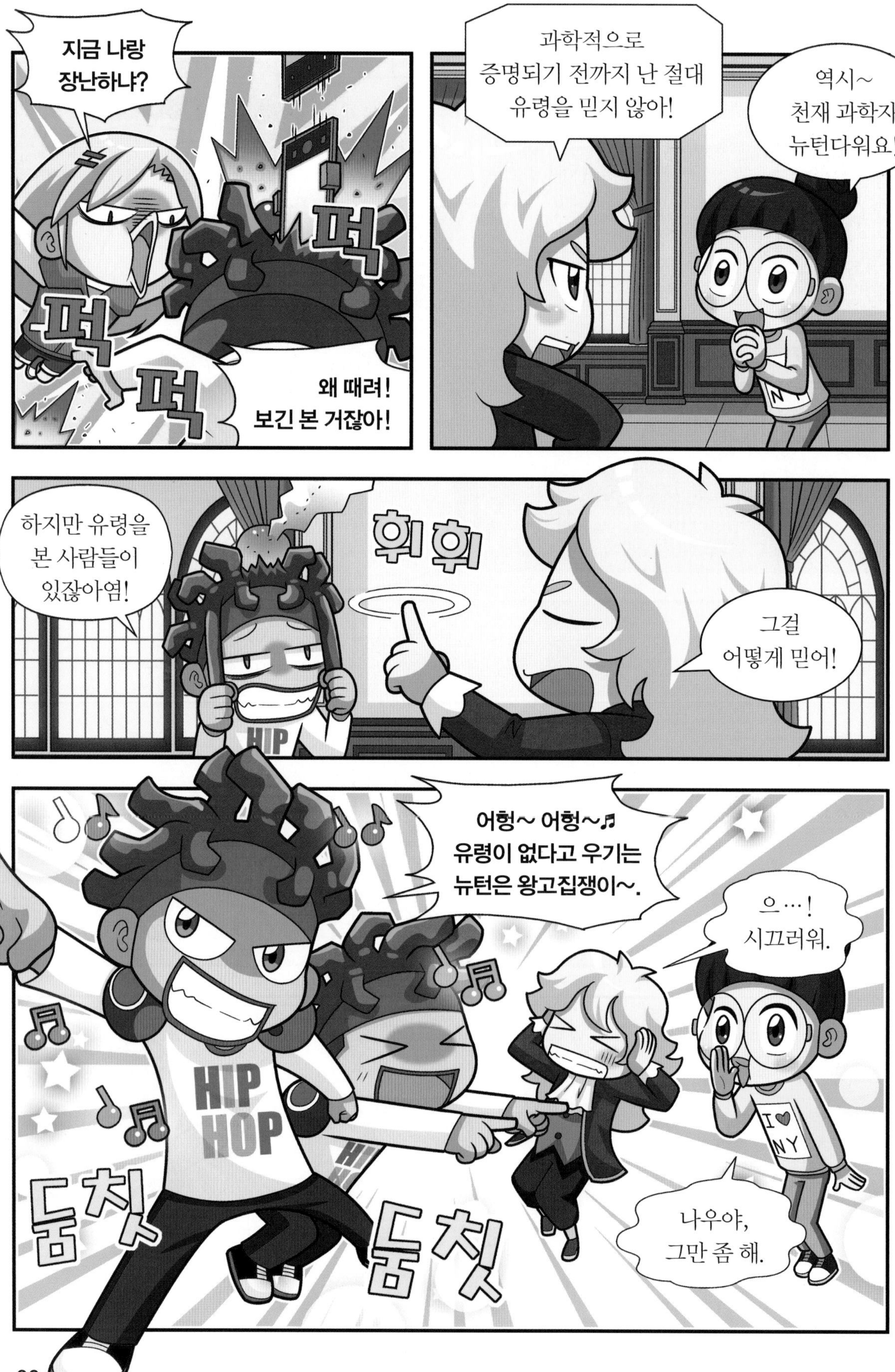
지금 나랑 장난하냐?
퍽
퍽
퍽
왜 때려! 보긴 본 거잖아!
과학적으로 증명되기 전까지 난 절대 유령을 믿지 않아!
역시~ 천재 과학자 뉴턴다워요!
하지만 유령을 본 사람들이 있잖아염!
휘휘
그걸 어떻게 믿어!
어헝~ 어헝~♬ 유령이 없다고 우기는 뉴턴은 왕고집쟁이~.
으…! 시끄러워.
HIP HOP
둠칫
둠칫
나우야, 그만 좀 해.

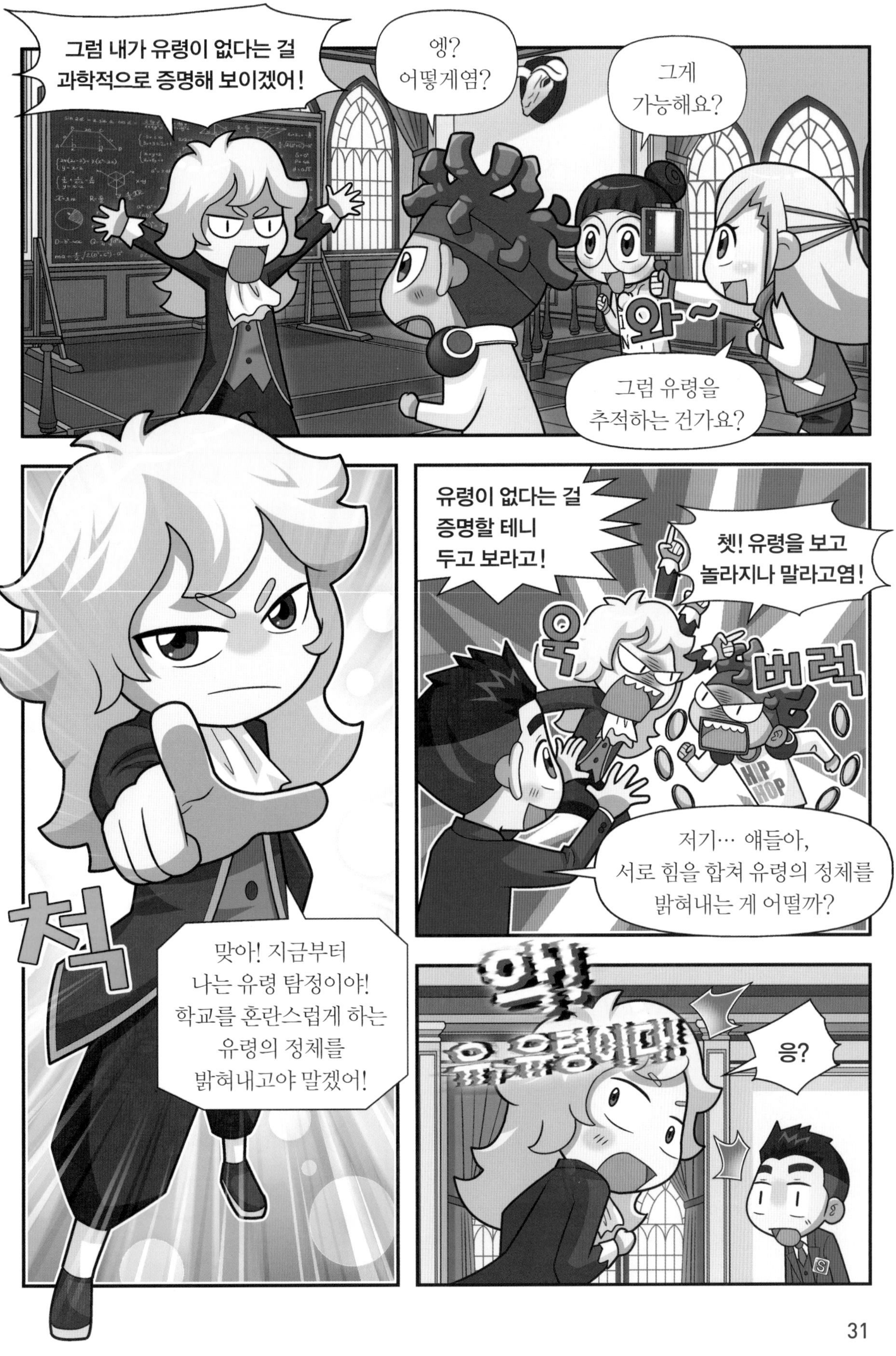

그럼 내가 유령이 없다는 걸 과학적으로 증명해 보이겠어!
엥? 어떻게염?
그게 가능해요?
와~
그럼 유령을 추적하는 건가요?
척
맞아! 지금부터 나는 유령 탐정이야! 학교를 혼란스럽게 하는 유령의 정체를 밝혀내고야 말겠어!
유령이 없다는 걸 증명할 테니 두고 보라고!
쳇! 유령을 보고 놀라지나 말라고염!
욱
버럭
저기… 얘들아, 서로 힘을 합쳐 유령의 정체를 밝혀내는 게 어떨까?
엑!
유 유령이다!
응?

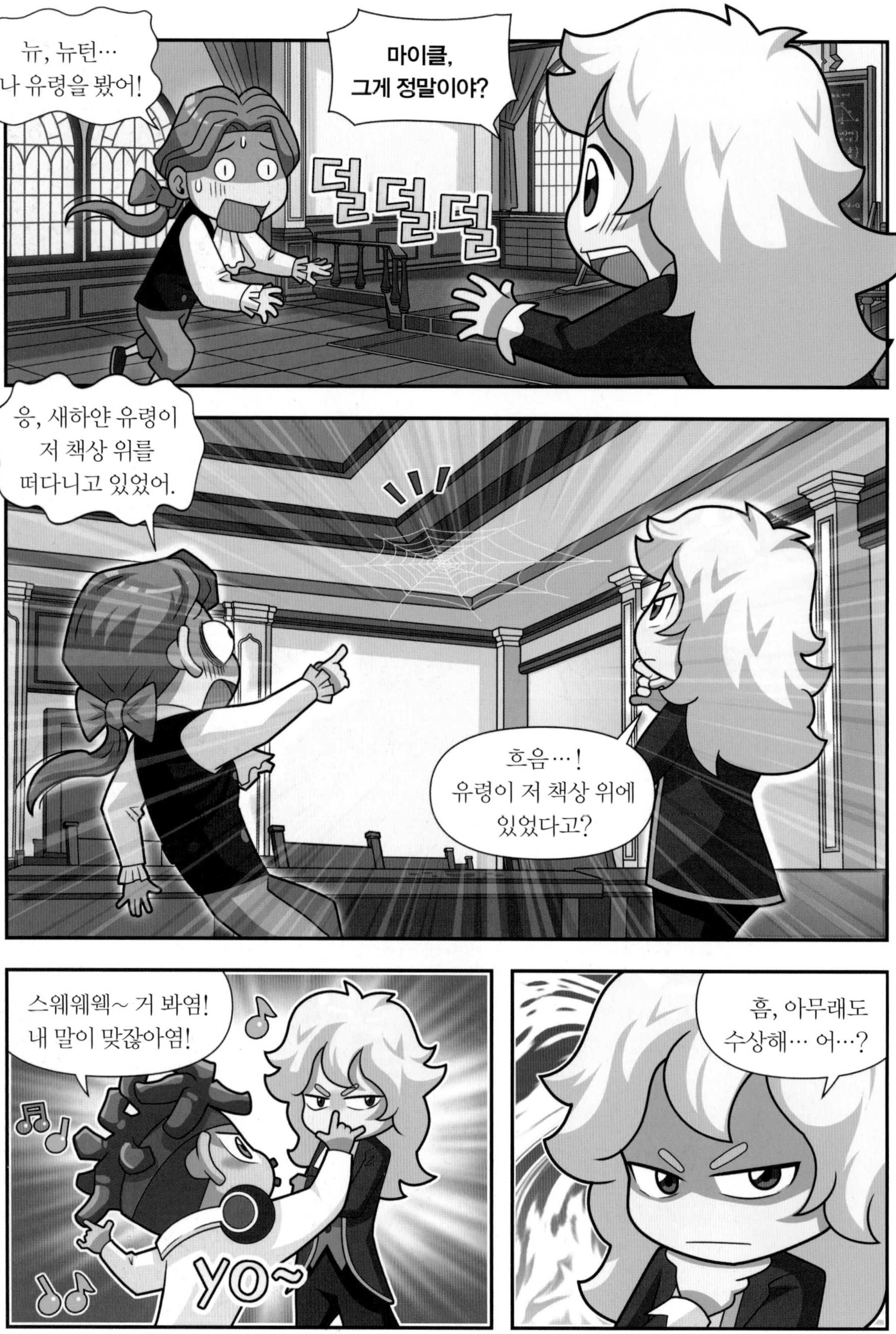

뉴, 뉴턴…
나 유령을 봤어!
마이클,
그게 정말이야?
덜덜덜
응, 새하얀 유령이
저 책상 위를
떠다니고 있었어.
흐음…!
유령이 저 책상 위에
있었다고?
스웨웨웩~ 거 봐염!
내 말이 맞잖아염!
YO~
흠, 아무래도
수상해… 어…?

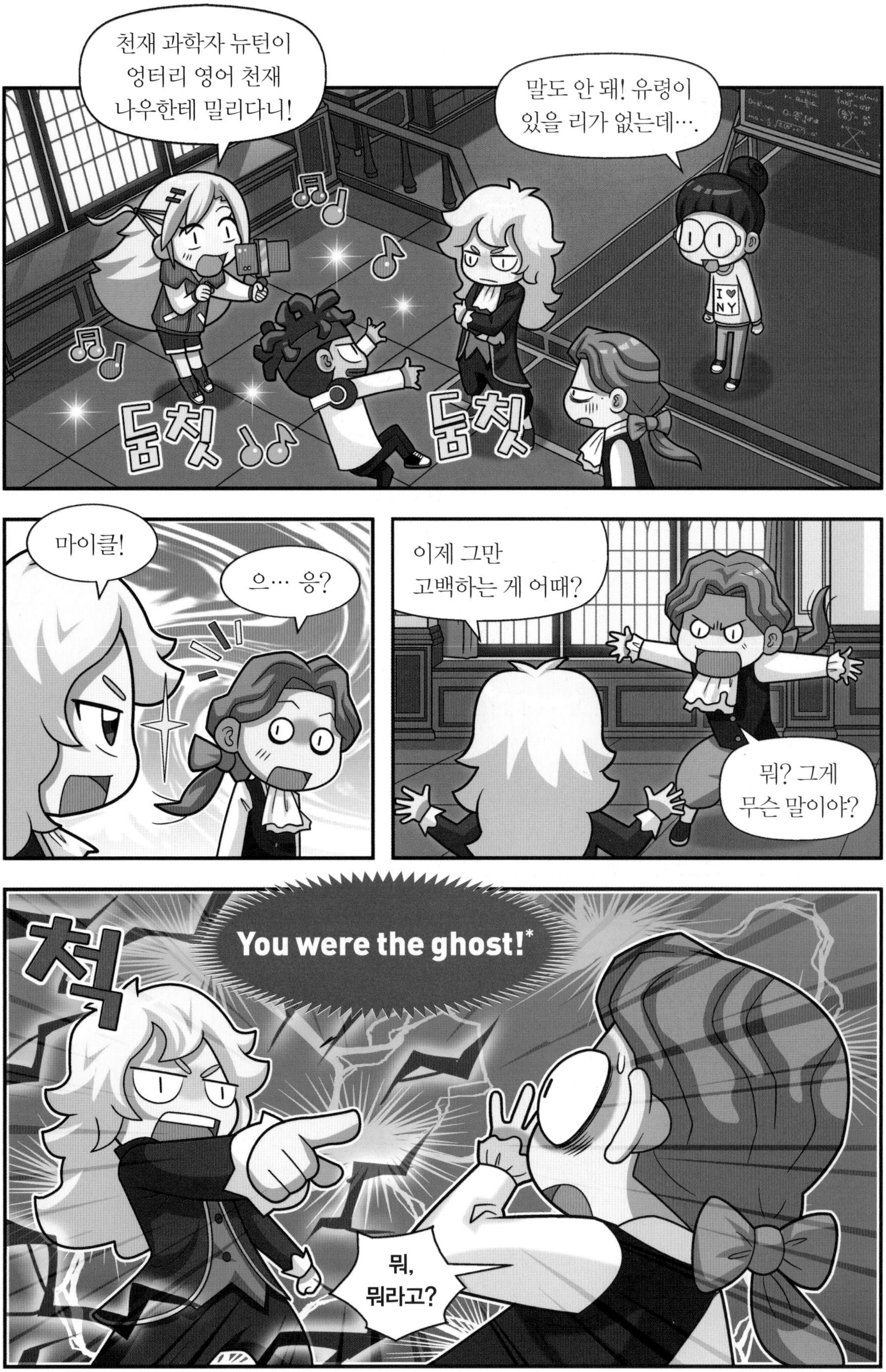
천재 과학자 뉴턴이 엉터리 영어 천재 나우한테 밀리다니!
말도 안 돼! 유령이 있을 리가 없는데….
둠칫 둠칫
마이클!
으… 응?
이제 그만 고백하는 게 어때?
뭐? 그게 무슨 말이야?
척
You were the ghost!*
뭐, 뭐라고?

* 네가 유령이었어!

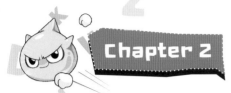

Chapter 2

유령 탐정의 본격 수색

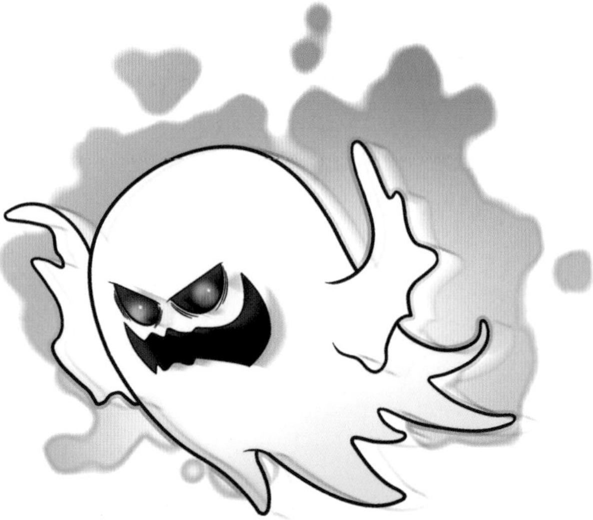

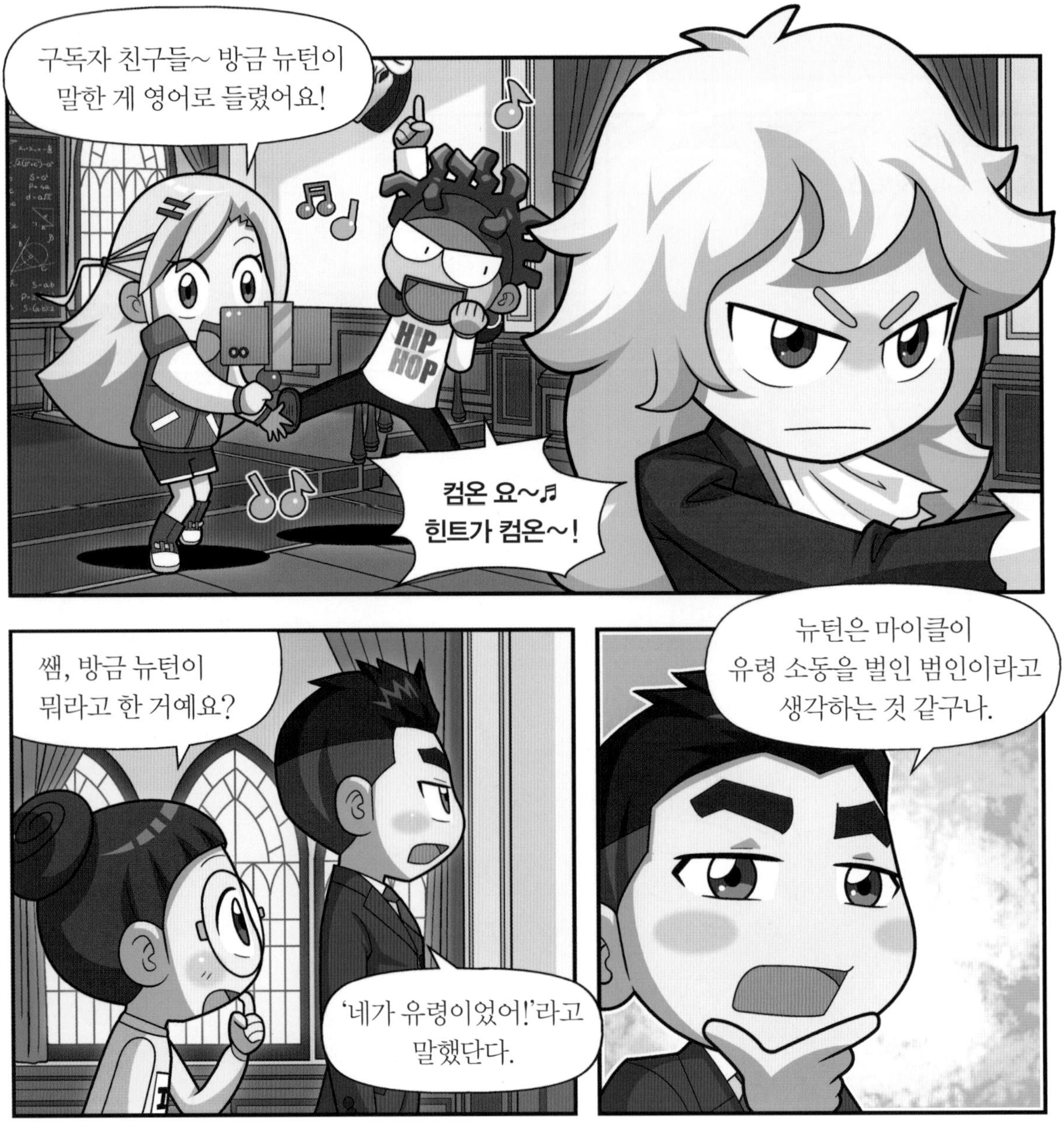
구독자 친구들~ 방금 뉴턴이 말한 게 영어로 들렸어요!
HIP HOP
컴온 요~♬ 힌트가 컴온~!
쌤, 방금 뉴턴이 뭐라고 한 거예요?
'네가 유령이었어!'라고 말했단다.
뉴턴은 마이클이 유령 소동을 벌인 범인이라고 생각하는 것 같구나.

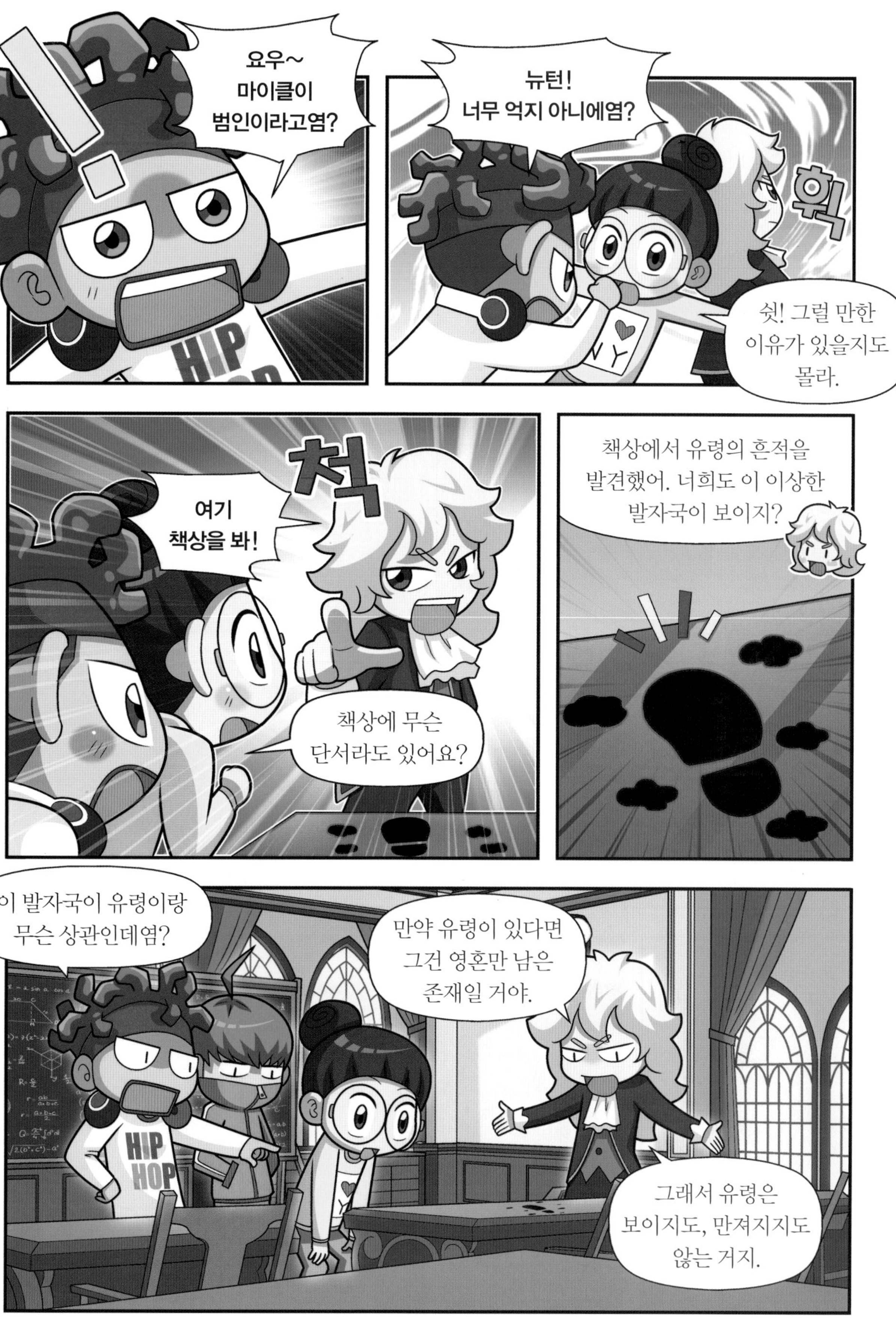

요우~
마이클이
범인이라고염?
뉴턴!
너무 억지 아니에염?
휙
쉿! 그럴 만한
이유가 있을지도
몰라.
척
여기
책상을 봐!
책상에 무슨
단서라도 있어요?
책상에서 유령의 흔적을
발견했어. 너희도 이 이상한
발자국이 보이지?
이 발자국이 유령이랑
무슨 상관인데염?
만약 유령이 있다면
그건 영혼만 남은
존재일 거야.
그래서 유령은
보이지도, 만져지지도
않는 거지.

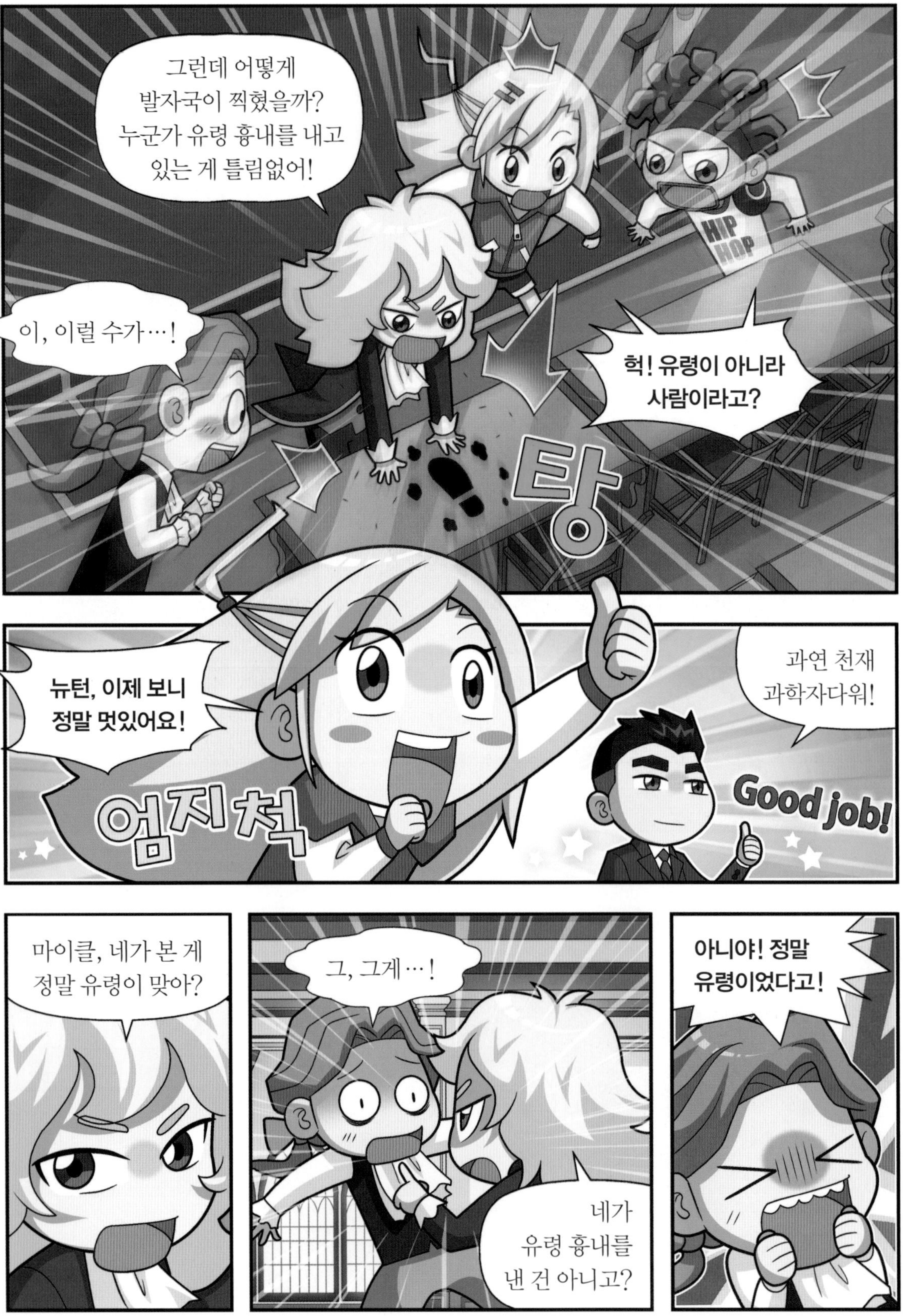

그런데 어떻게 발자국이 찍혔을까? 누군가 유령 흉내를 내고 있는 게 틀림없어!
이, 이럴 수가…!
헉! 유령이 아니라 사람이라고?
탕
뉴턴, 이제 보니 정말 멋있어요!
엄지척
과연 천재 과학자다워!
Good job!
마이클, 네가 본 게 정말 유령이 맞아?
그, 그게…!
네가 유령 흉내를 낸 건 아니고?
아니야! 정말 유령이었다고!

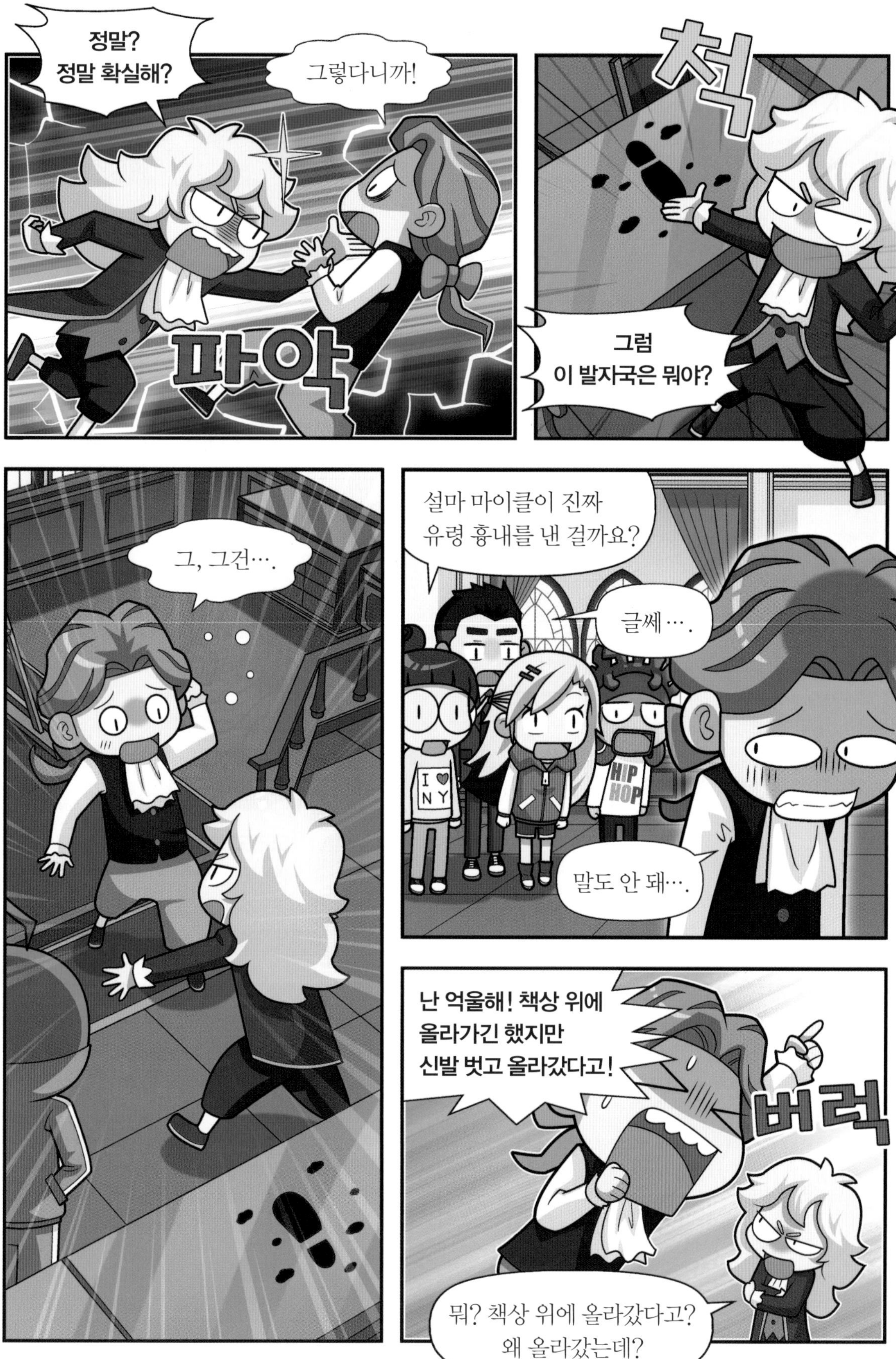

정말? 정말 확실해?
그렇다니까!
파악
척
그럼 이 발자국은 뭐야?
그, 그건….
설마 마이클이 진짜 유령 흉내를 낸 걸까요?
글쎄….
I ♥ NY
HIP HOP
말도 안 돼….
난 억울해! 책상 위에 올라가긴 했지만 신발 벗고 올라갔다고!
버럭
뭐? 책상 위에 올라갔다고? 왜 올라갔는데?

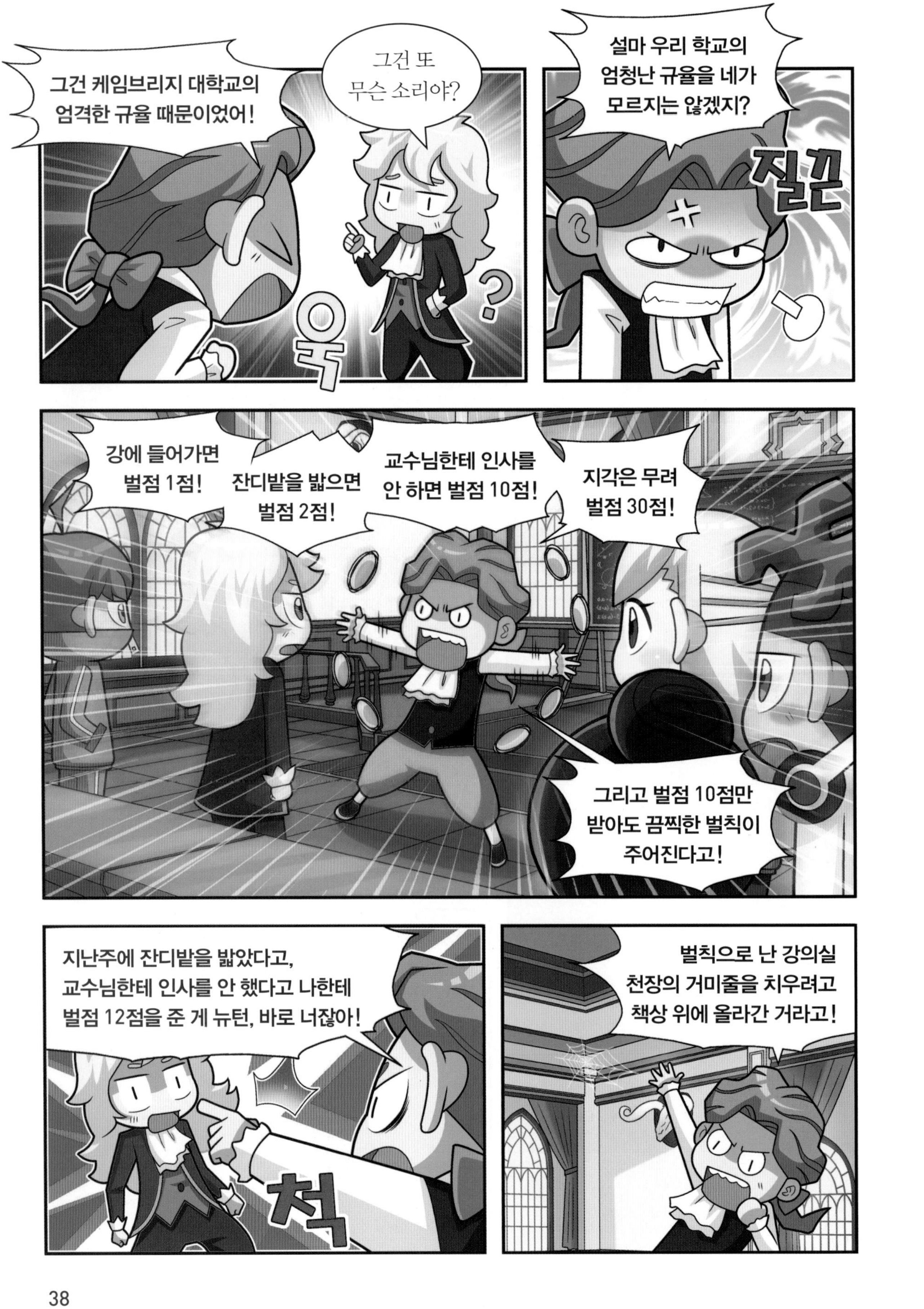
그건 케임브리지 대학교의 엄격한 규율 때문이었어!
그건 또 무슨 소리야?
욱
?
설마 우리 학교의 엄청난 규율을 네가 모르지는 않겠지?
질끈
강에 들어가면 벌점 1점!
잔디밭을 밟으면 벌점 2점!
교수님한테 인사를 안 하면 벌점 10점!
지각은 무려 벌점 30점!
그리고 벌점 10점만 받아도 끔찍한 벌칙이 주어진다고!
지난주에 잔디밭을 밟았다고, 교수님한테 인사를 안 했다고 나한테 벌점 12점을 준 게 뉴턴, 바로 너잖아!
척
벌칙으로 난 강의실 천장의 거미줄을 치우려고 책상 위에 올라간 거라고!

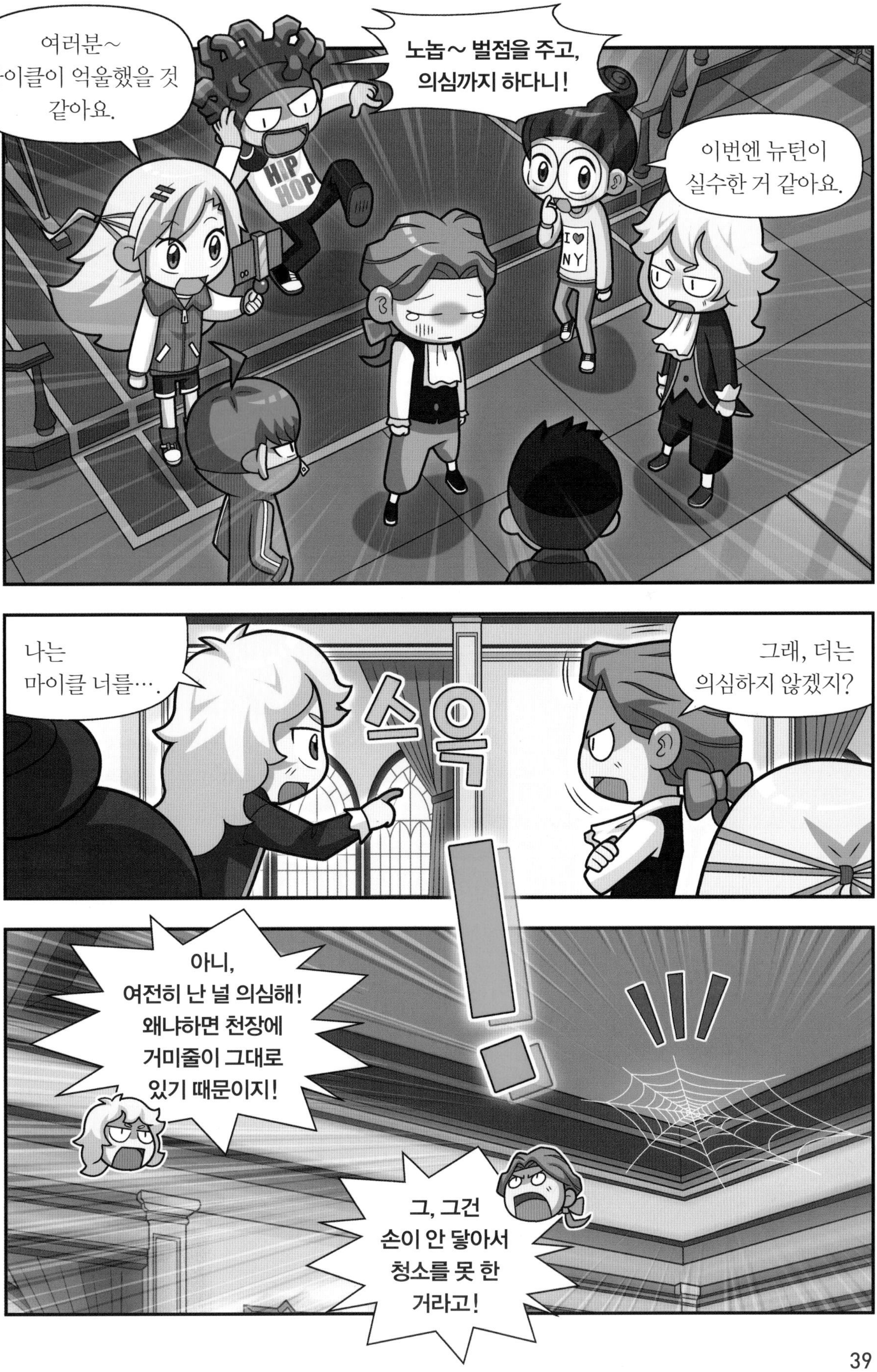

여러분~ 마이클이 억울했을 것 같아요.
노놉~ 벌점을 주고, 의심까지 하다니!
이번엔 뉴턴이 실수한 거 같아요.
HIP HOP
I ♥ NY
나는 마이클 너를….
스윽
그래, 더는 의심하지 않겠지?
아니, 여전히 난 널 의심해! 왜냐하면 천장에 거미줄이 그대로 있기 때문이지!
그, 그건 손이 안 닿아서 청소를 못 한 거라고!

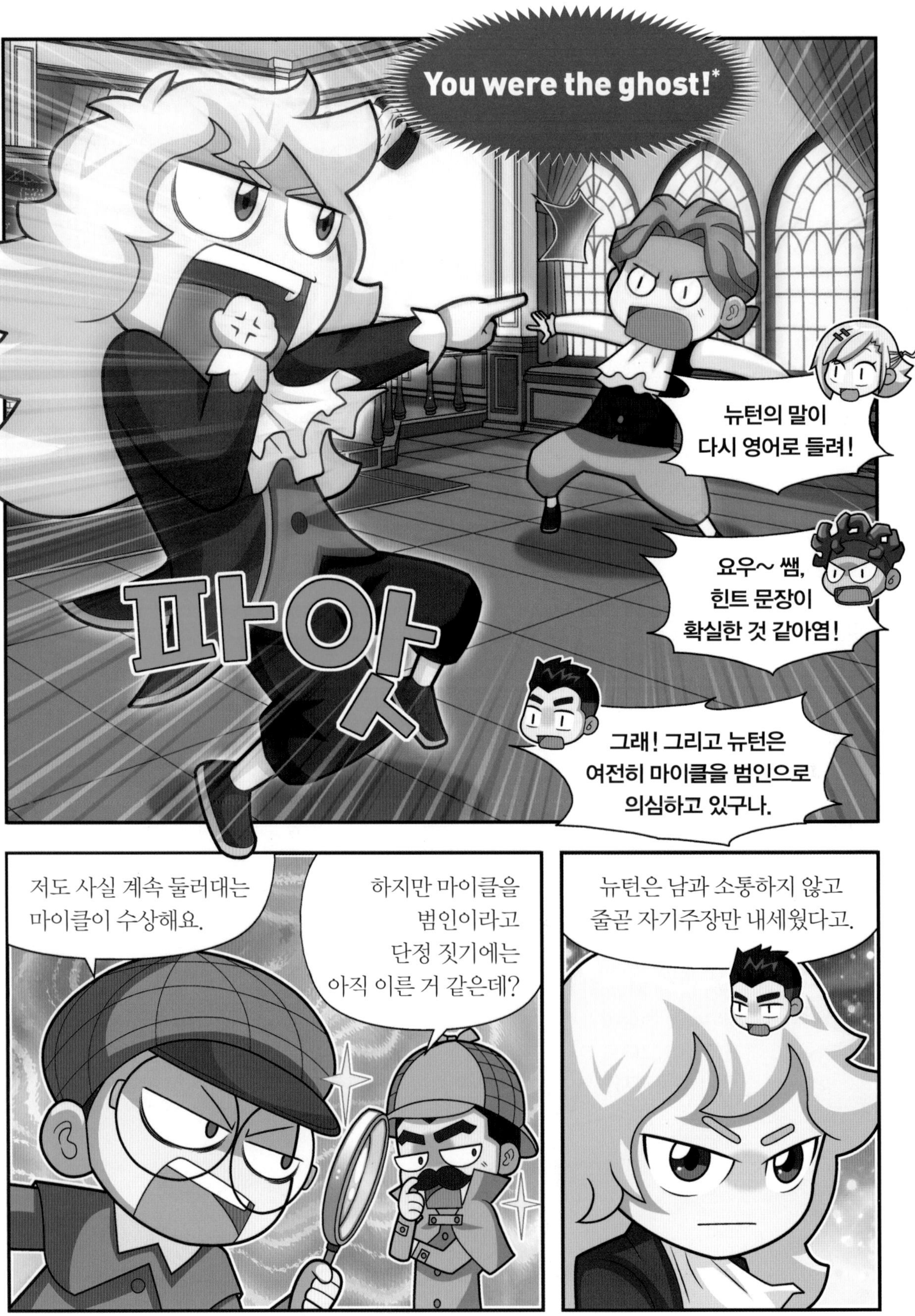

You were the ghost!*
뉴턴의 말이
다시 영어로 들려!
요우~ 쌤,
힌트 문장이
확실한 것 같아염!
파아앗
그래! 그리고 뉴턴은
여전히 마이클을 범인으로
의심하고 있구나.
저도 사실 계속 둘러대는
마이클이 수상해요.
하지만 마이클을
범인이라고
단정 짓기에는
아직 이른 거 같은데?
뉴턴은 남과 소통하지 않고
줄곧 자기주장만 내세웠다고.

* 네가 유령이었잖아!

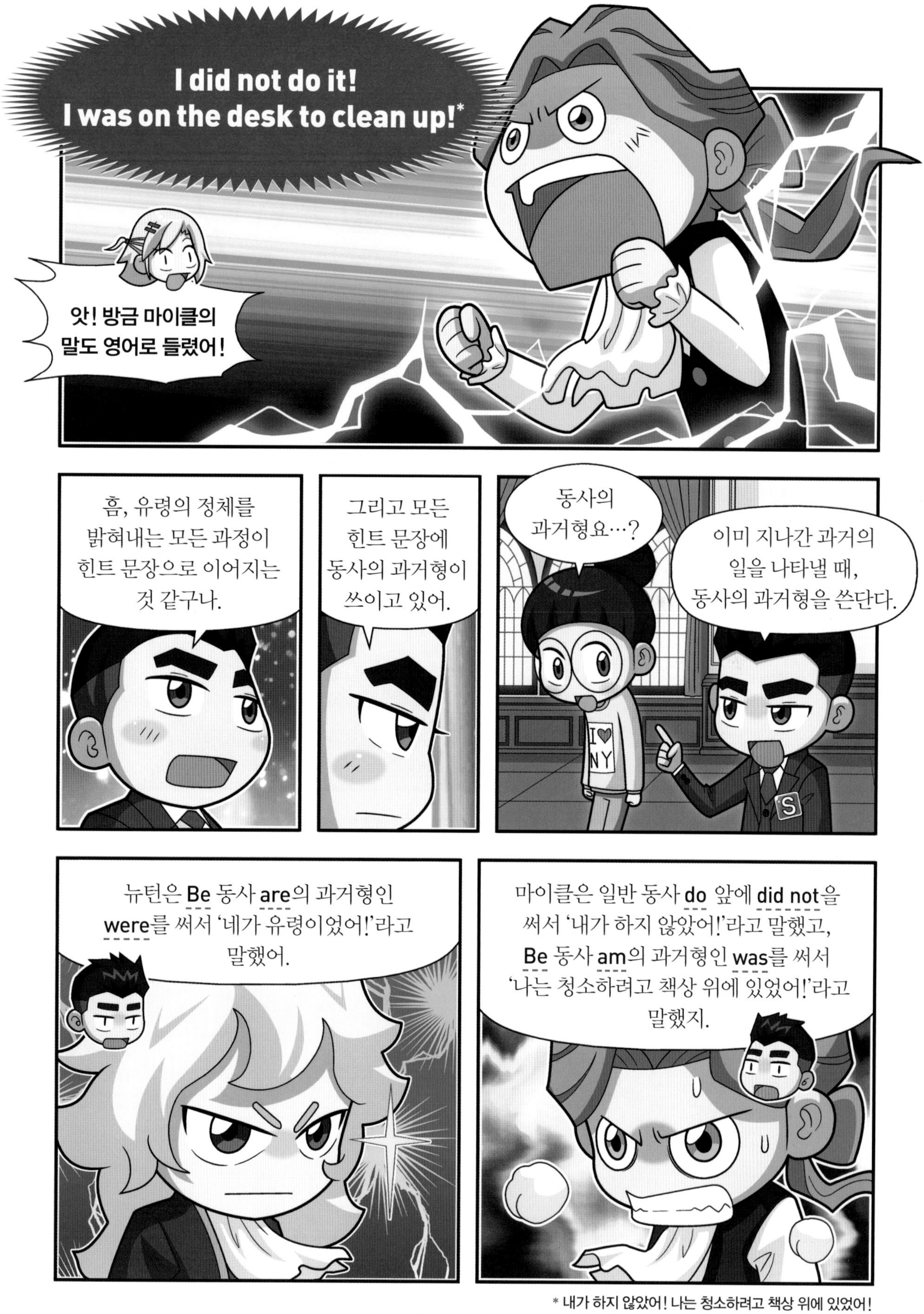
I did not do it!
I was on the desk to clean up!*
앗! 방금 마이클의 말도 영어로 들렸어!
흠, 유령의 정체를 밝혀내는 모든 과정이 힌트 문장으로 이어지는 것 같구나.
그리고 모든 힌트 문장에 동사의 과거형이 쓰이고 있어.
동사의 과거형요…?
이미 지나간 과거의 일을 나타낼 때, 동사의 과거형을 쓴단다.
I ♥ NY
S
뉴턴은 Be 동사 are의 과거형인 were를 써서 '네가 유령이었어!'라고 말했어.
마이클은 일반 동사 do 앞에 did not을 써서 '내가 하지 않았어!'라고 말했고, Be 동사 am의 과거형인 was를 써서 '나는 청소하려고 책상 위에 있었어!'라고 말했지.

* 내가 하지 않았어! 나는 청소하려고 책상 위에 있었어!

* 이시원 선생님이 직접 가르쳐 주는 강의를 확인하고 싶다면 145쪽, 149쪽을 펼쳐 보세요.

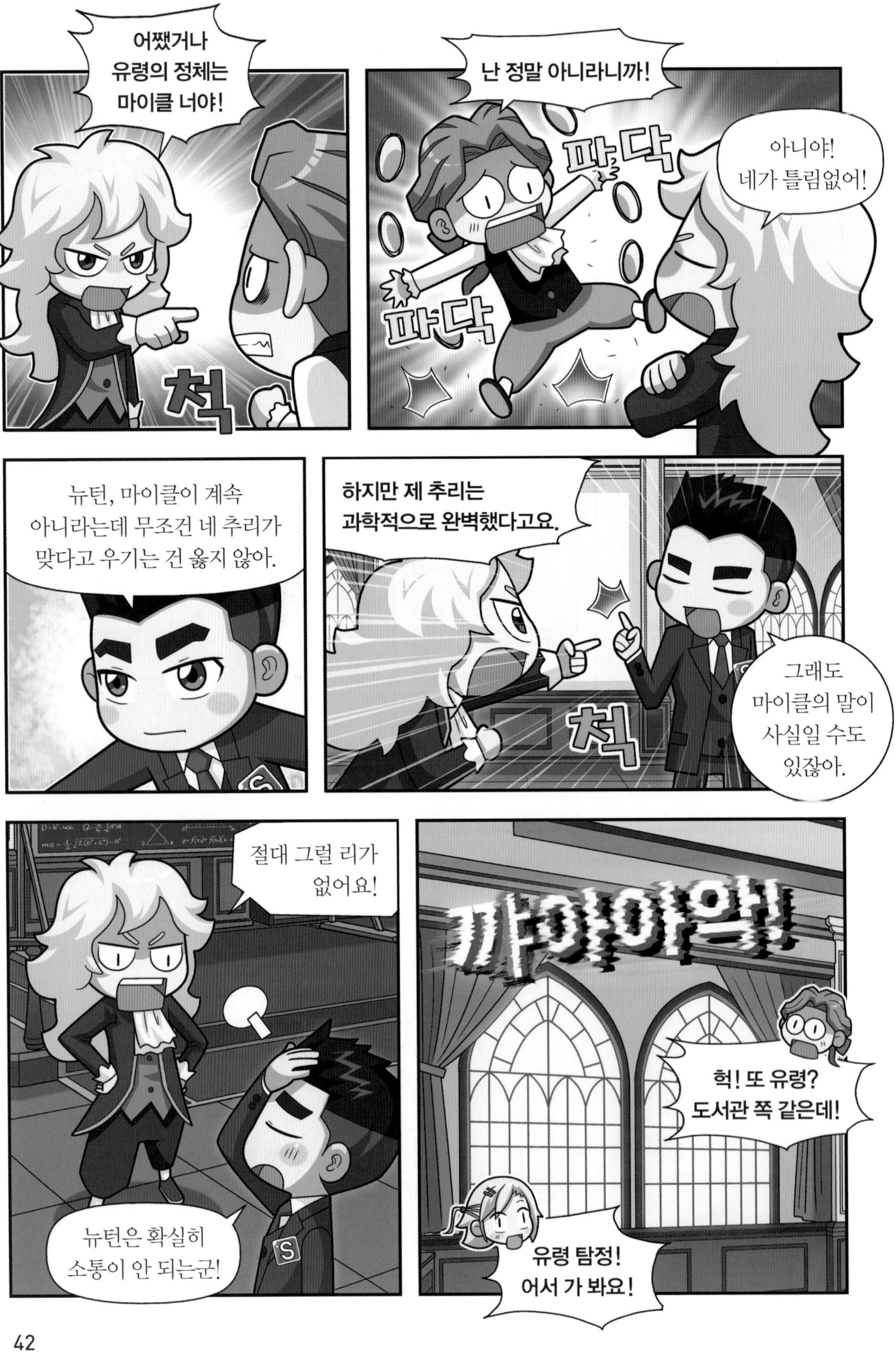
어쨌거나
유령의 정체는
마이클 너야!
척
난 정말 아니라니까!
파닥
파닥
아니야!
네가 틀림없어!
뉴턴, 마이클이 계속
아니라는데 무조건 네 추리가
맞다고 우기는 건 옳지 않아.
하지만 제 추리는
과학적으로 완벽했다고요.
척
그래도
마이클의 말이
사실일 수도
있잖아.
절대 그럴 리가
없어요!
뉴턴은 확실히
소통이 안 되는군!
꺄아아악!
헉! 또 유령?
도서관 쪽 같은데!
유령 탐정!
어서 가 봐요!

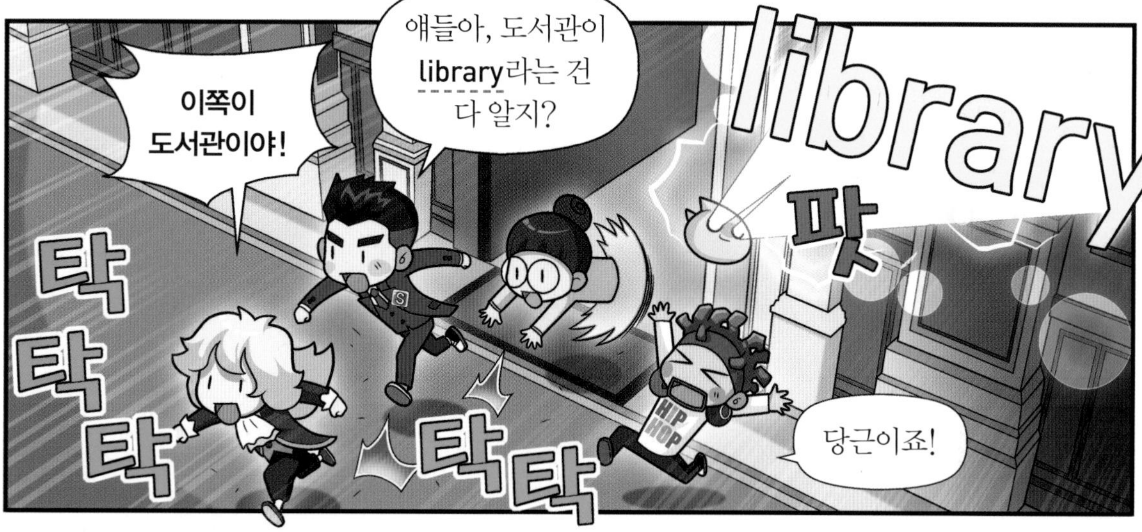
이쪽이
도서관이야!
애들아, 도서관이
library라는 건
다 알지?
library
팍
탁
탁
탁
탁탁
당근이죠!

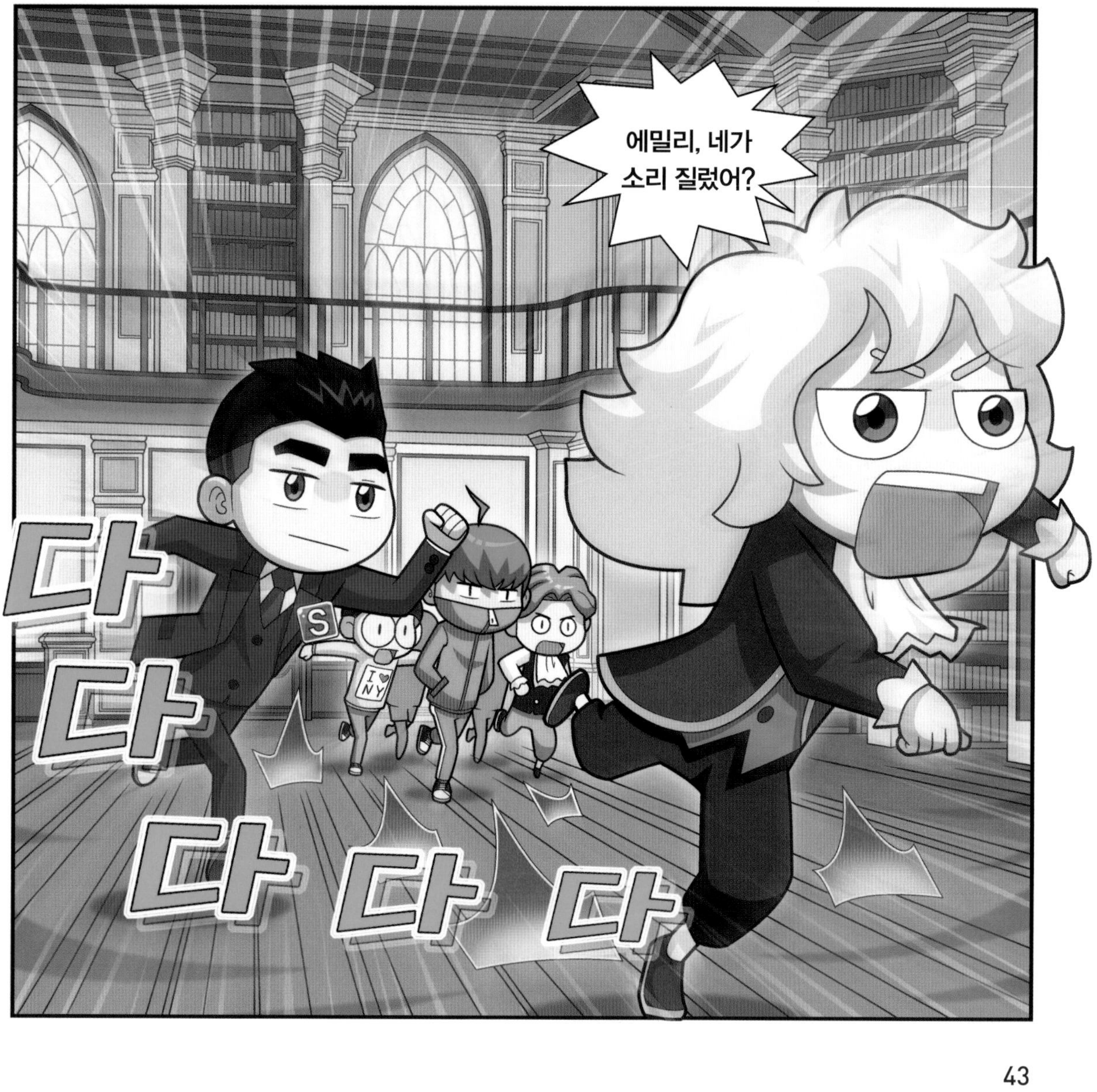
에밀리, 네가
소리 질렀어?
다
다
다 다 다

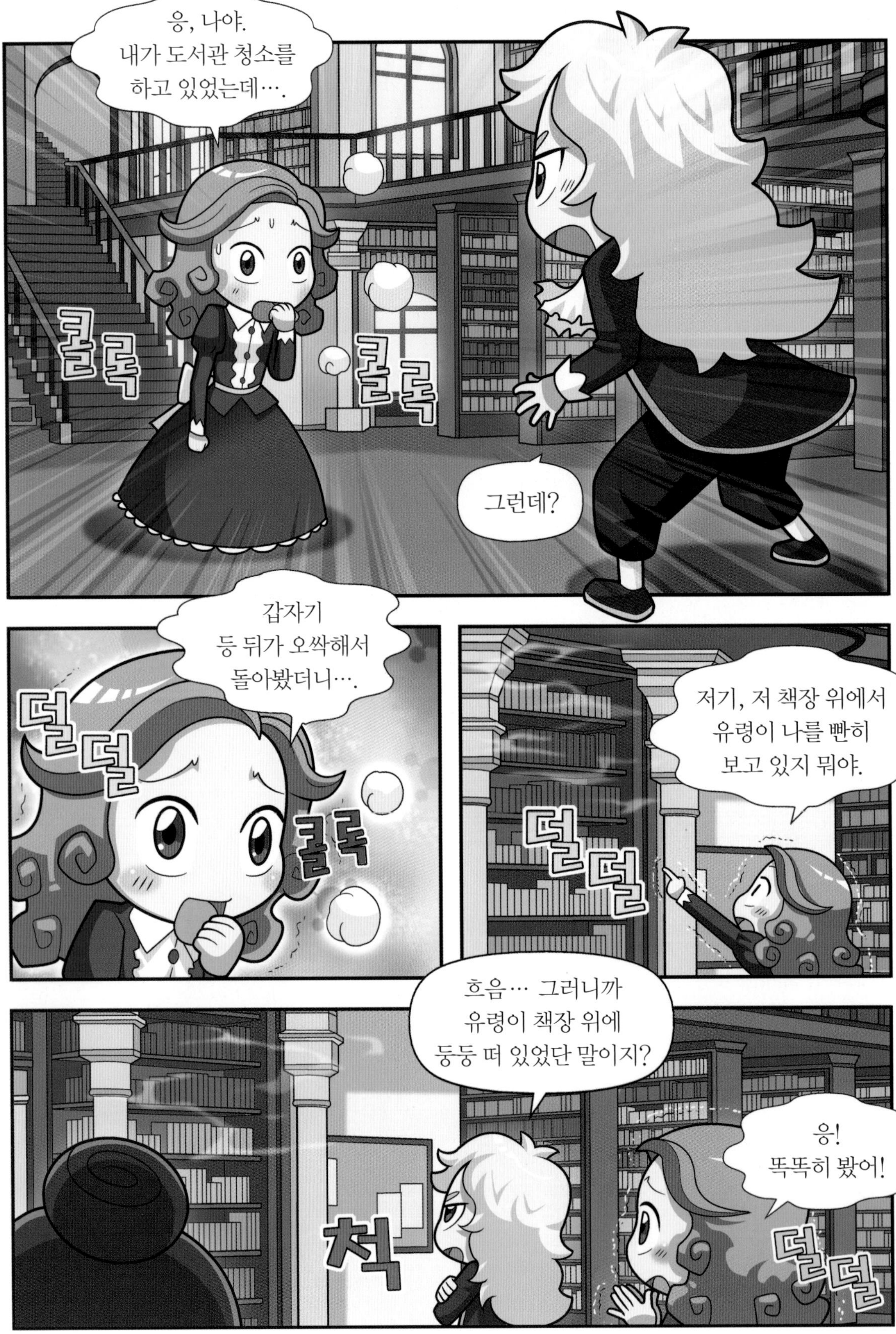

응, 나야. 내가 도서관 청소를 하고 있었는데….
콜록
콜록
그런데?
갑자기 등 뒤가 오싹해서 돌아봤더니….
덜덜
콜록
저기, 저 책장 위에서 유령이 나를 빤히 보고 있지 뭐야.
덜덜
흐음… 그러니까 유령이 책장 위에 둥둥 떠 있었단 말이지?
척
응! 똑똑히 봤어!
덜덜

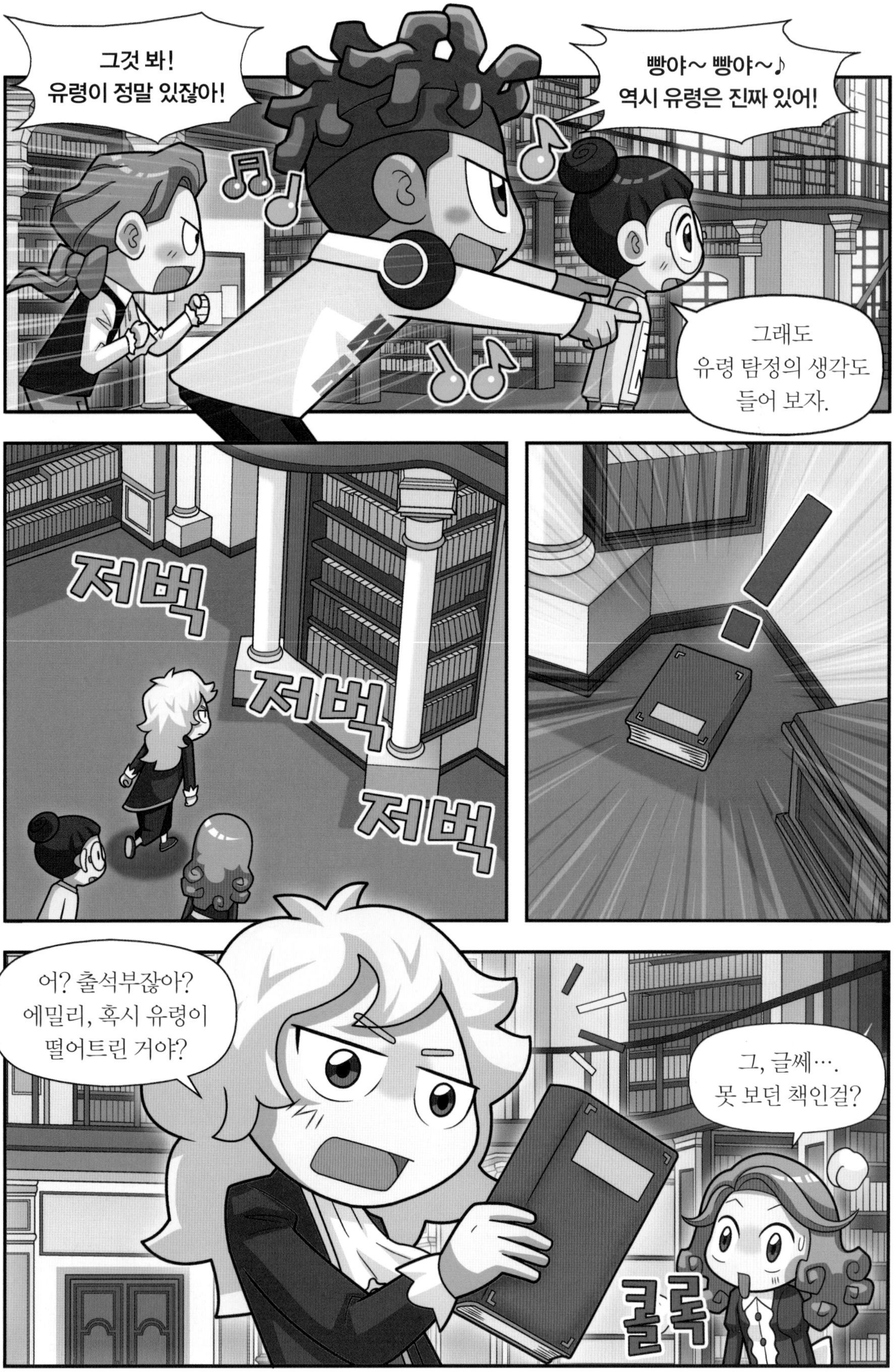
그것 봐!
유령이 정말 있잖아!
빵야~ 빵야~♪
역시 유령은 진짜 있어!
그래도
유령 탐정의 생각도
들어 보자.
저벅
저벅
저벅
어? 출석부잖아?
에밀리, 혹시 유령이
떨어트린 거야?
그, 글쎄….
못 보던 책인걸?
꿀꺽

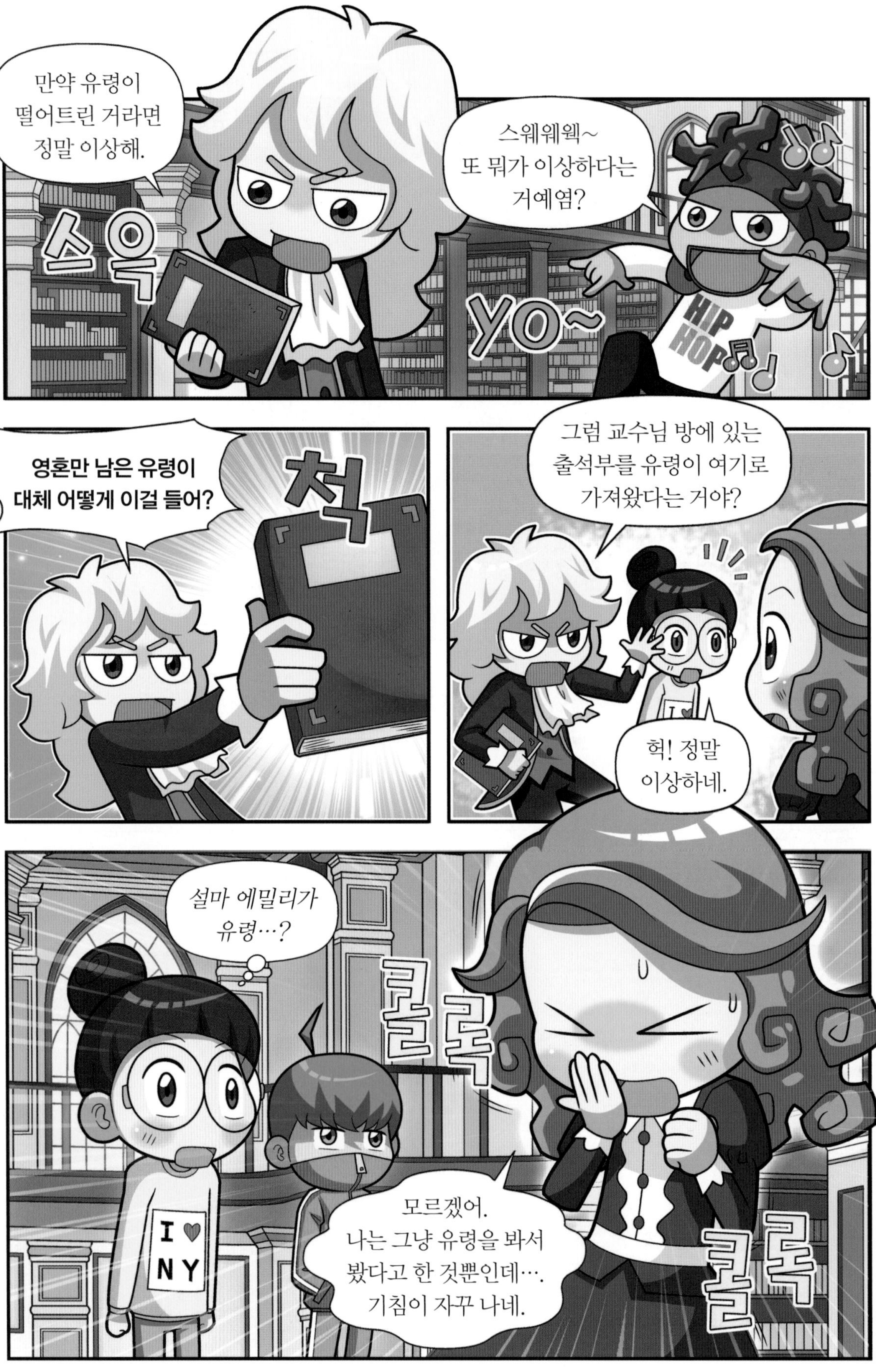
만약 유령이 떨어트린 거라면 정말 이상해.
스윽
스웨웨웩~ 또 뭐가 이상하다는 거예염?
YO~
HIP HOP
영혼만 남은 유령이 대체 어떻게 이걸 들어?
척
그럼 교수님 방에 있는 출석부를 유령이 여기로 가져왔다는 거야?
헉! 정말 이상하네.
설마 에밀리가 유령…?
콜록
모르겠어. 나는 그냥 유령을 봐서 봤다고 한 것뿐인데…. 기침이 자꾸 나네.
콜록

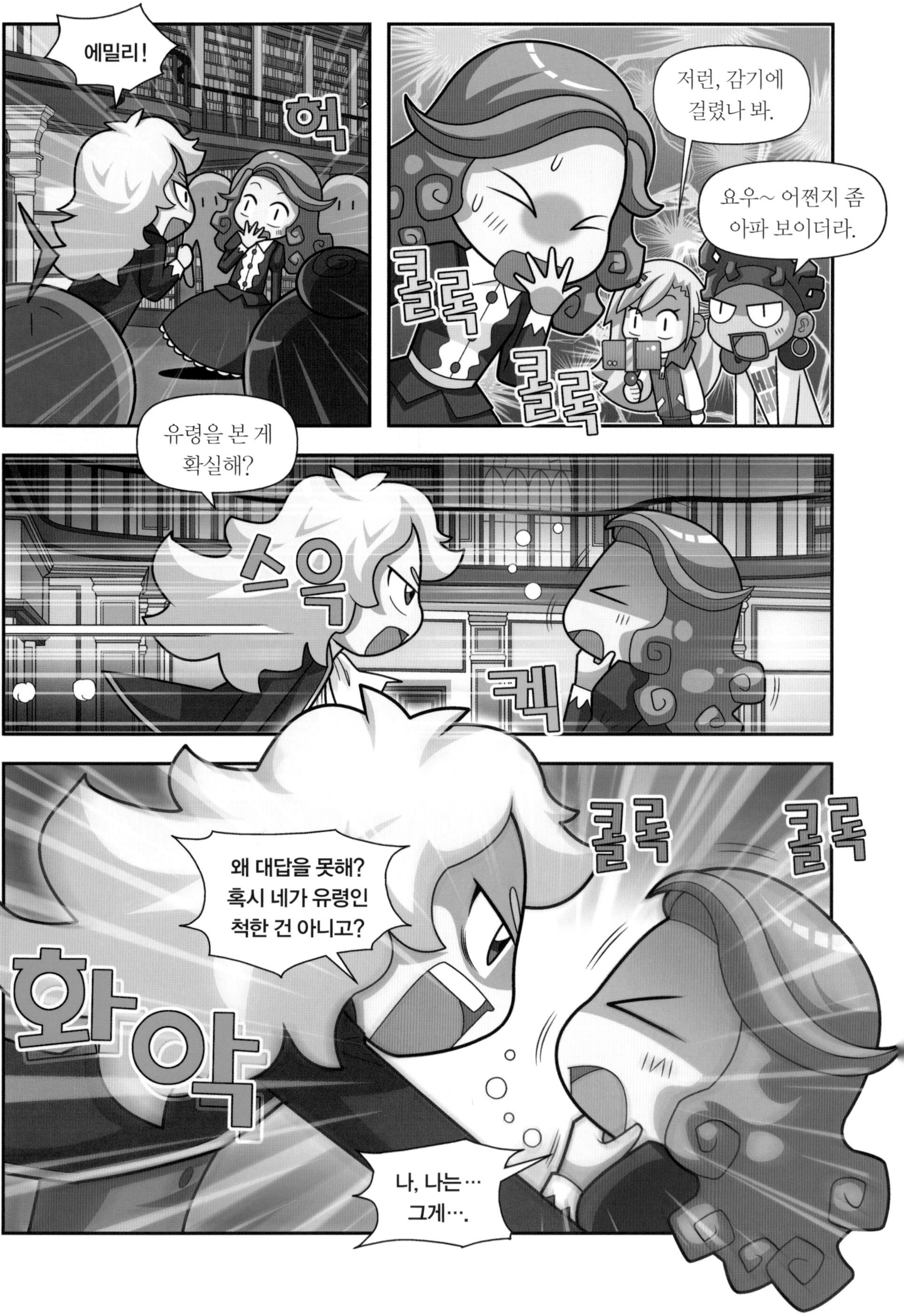

에밀리!
헉
저런, 감기에 걸렸나 봐.
요우~ 어쩐지 좀 아파 보이더라.
콜록
콜록
유령을 본 게 확실해?
스윽
켁
콜록
콜록
왜 대답을 못해? 혹시 네가 유령인 척한 건 아니고?
화악
나, 나는… 그게….

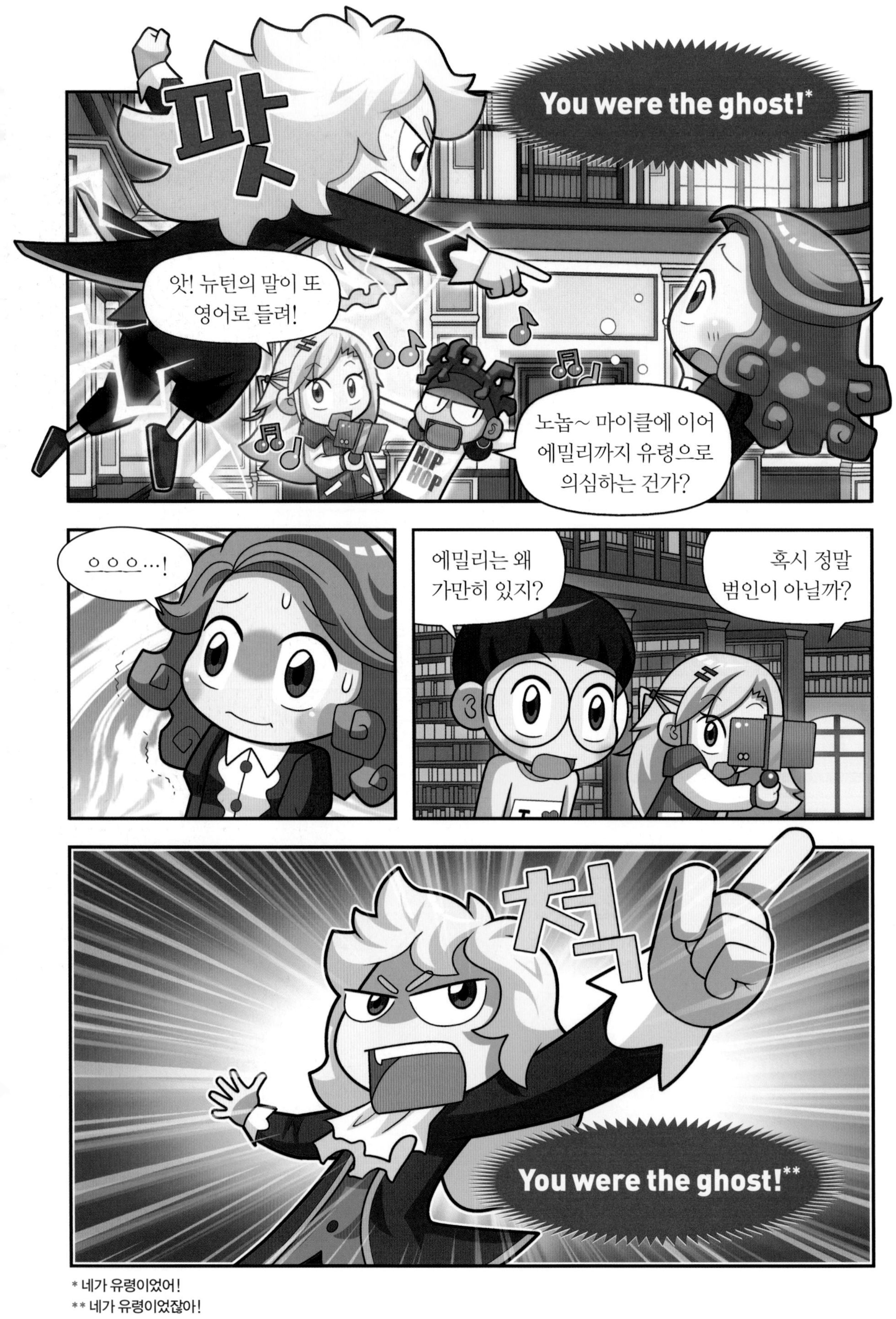
파
You were the ghost!*
앗! 뉴턴의 말이 또 영어로 들려!
노놉~ 마이클에 이어 에밀리까지 유령으로 의심하는 건가?
으으으…!
에밀리는 왜 가만히 있지?
혹시 정말 범인이 아닐까?
척
You were the ghost!**

* 네가 유령이었어!

** 네가 유령이었잖아!

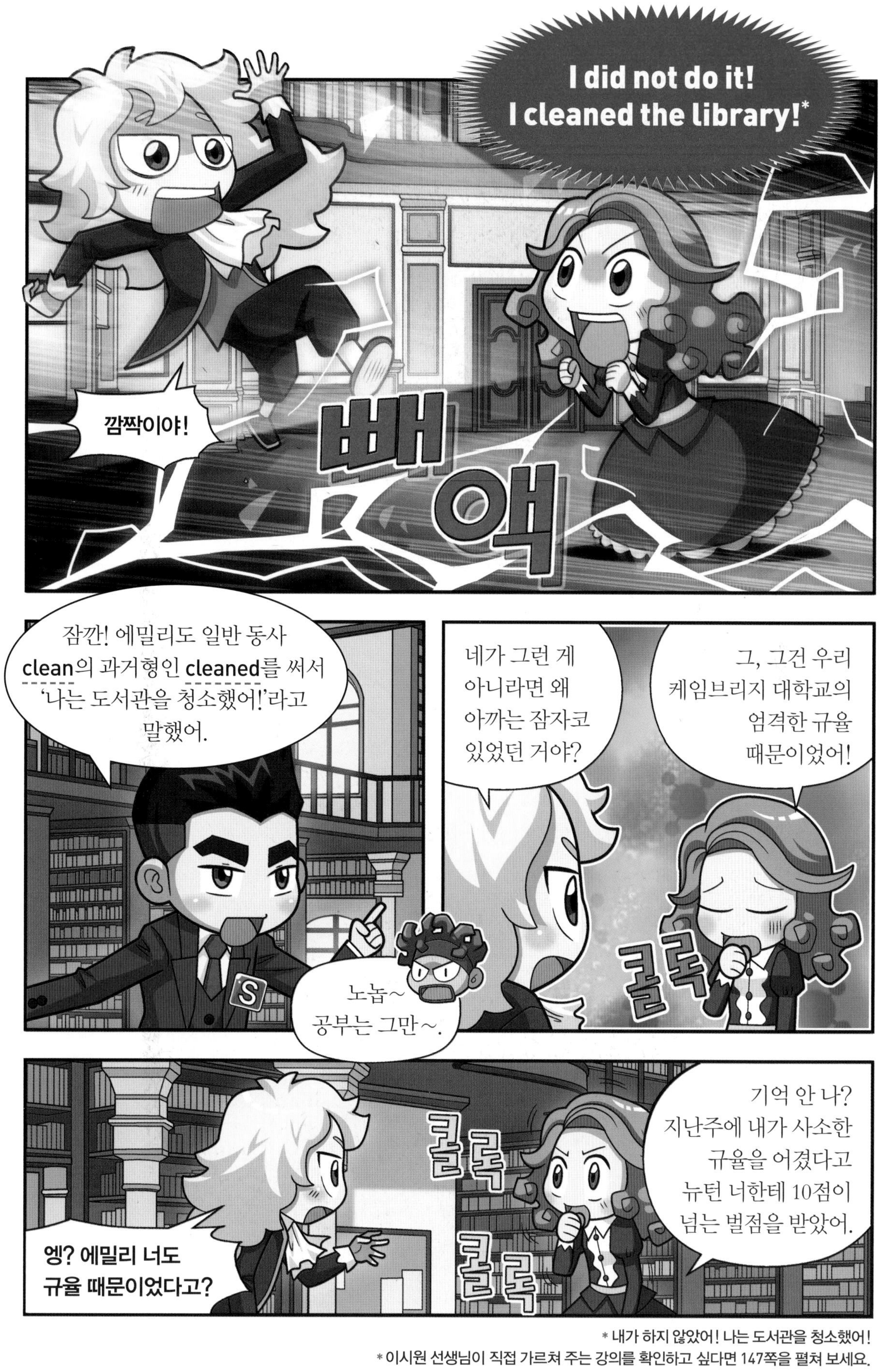
I did not do it!
I cleaned the library!*
깜짝이야!
빼액
잠깐! 에밀리도 일반 동사 clean의 과거형인 cleaned를 써서 '나는 도서관을 청소했어!'라고 말했어.
노놉~ 공부는 그만~.
네가 그런 게 아니라면 왜 아까는 잠자코 있었던 거야?
그, 그건 우리 케임브리지 대학교의 엄격한 규율 때문이었어!
콜록
기억 안 나? 지난주에 내가 사소한 규율을 어겼다고 뉴턴 너한테 10점이 넘는 벌점을 받았어.
콜록
콜록
엥? 에밀리 너도 규율 때문이었다고?

* 내가 하지 않았어! 나는 도서관을 청소했어!
* 이시원 선생님이 직접 가르쳐 주는 강의를 확인하고 싶다면 147쪽을 펼쳐 보세요.

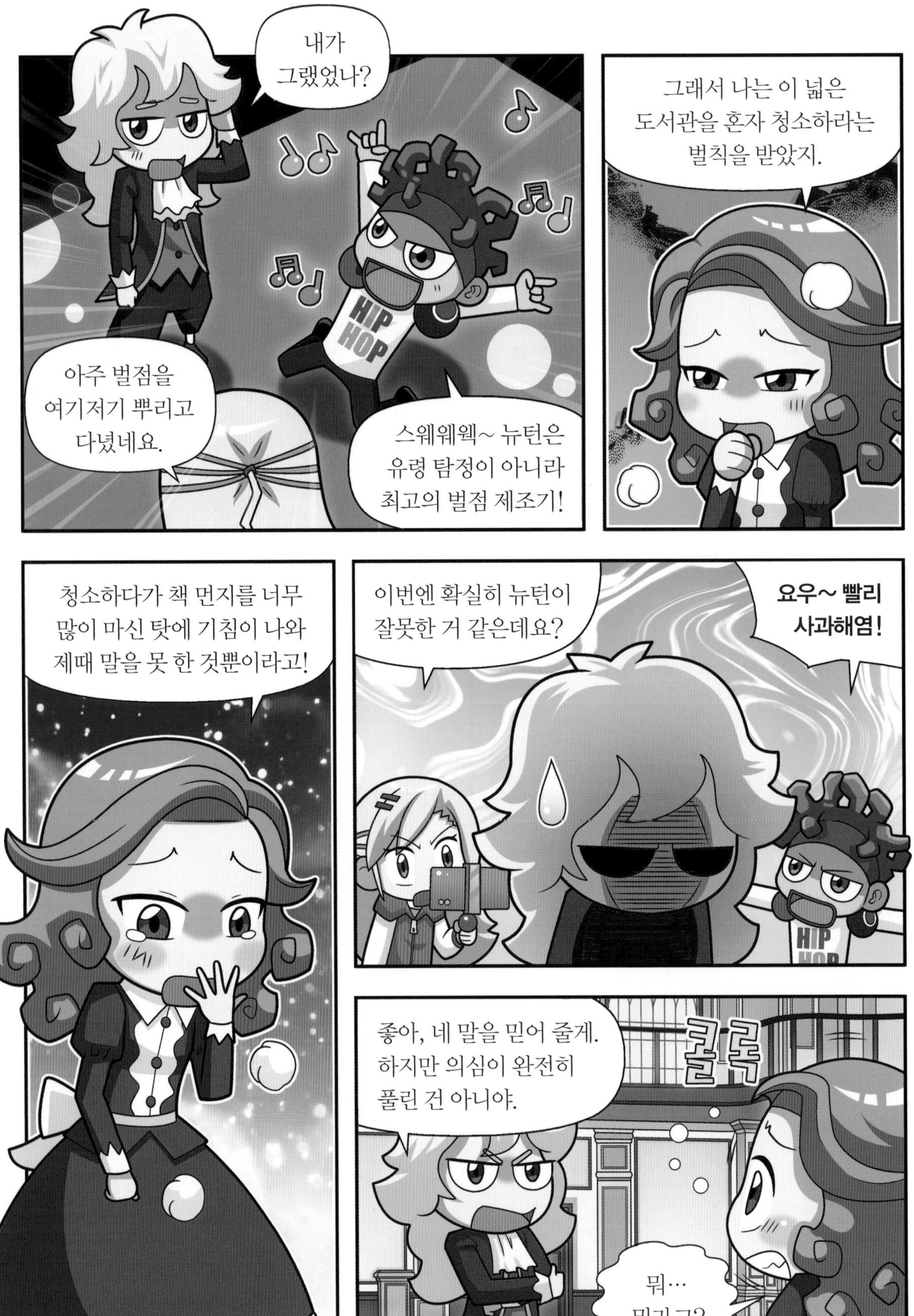
내가 그랬었나?
아주 벌점을 여기저기 뿌리고 다녔네요.
스웩웩웩~ 뉴턴은 유령 탐정이 아니라 최고의 벌점 제조기!
그래서 나는 이 넓은 도서관을 혼자 청소하라는 벌칙을 받았지.
청소하다가 책 먼지를 너무 많이 마신 탓에 기침이 나와 제때 말을 못 한 것뿐이라고!
이번엔 확실히 뉴턴이 잘못한 거 같은데요?
요우~ 빨리 사과해염!
좋아, 네 말을 믿어 줄게. 하지만 의심이 완전히 풀린 건 아니야.
콜록
뭐… 뭐라고?

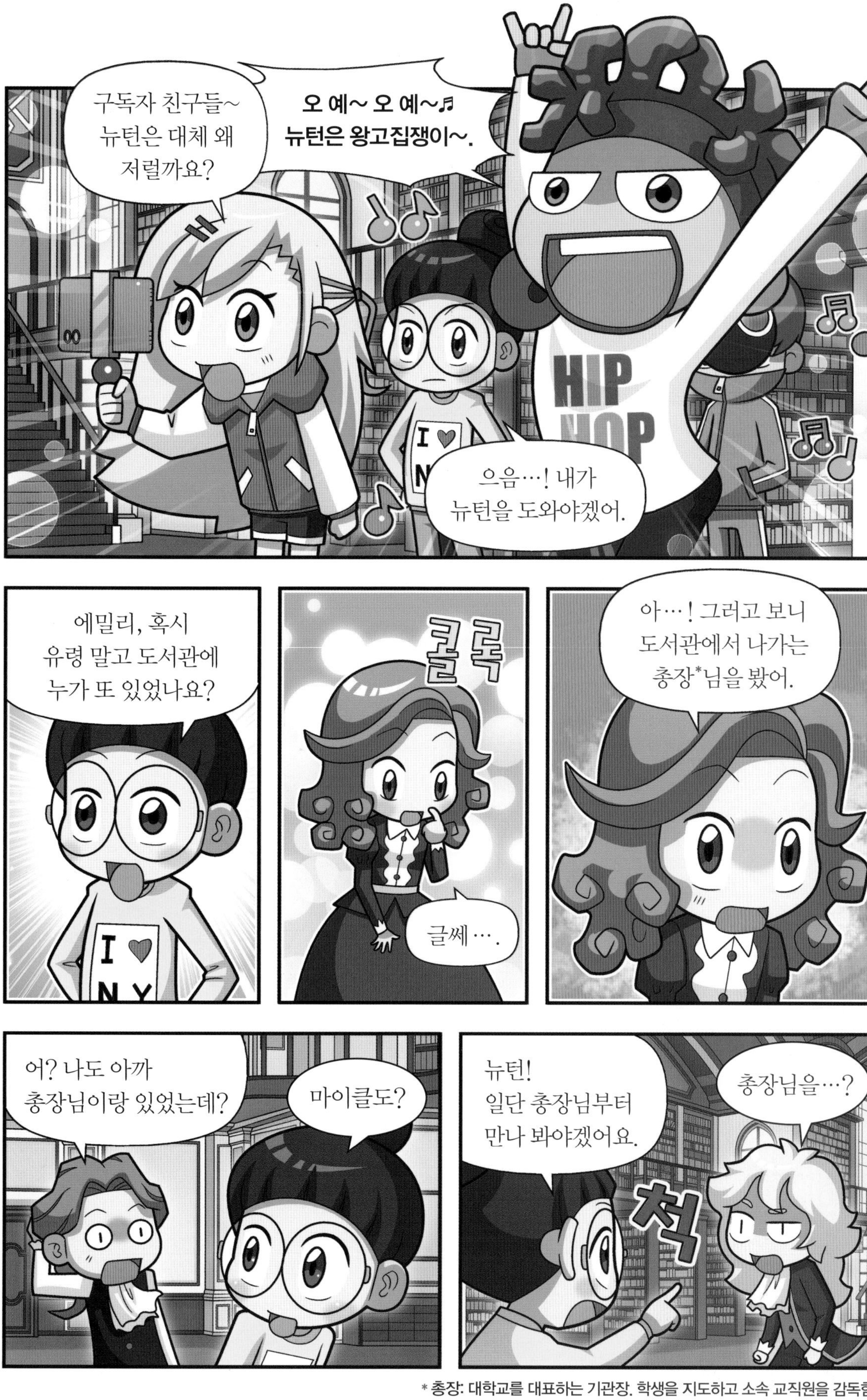
구독자 친구들~
뉴턴은 대체 왜
저럴까요?
오 예~ 오 예~♬
뉴턴은 왕고집쟁이~.
HIP
HOP
으음…! 내가
뉴턴을 도와야겠어.
에밀리, 혹시
유령 말고 도서관에
누가 또 있었나요?
콜록
글쎄….
아…! 그러고 보니
도서관에서 나가는
총장*님을 봤어.
어? 나도 아까
총장님이랑 있었는데?
마이클도?
뉴턴!
일단 총장님부터
만나 봐야겠어요.
총장님을…?
척

* 총장: 대학교를 대표하는 기관장. 학생을 지도하고 소속 교직원을 감독함.

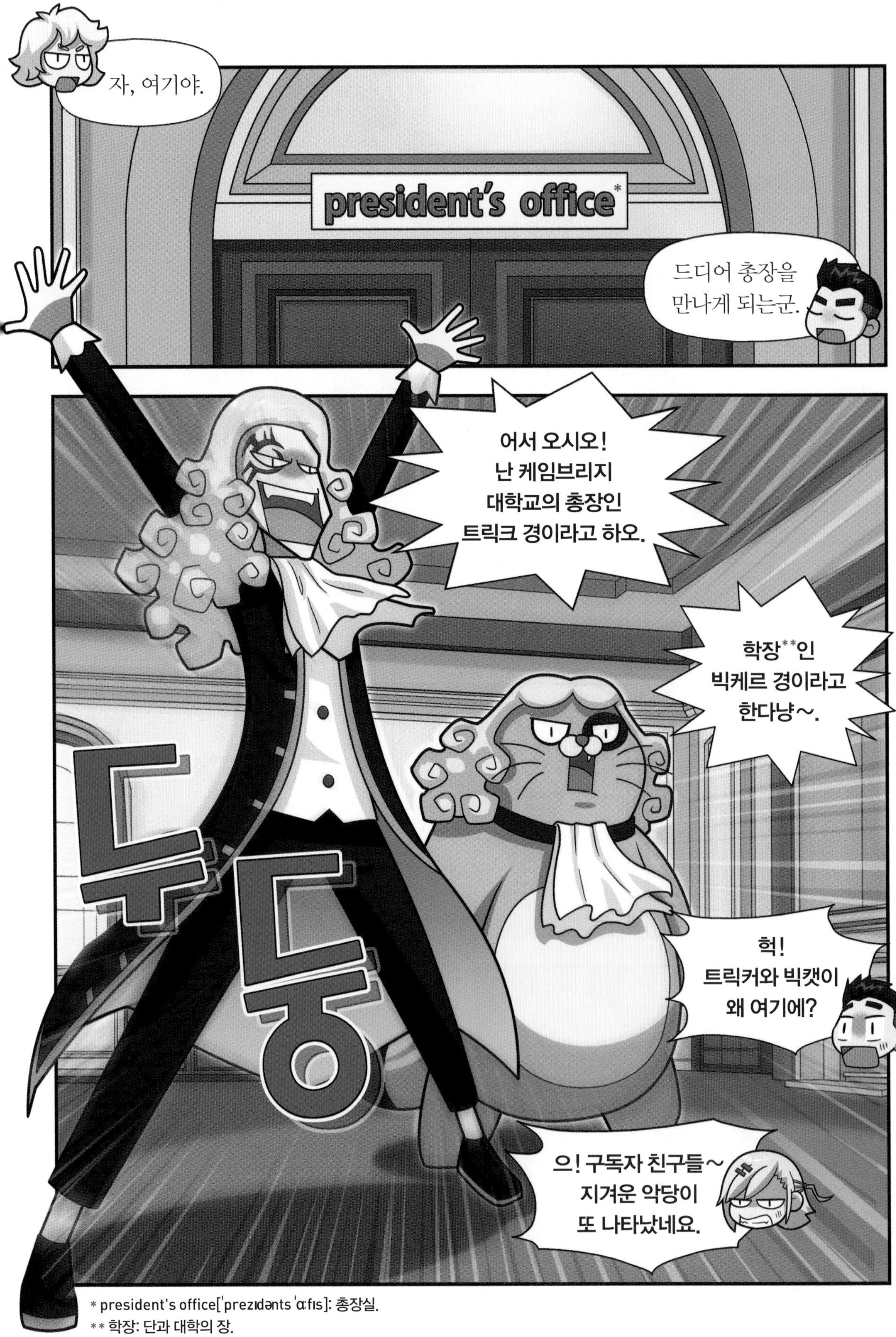
자, 여기야.
president's office*
드디어 총장을 만나게 되는군.
어서 오시오! 난 케임브리지 대학교의 총장인 트릭크 경이라고 하오.
학장**인 빅케르 경이라고 한다냥~.
두둥
헉! 트릭커와 빅캣이 왜 여기에?
으! 구독자 친구들~ 지겨운 악당이 또 나타났네요.

* president's office['prezɪdənts 'ɑːfɪs]: 총장실.

** 학장: 단과 대학의 장.

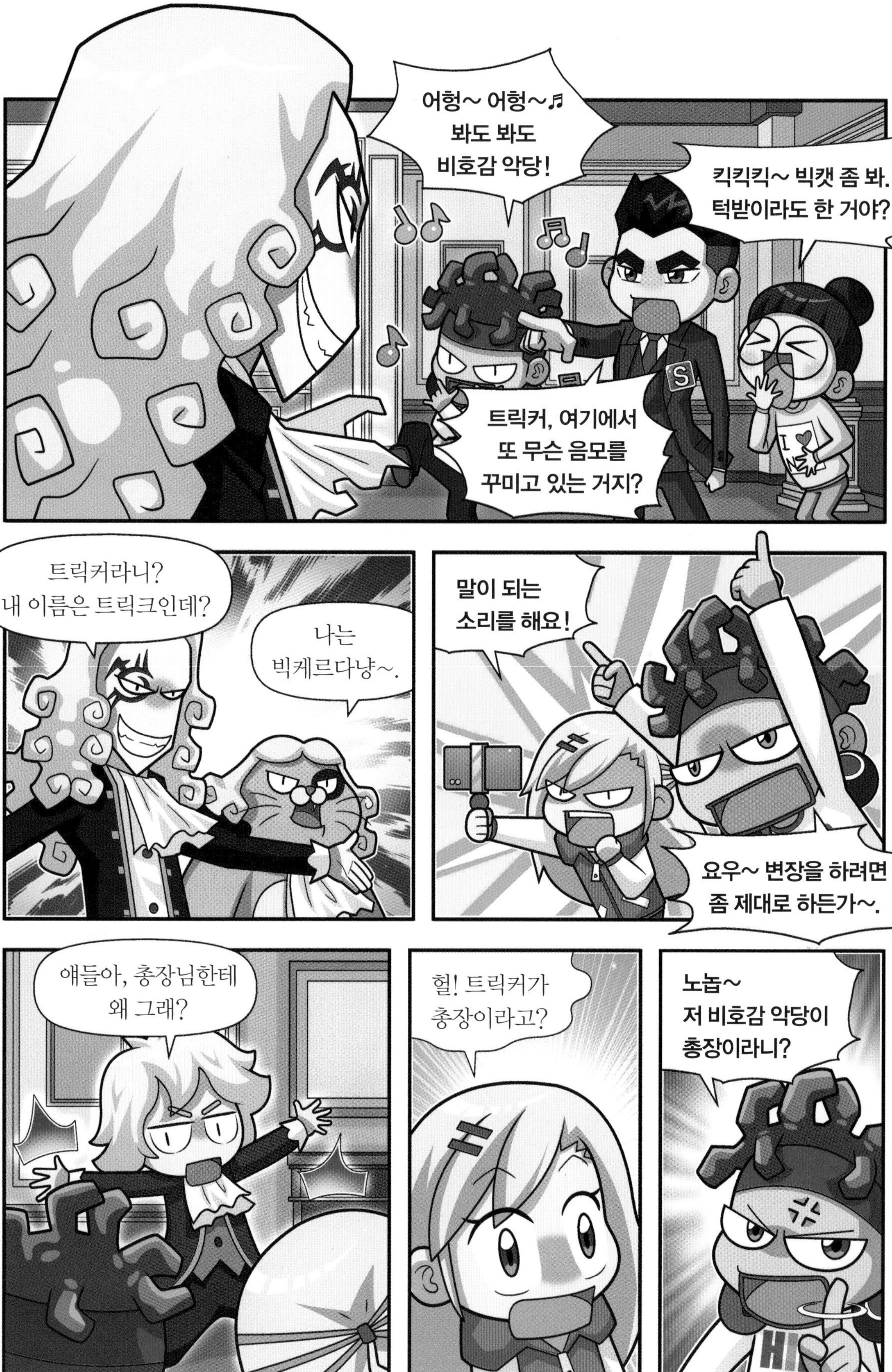
어헝~ 어헝~♬
봐도 봐도
비호감 악당!
킥킥킥~ 빅캣 좀 봐.
턱받이라도 한 거야?
트릭커, 여기에서
또 무슨 음모를
꾸미고 있는 거지?
트릭커라니?
내 이름은 트릭크인데?
나는
빅케르다냥~.
말이 되는
소리를 해요!
요우~ 변장을 하려면
좀 제대로 하든가~.
얘들아, 총장님한테
왜 그래?
헐! 트릭커가
총장이라고?
노놉~
저 비호감 악당이
총장이라니?

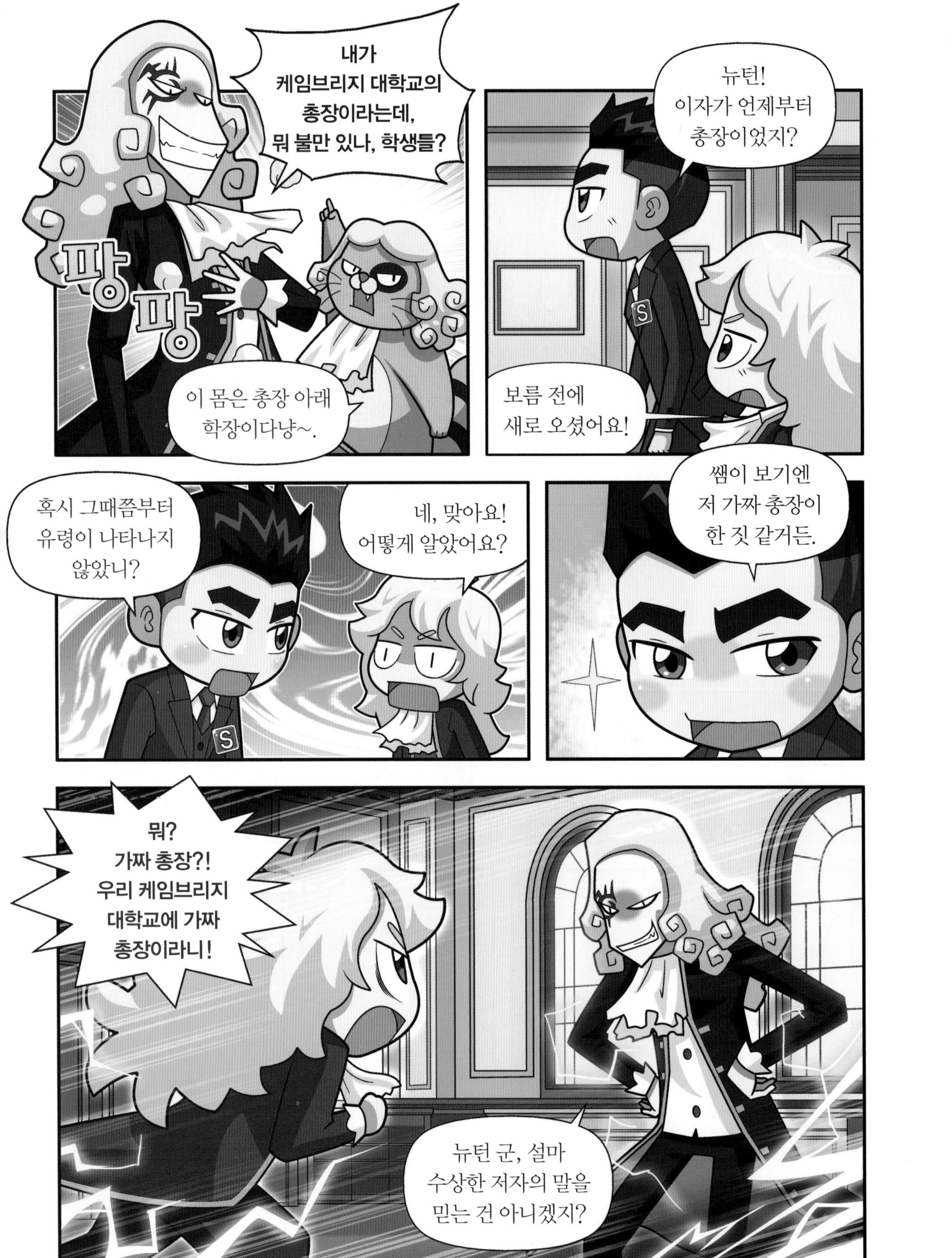
내가
케임브리지 대학교의
총장이라는데,
뭐 불만 있나, 학생들?
팡
팡
이 몸은 총장 아래
학장이다냥~.
뉴턴!
이자가 언제부터
총장이었지?
보름 전에
새로 오셨어요!
혹시 그때쯤부터
유령이 나타나지
않았니?
네, 맞아요!
어떻게 알았어요?
쌤이 보기엔
저 가짜 총장이
한 짓 같거든.
뭐?
가짜 총장?!
우리 케임브리지
대학교에 가짜
총장이라니!
뉴턴 군, 설마
수상한 저자의 말을
믿는 건 아니겠지?

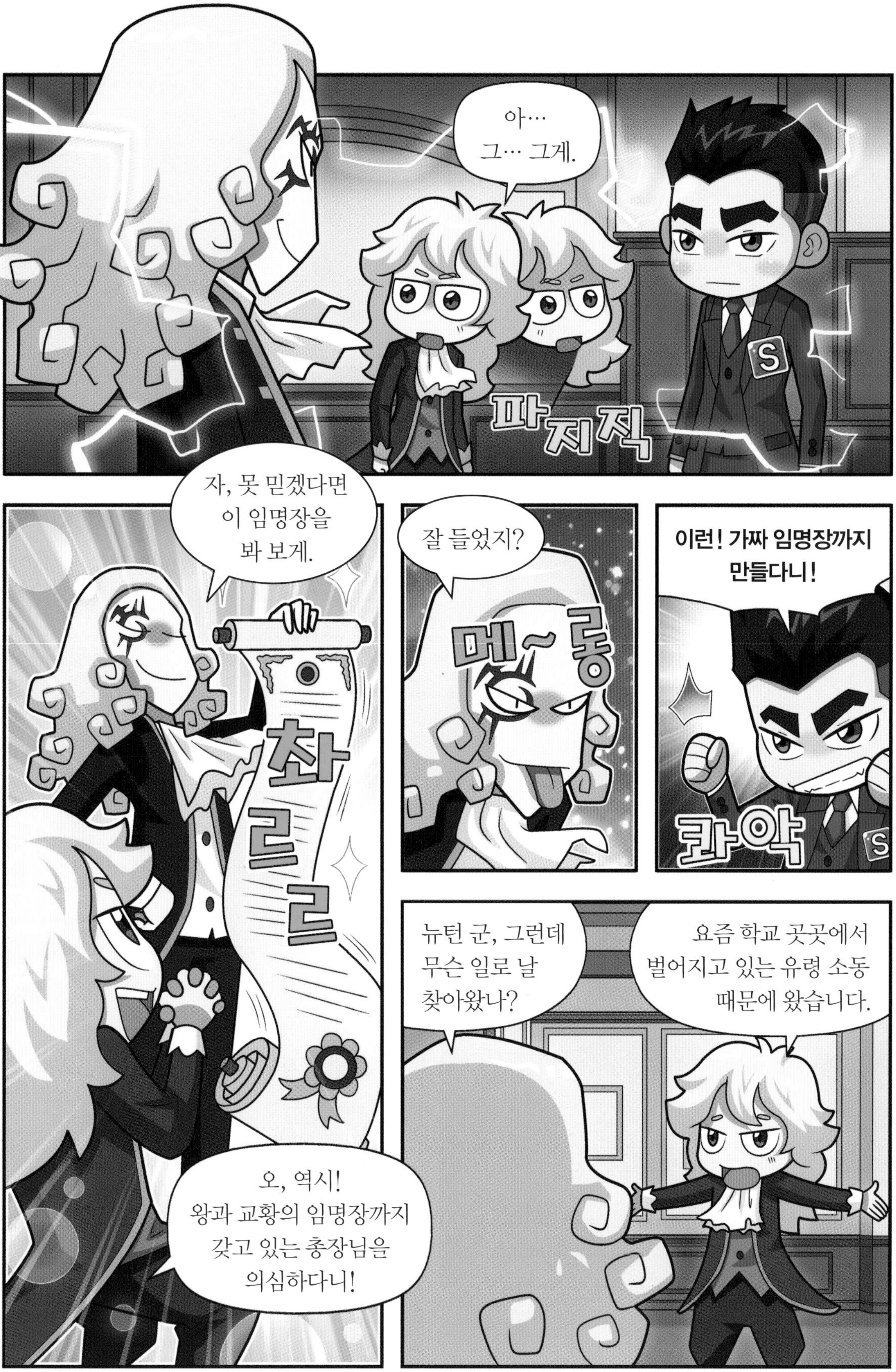

아…
그… 그게.
파지직
자, 못 믿겠다면 이 임명장을 봐 보게.
촤르르
잘 들었지?
메~롱
이런! 가짜 임명장까지 만들다니!
콰악
오, 역시! 왕과 교황의 임명장까지 갖고 있는 총장님을 의심하다니!
뉴턴 군, 그런데 무슨 일로 날 찾아왔나?
요즘 학교 곳곳에서 벌어지고 있는 유령 소동 때문에 왔습니다.

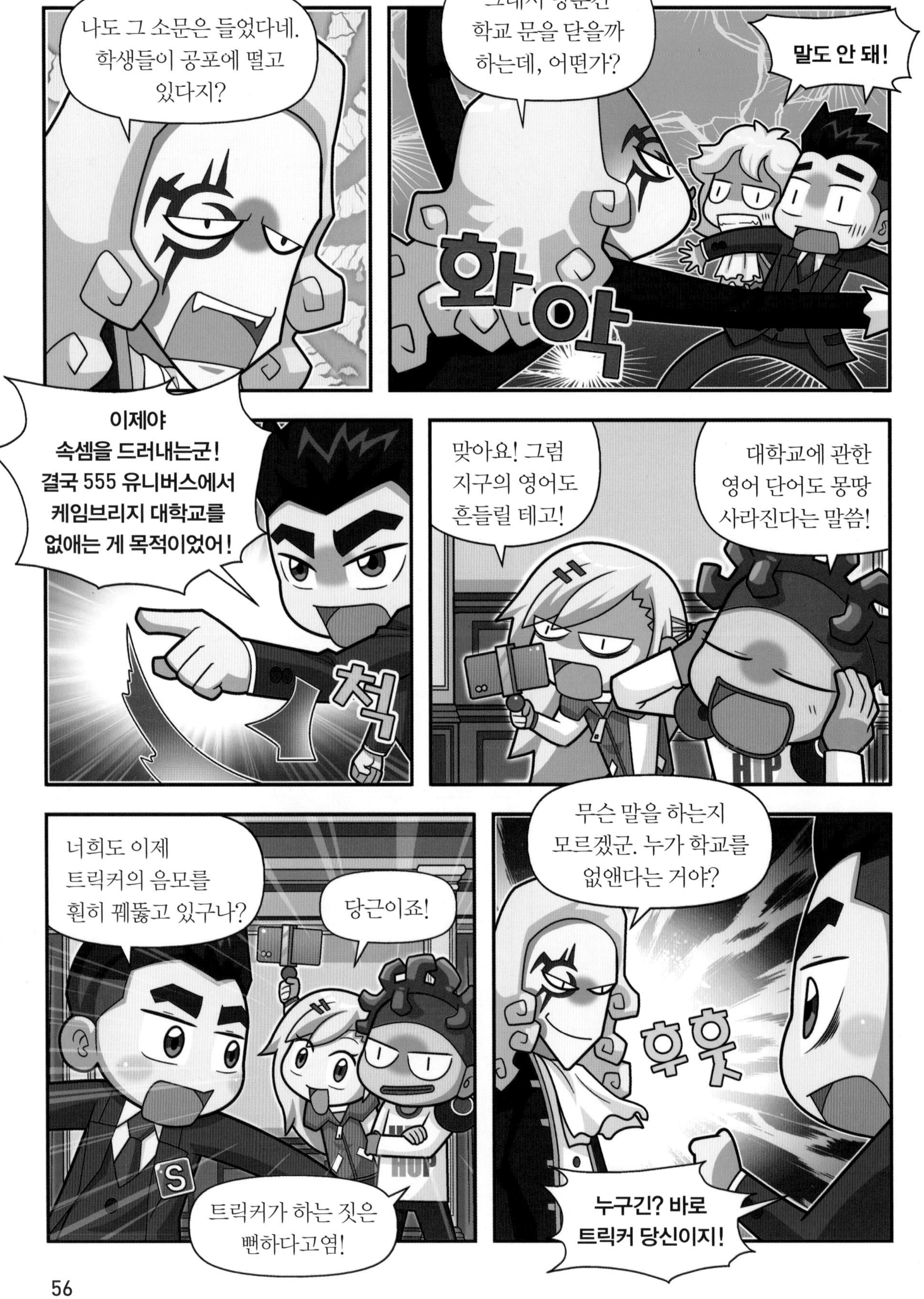
나도 그 소문은 들었다네. 학생들이 공포에 떨고 있다지?
그래서 당분간 학교 문을 닫을까 하는데, 어떤가?
말도 안 돼!
화악
이제야 속셈을 드러내는군! 결국 555 유니버스에서 케임브리지 대학교를 없애는 게 목적이었어!
척
맞아요! 그럼 지구의 영어도 흔들릴 테고!
대학교에 관한 영어 단어도 몽땅 사라진다는 말씀!
너희도 이제 트릭커의 음모를 훤히 꿰뚫고 있구나?
당근이죠!
트릭커가 하는 짓은 뻔하다고염!
무슨 말을 하는지 모르겠군. 누가 학교를 없앤다는 거야?
후훗
누구긴? 바로 트릭커 당신이지!

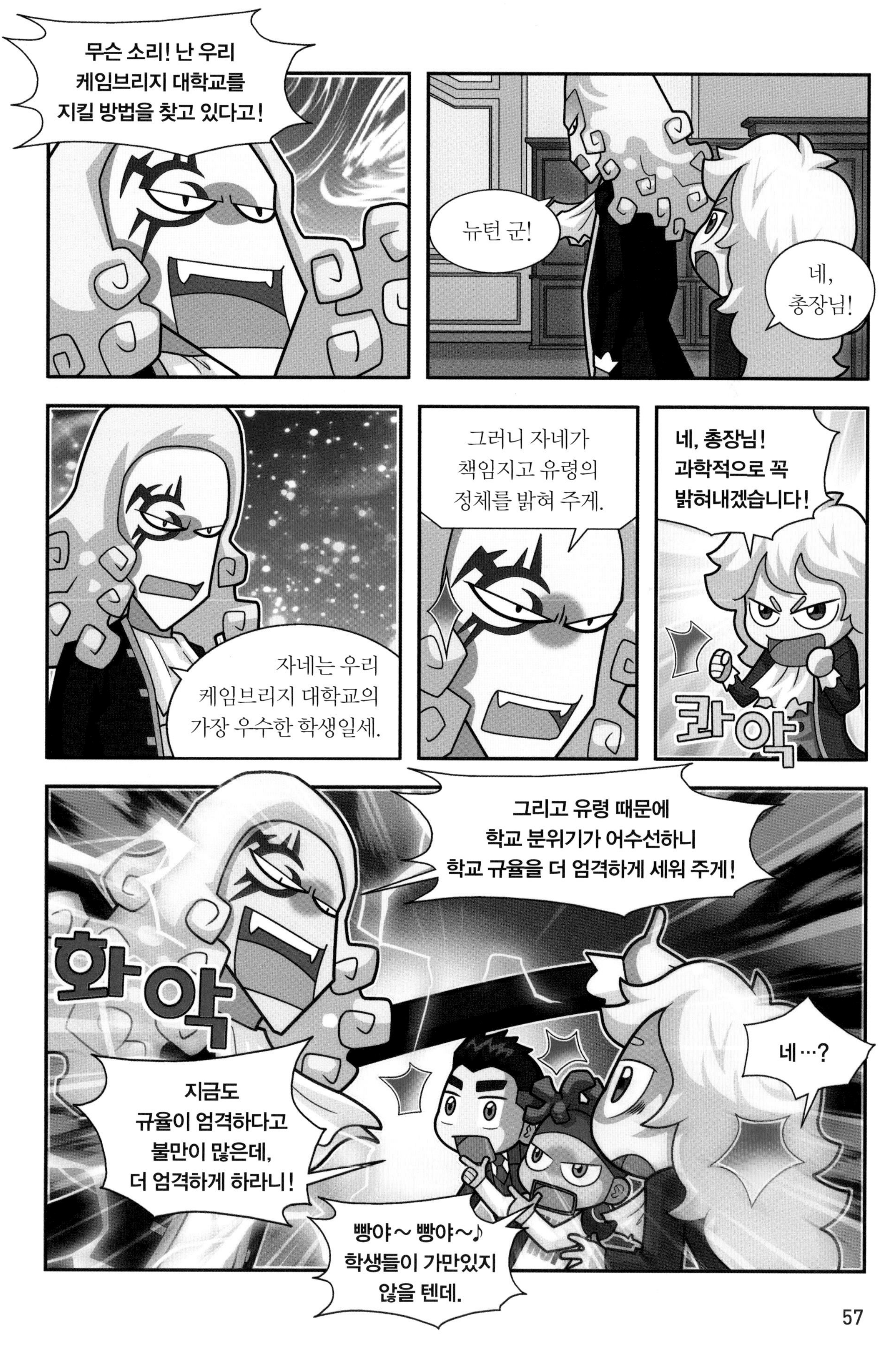
무슨 소리! 난 우리 케임브리지 대학교를 지킬 방법을 찾고 있다고!
뉴턴 군!
네, 총장님!
자네는 우리 케임브리지 대학교의 가장 우수한 학생일세.
그러니 자네가 책임지고 유령의 정체를 밝혀 주게.
네, 총장님! 과학적으로 꼭 밝혀내겠습니다!
콰악
그리고 유령 때문에 학교 분위기가 어수선하니 학교 규율을 더 엄격하게 세워 주게!
화악
네…?
지금도 규율이 엄격하다고 불만이 많은데, 더 엄격하게 하라니!
빵야~ 빵야~♪ 학생들이 가만있지 않을 텐데.

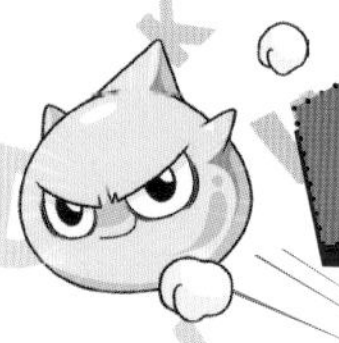

Chapter 3

트릭크 총장의 정체

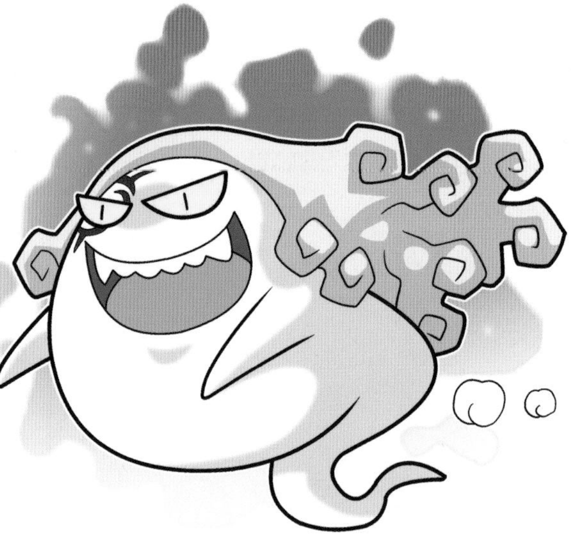

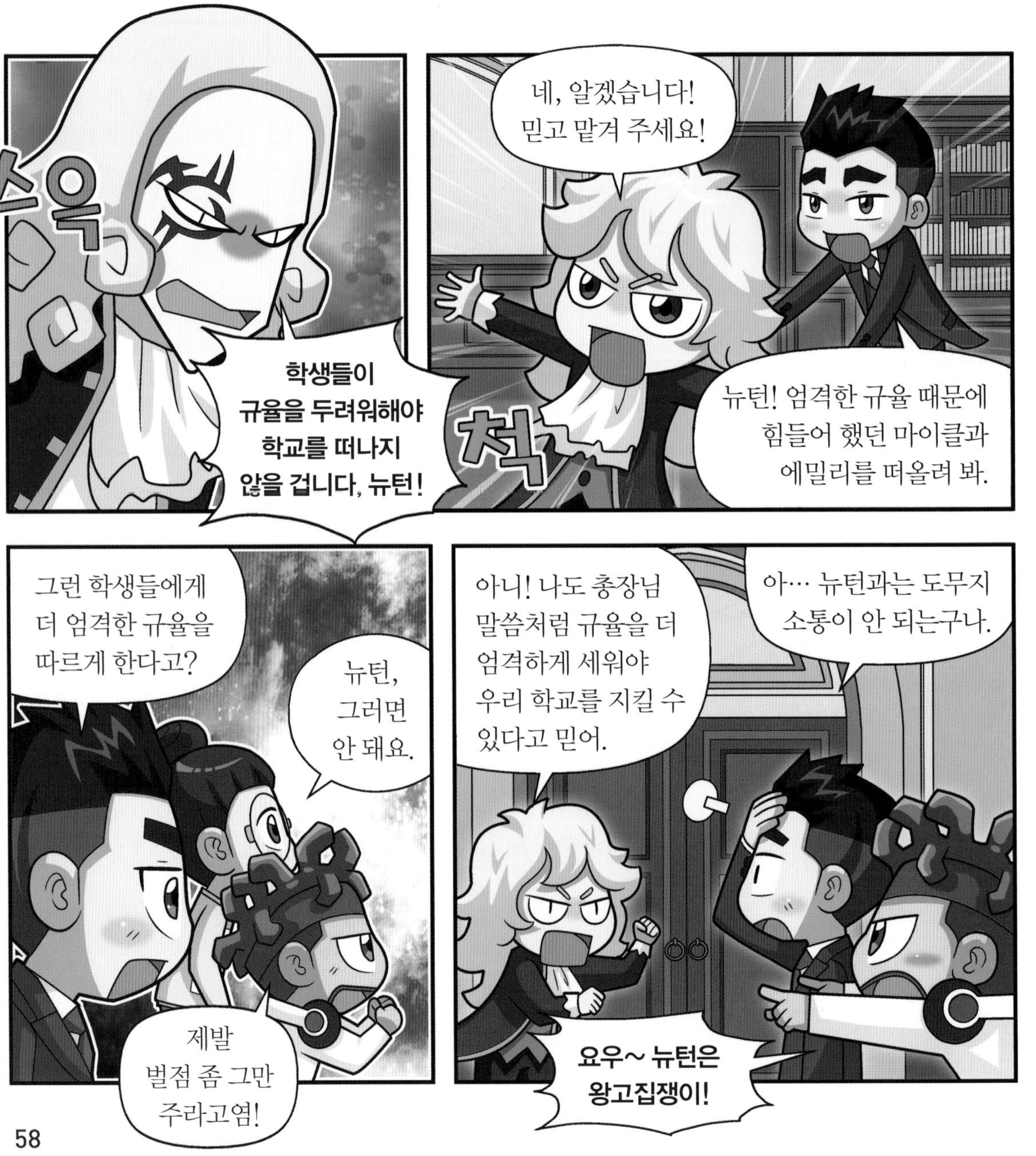

스윽
학생들이 규율을 두려워해야 학교를 떠나지 않을 겁니다, 뉴턴!
네, 알겠습니다! 믿고 맡겨 주세요!
척
뉴턴! 엄격한 규율 때문에 힘들어 했던 마이클과 에밀리를 떠올려 봐.
그런 학생들에게 더 엄격한 규율을 따르게 한다고?
뉴턴, 그러면 안 돼요.
제발 벌점 좀 그만 주라고염!
아니! 나도 총장님 말씀처럼 규율을 더 엄격하게 세워야 우리 학교를 지킬 수 있다고 믿어.
아… 뉴턴과는 도무지 소통이 안 되는구나.
요우~ 뉴턴은 왕고집쟁이!

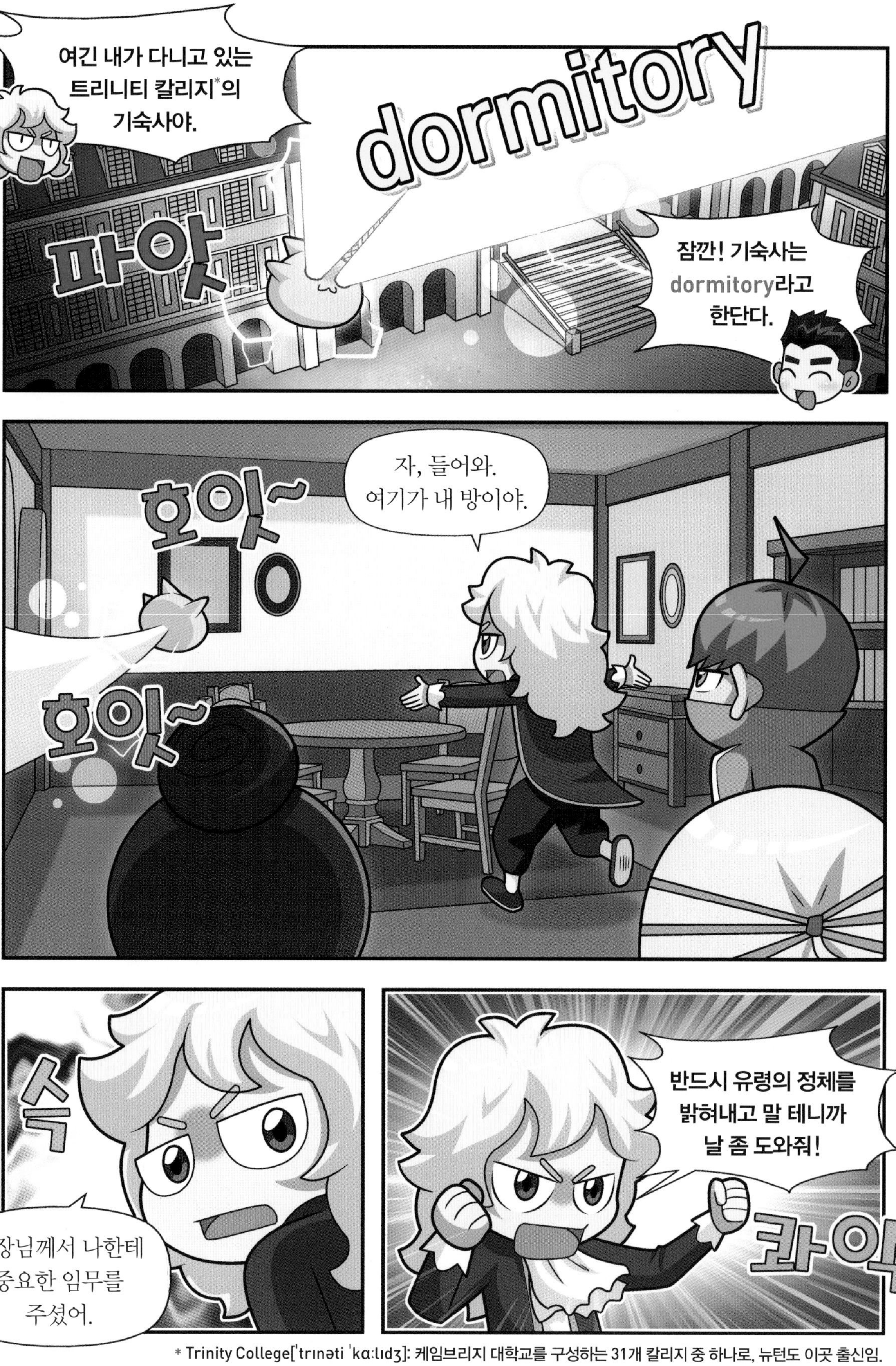

여긴 내가 다니고 있는 트리니티 칼리지*의 기숙사야.
dormitory
파앗
잠깐! 기숙사는 dormitory라고 한단다.
자, 들어와. 여기가 내 방이야.
호잇~
호잇~
슥
총장님께서 나한테 중요한 임무를 주셨어.
반드시 유령의 정체를 밝혀내고 말 테니까 날 좀 도와줘!
콰악

* Trinity College[ˈtrɪnəti ˈkɑːlɪdʒ]: 케임브리지 대학교를 구성하는 31개 칼리지 중 하나로, 뉴턴도 이곳 출신임.
* 분홍색 단어의 발음이 궁금하다면 143쪽을 펼쳐 보세요.

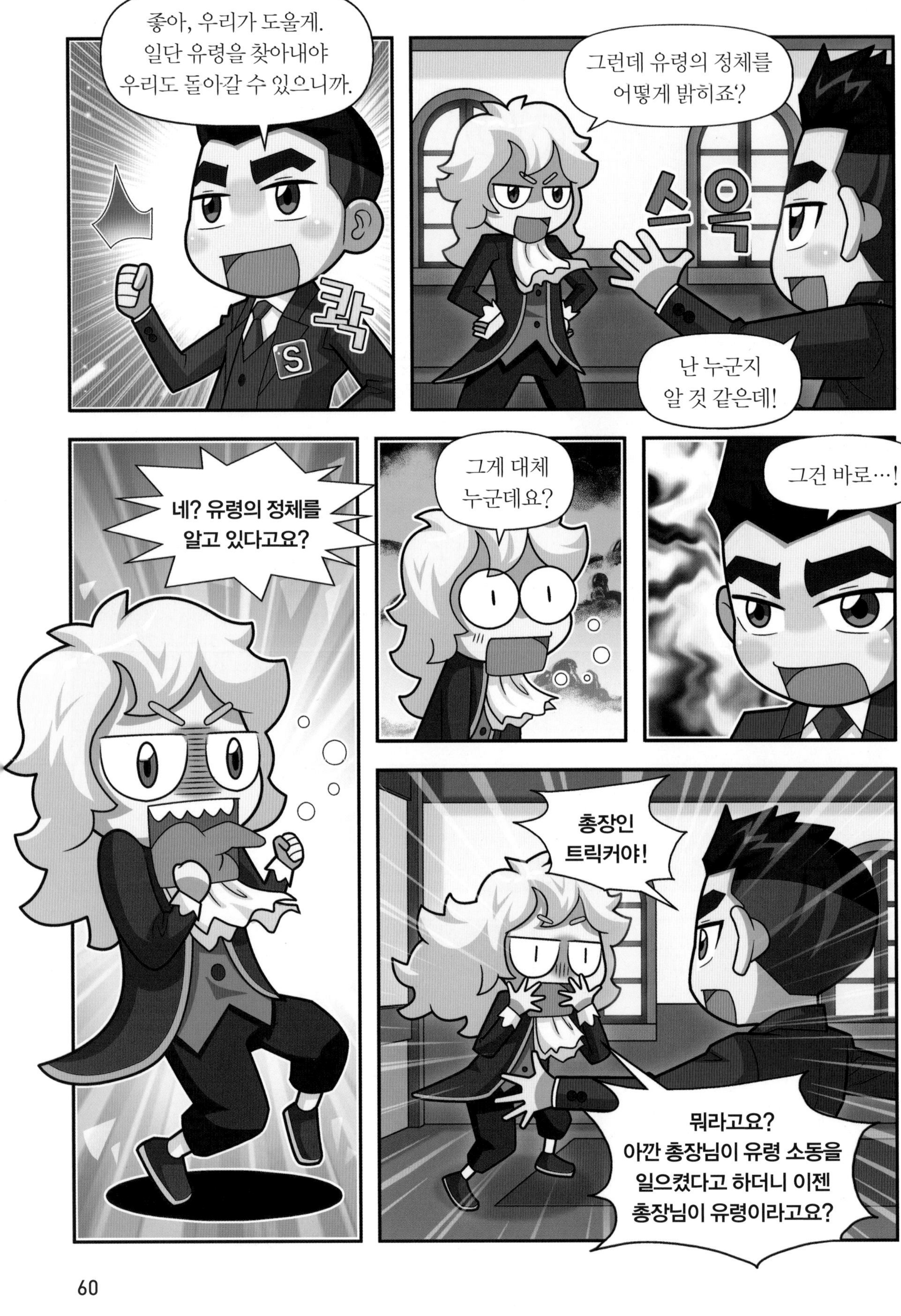
좋아, 우리가 도울게. 일단 유령을 찾아내야 우리도 돌아갈 수 있으니까.
콱
그런데 유령의 정체를 어떻게 밝히죠?
스윽
난 누군지 알 것 같은데!
네? 유령의 정체를 알고 있다고요?
그게 대체 누군데요?
그건 바로…!
총장인 트릭커야!
뭐라고요? 아깐 총장님이 유령 소동을 일으켰다고 하더니 이젠 총장님이 유령이라고요?

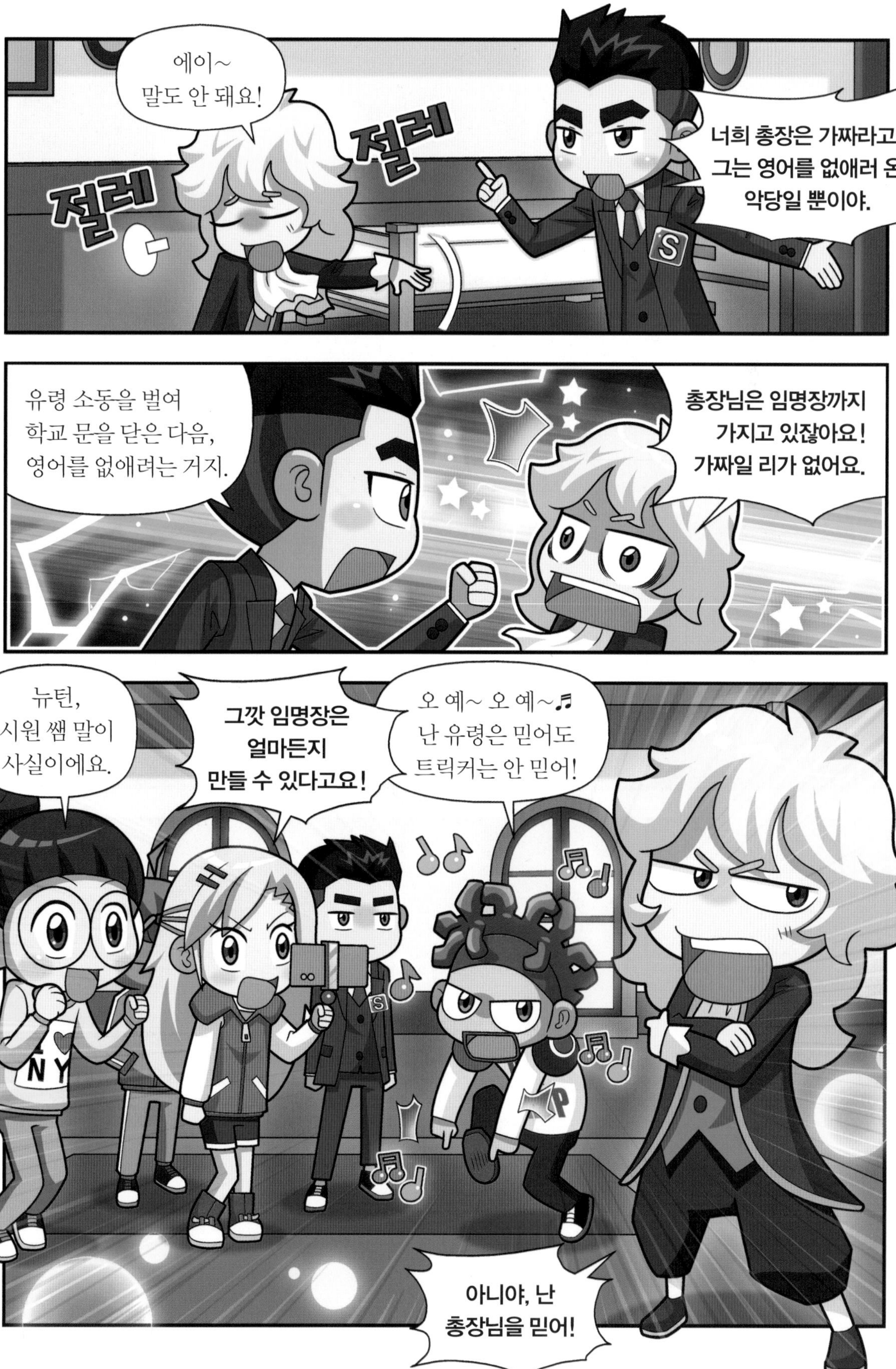
에이~ 말도 안 돼요!
절레 절레
너희 총장은 가짜라고! 그는 영어를 없애러 온 악당일 뿐이야.
유령 소동을 벌여 학교 문을 닫은 다음, 영어를 없애려는 거지.
총장님은 임명장까지 가지고 있잖아요! 가짜일 리가 없어요.
뉴턴, 시원 쌤 말이 사실이에요.
그깟 임명장은 얼마든지 만들 수 있다고요!
오 예~ 오 예~♬ 난 유령은 믿어도 트릭커는 안 믿어!
아니야, 난 총장님을 믿어!

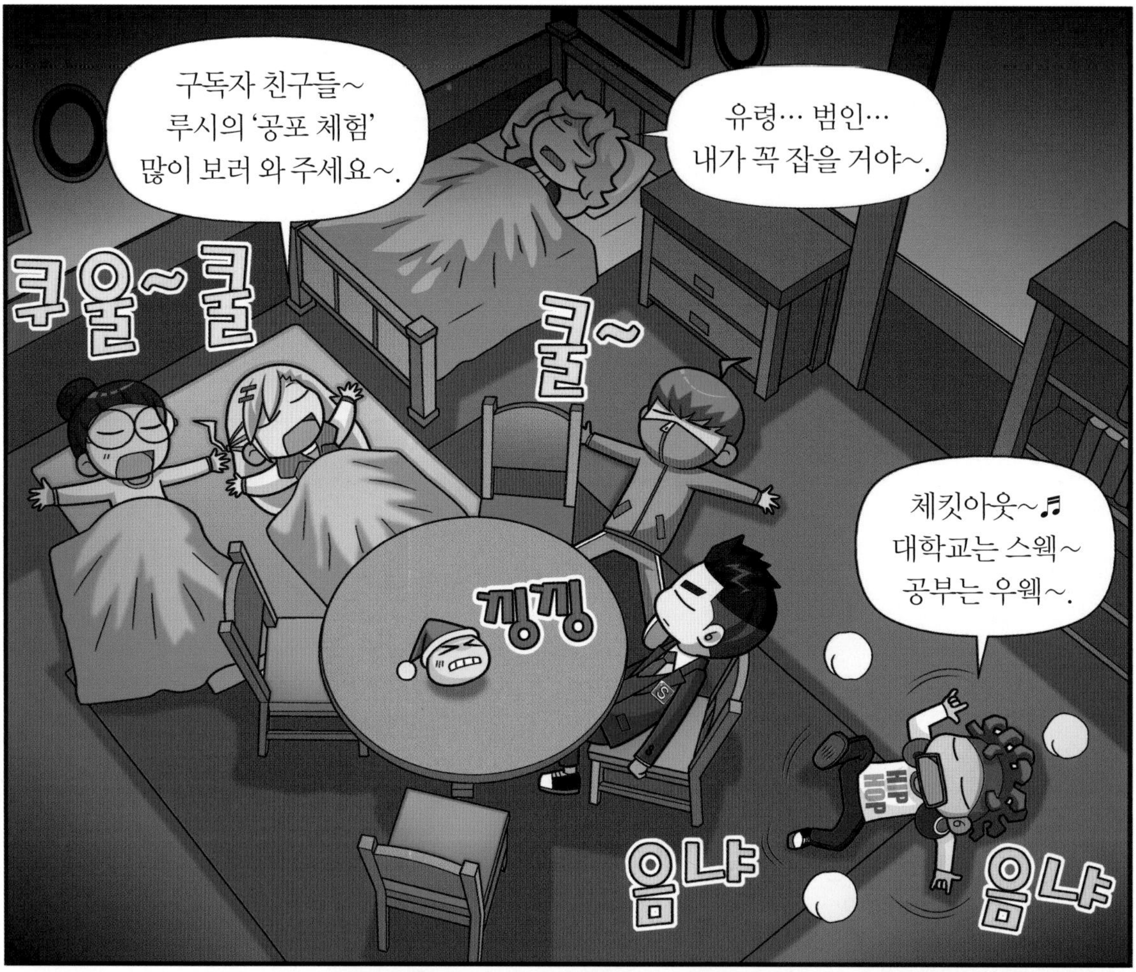
구독자 친구들~
루시의 '공포 체험'
많이 보러 와 주세요~.
유령… 범인…
내가 꼭 잡을 거야~.
쿠울~ 쿨
쿨~
체킷아웃~♬
대학교는 스웩~
공부는 우웩~.
낑낑
HIP HOP
음냐
음냐

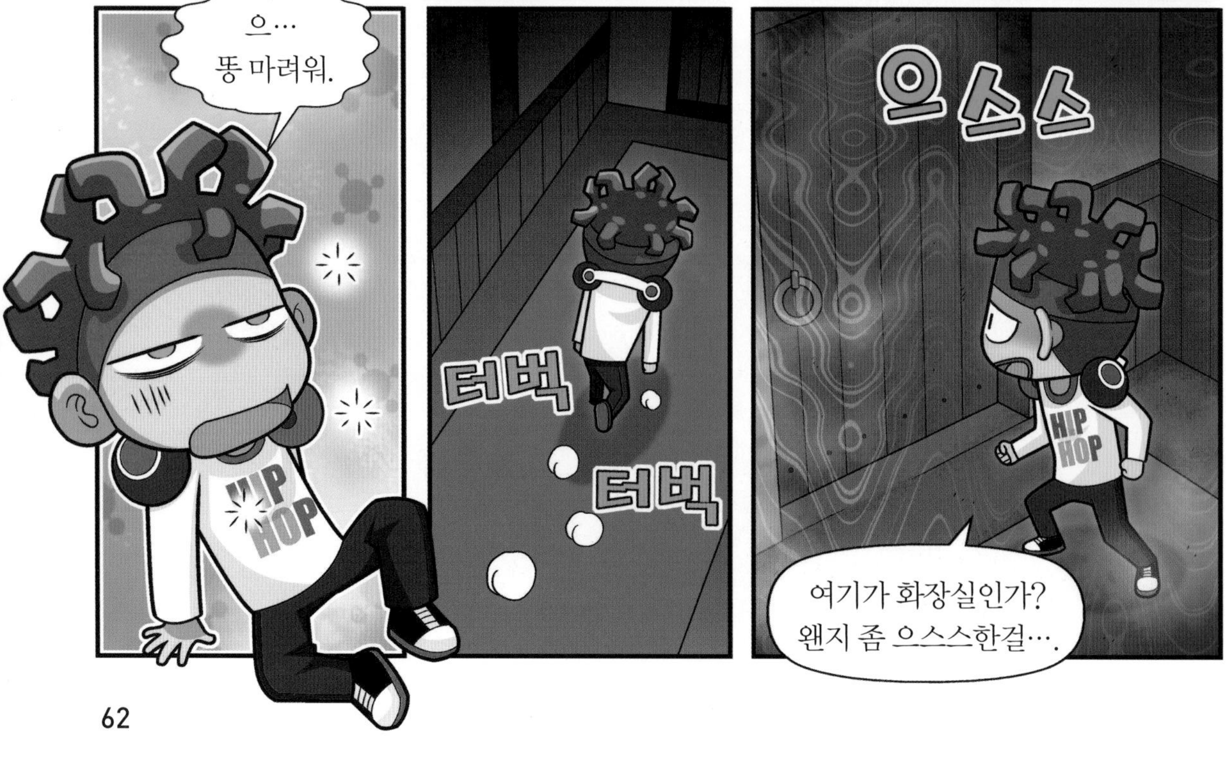
으…
똥 마려워.
HIP HOP
터벅
터벅
으스스
HIP HOP
여기가 화장실인가?
왠지 좀 으스스한걸….

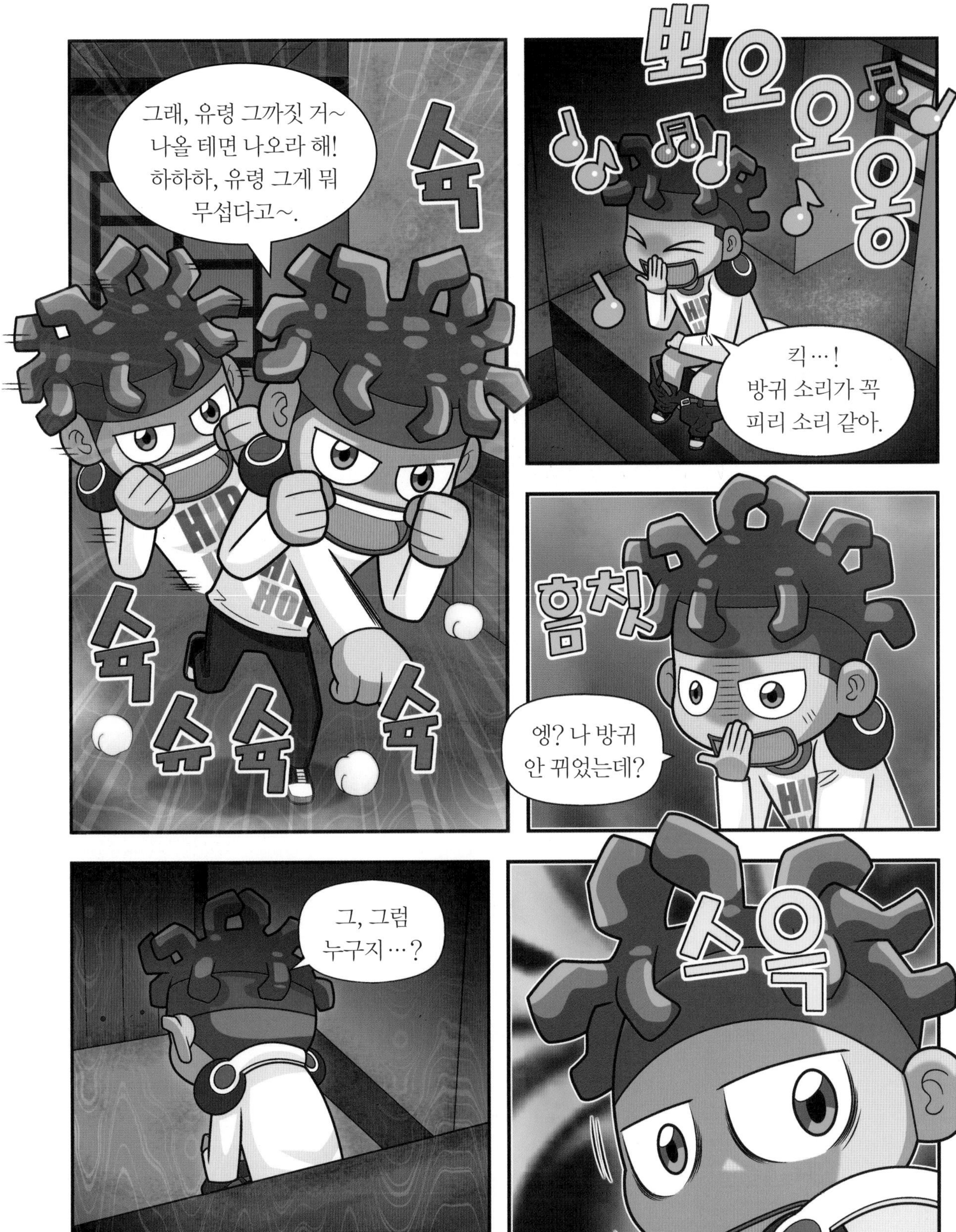
그래, 유령 그까짓 거~ 나올 테면 나오라 해! 하하하, 유령 그게 뭐 무섭다고~.
슉
슉 슈 슉 슉
뽀오오옹
킥…! 방귀 소리가 꼭 피리 소리 같아.
흠칫
엥? 나 방귀 안 뀌었는데?
그, 그럼 누구지…?
스윽

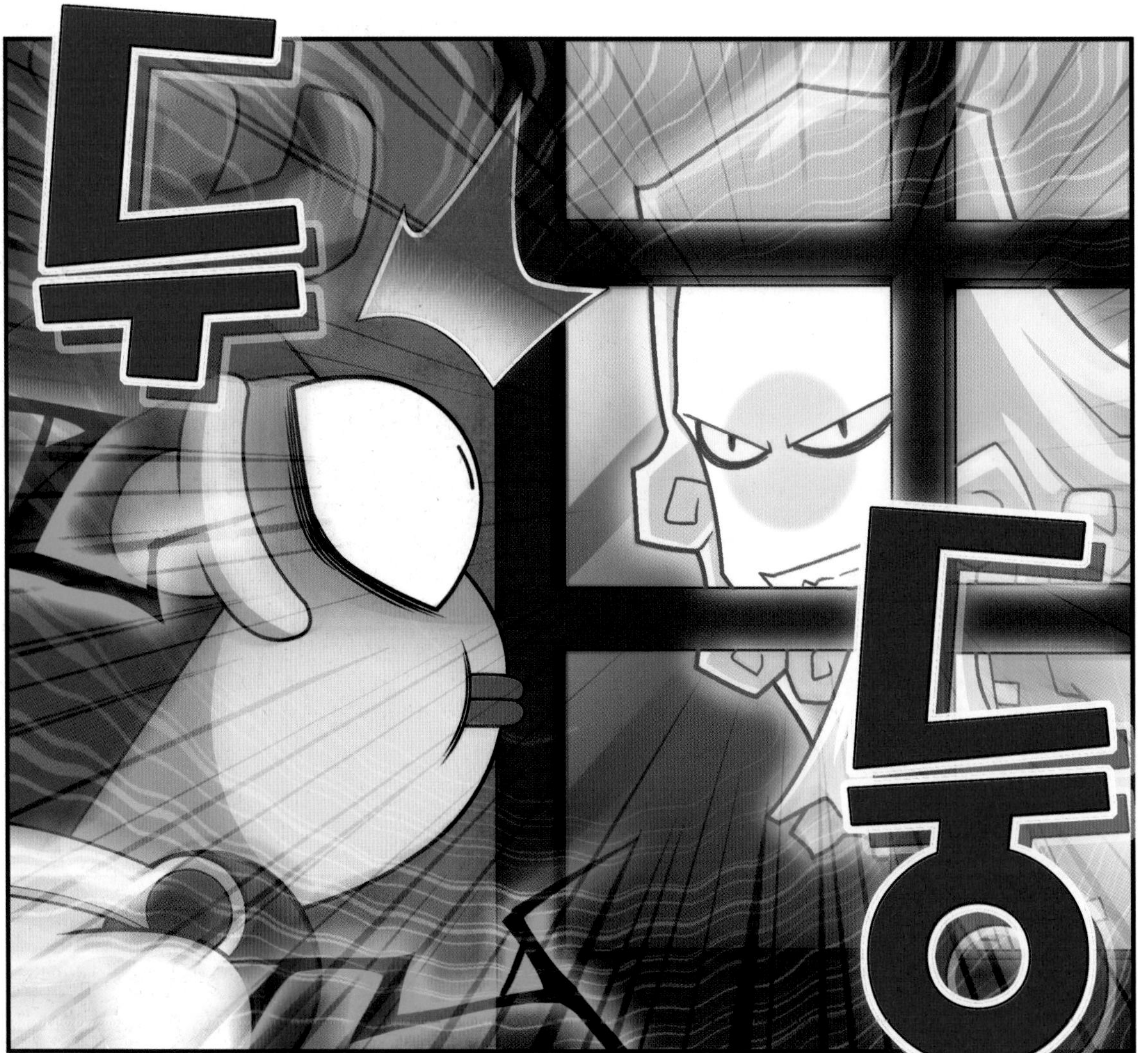
두
둥

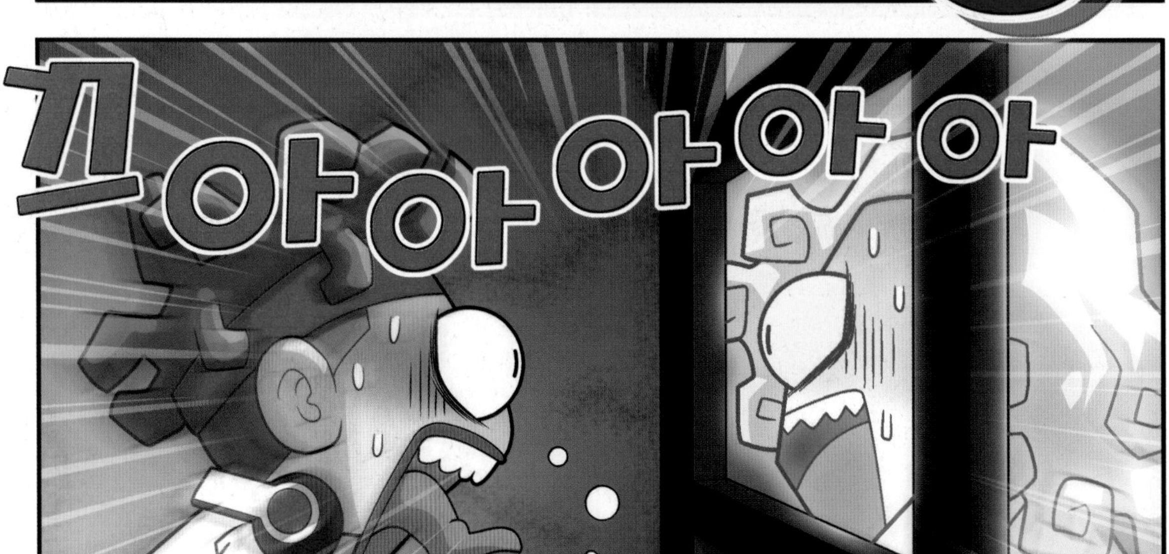
끄아아아아아

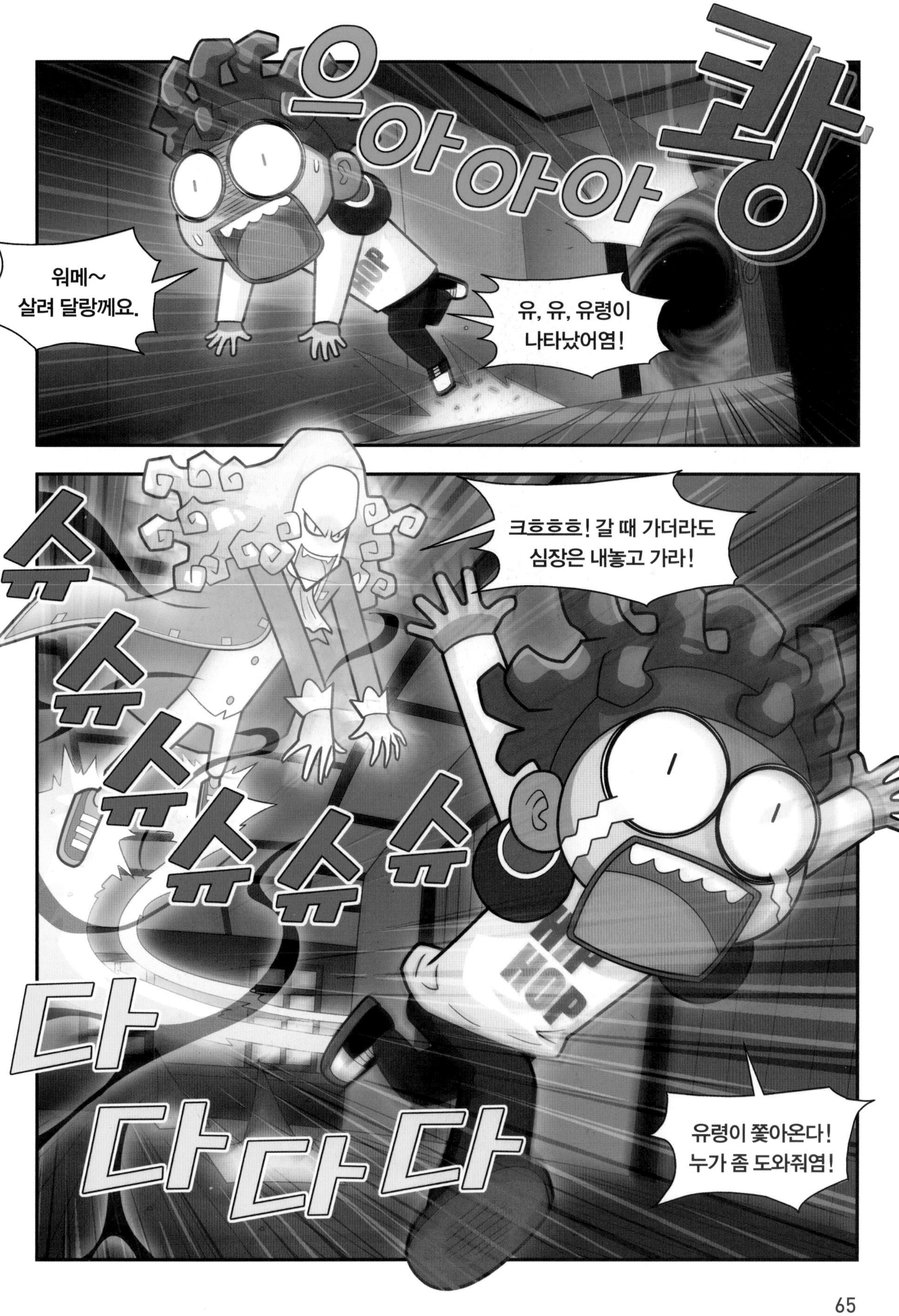
으아아아아
쾅
워메~ 살려 달랑께요.
유, 유, 유령이 나타났어염!
크흐흐흐! 갈 때 가더라도 심장은 내놓고 가라!
슈슈슈슈슈슈
다다다다
유령이 쫓아온다! 누가 좀 도와줘염!

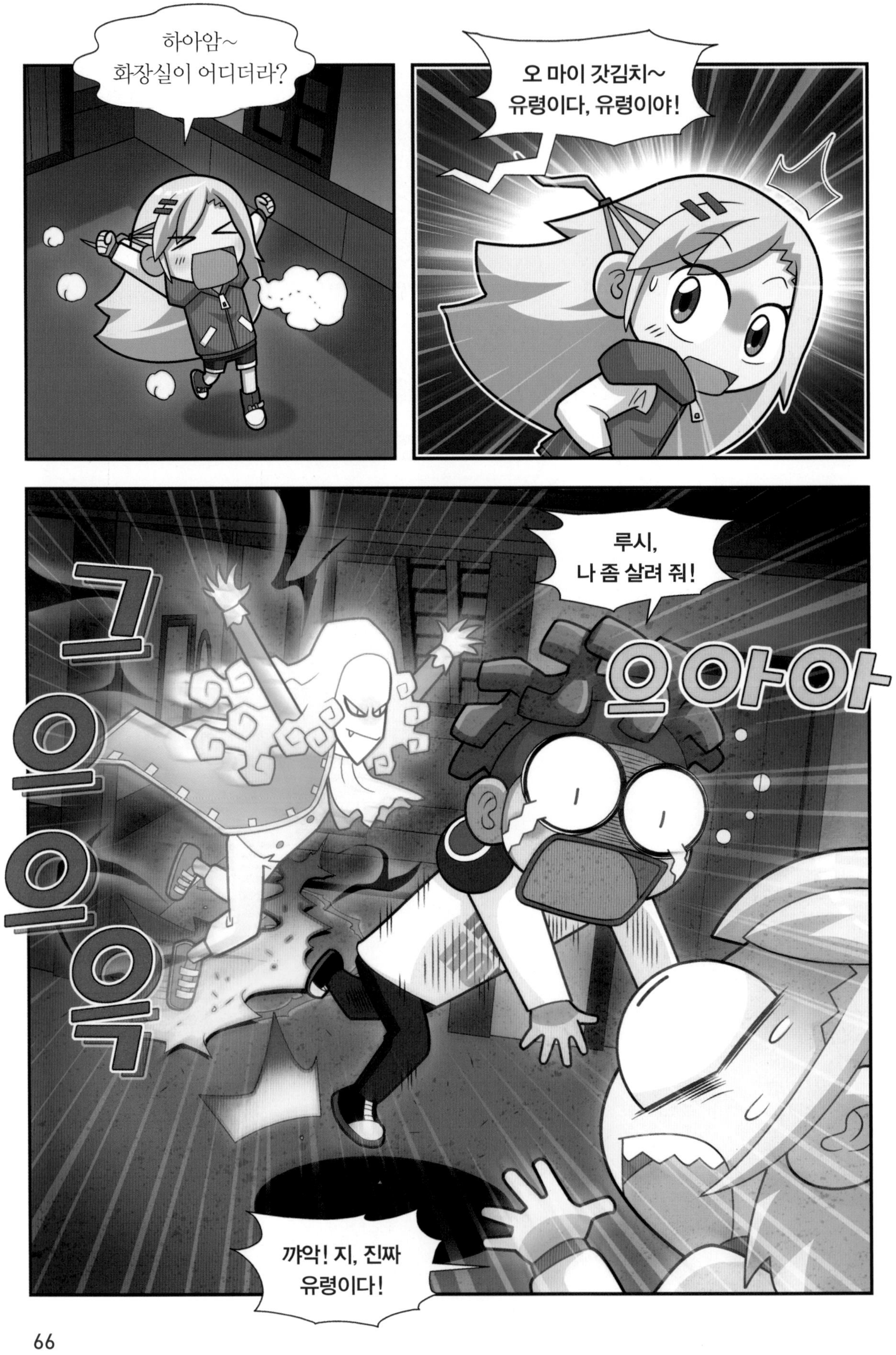
하아암~
화장실이 어디더라?
오 마이 갓김치~
유령이다, 유령이야!
루시,
나 좀 살려 줘!
그으으윽
으아아
까악! 지, 진짜
유령이다!

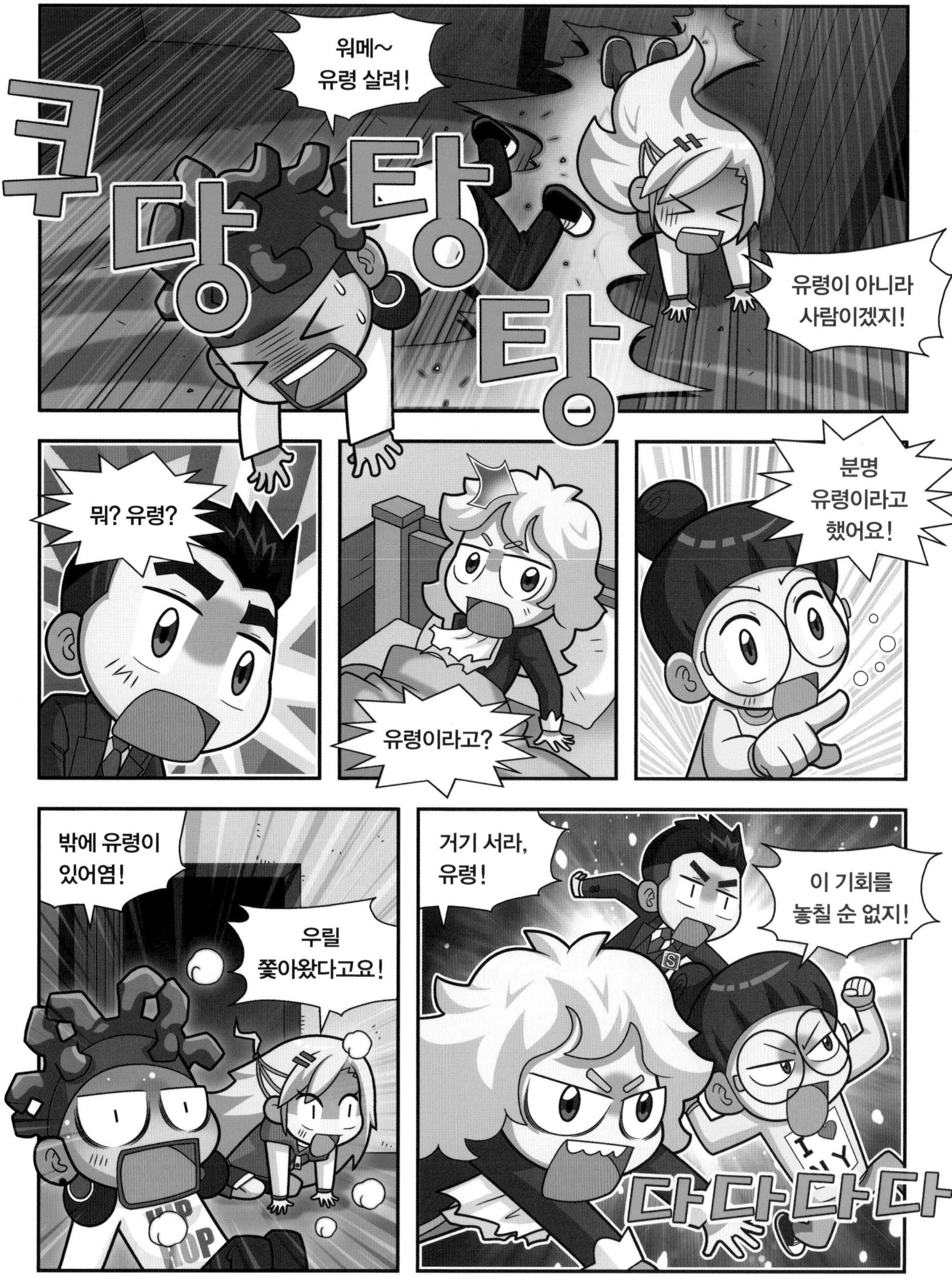
워메~
유령 살려!
쿠당탕탕
유령이 아니라
사람이겠지!
뭐? 유령?
유령이라고?
분명
유령이라고
했어요!
밖에 유령이
있어염!
우릴
쫓아왔다고요!
거기 서라,
유령!
이 기회를
놓칠 순 없지!
다다다다다

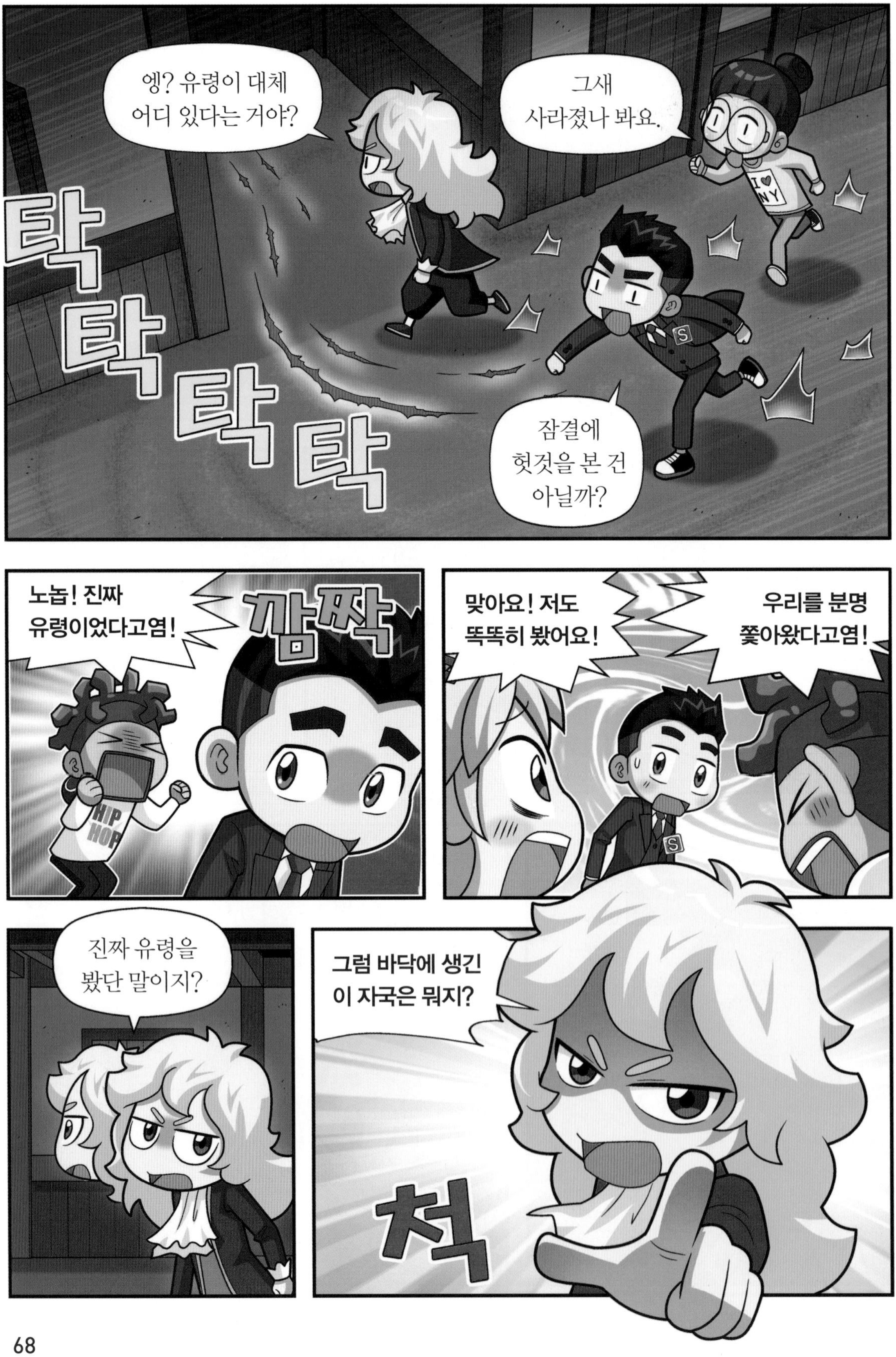
엥? 유령이 대체 어디 있다는 거야?
그새 사라졌나 봐요.
탁 탁 탁 탁
잠결에 헛것을 본 건 아닐까?
노놉! 진짜 유령이었다고염!
깜짝
맞아요! 저도 똑똑히 봤어요!
우리를 분명 쫓아왔다고염!
진짜 유령을 봤단 말이지?
그럼 바닥에 생긴 이 자국은 뭐지?
척

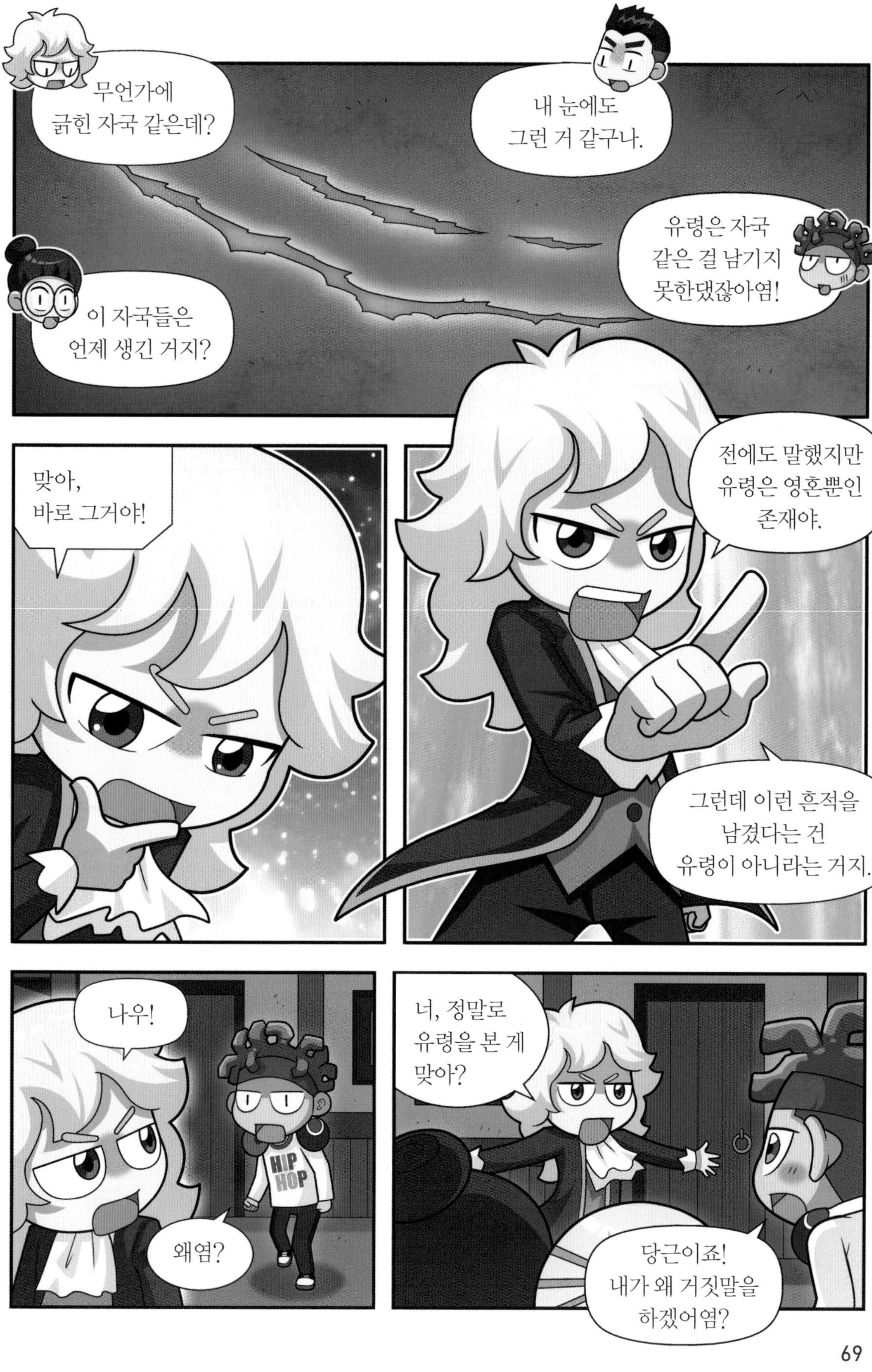
무언가에
긁힌 자국 같은데?
내 눈에도
그런 거 같구나.
유령은 자국
같은 걸 남기지
못한댔잖아염!
이 자국들은
언제 생긴 거지?
맞아,
바로 그거야!
전에도 말했지만
유령은 영혼뿐인
존재야.
그런데 이런 흔적을
남겼다는 건
유령이 아니라는 거지.
나우!
왜염?
HIP
HOP
너, 정말로
유령을 본 게
맞아?
당근이죠!
내가 왜 거짓말을
하겠어염?

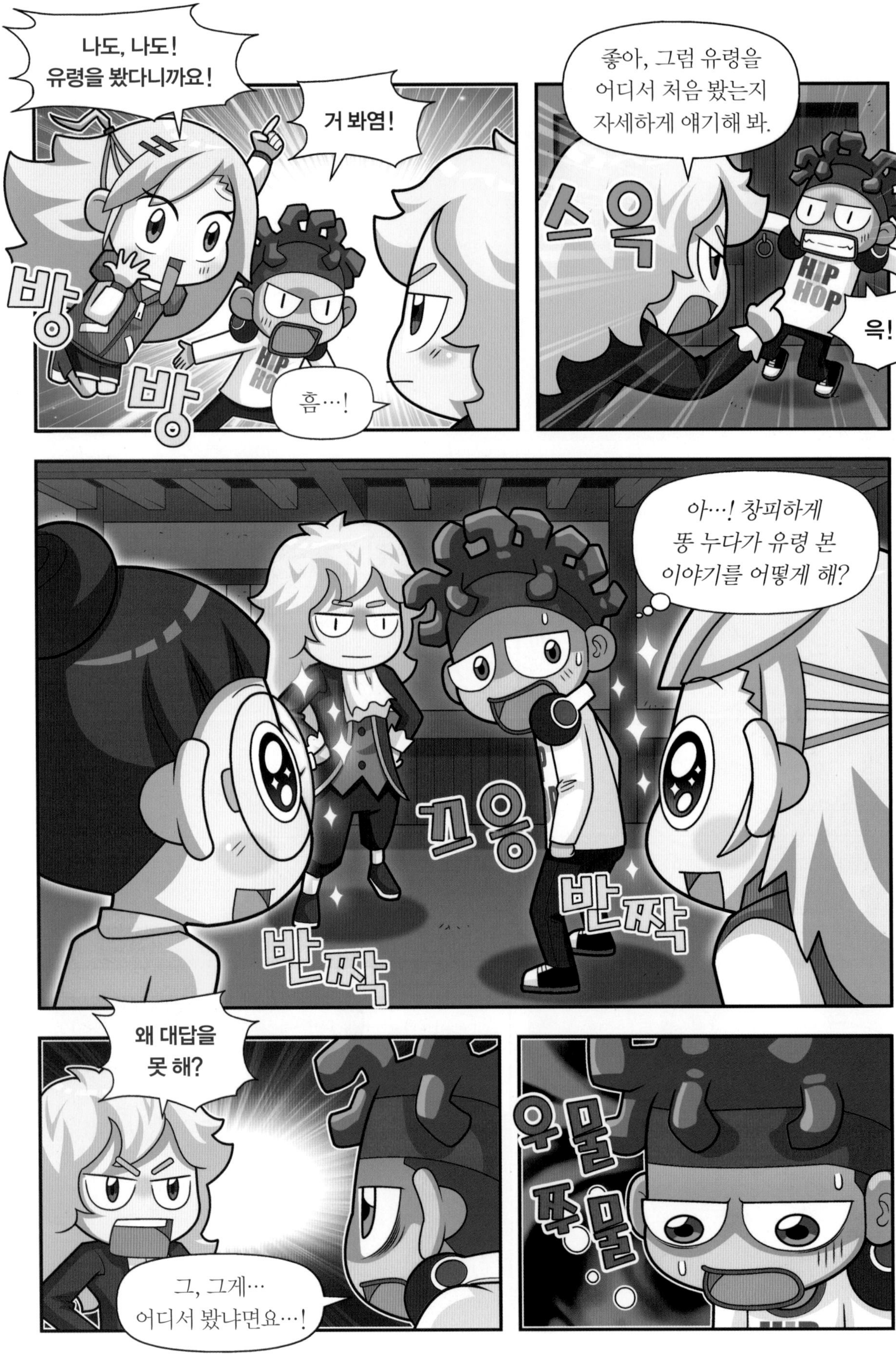

나도, 나도!
유령을 봤다니까요!
거 봐염!
방
방
흠…!
좋아, 그럼 유령을 어디서 처음 봤는지 자세하게 얘기해 봐.
스윽
HIP HOP
윽!
아…! 창피하게 똥 누다가 유령 본 이야기를 어떻게 해?
고옹
반짝
반짝
왜 대답을 못 해?
그, 그게… 어디서 봤냐면요…!
우물
쭈물

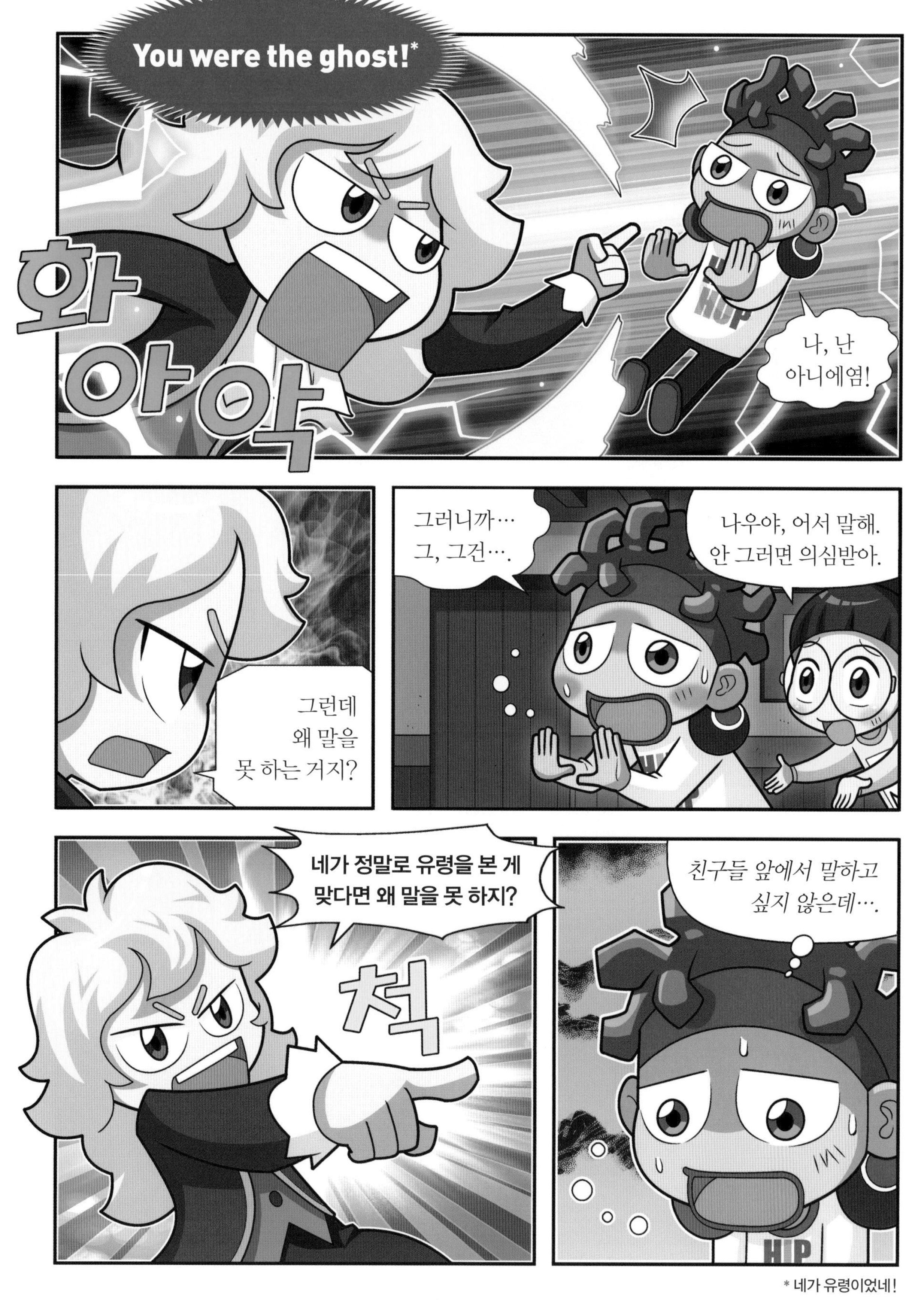
You were the ghost!*
화아악
나, 난 아니에염!
그런데 왜 말을 못 하는 거지?
그러니까… 그, 그건….
나우야, 어서 말해. 안 그러면 의심받아.
네가 정말로 유령을 본 게 맞다면 왜 말을 못 하지?
척
친구들 앞에서 말하고 싶지 않은데….

* 네가 유령이었네!

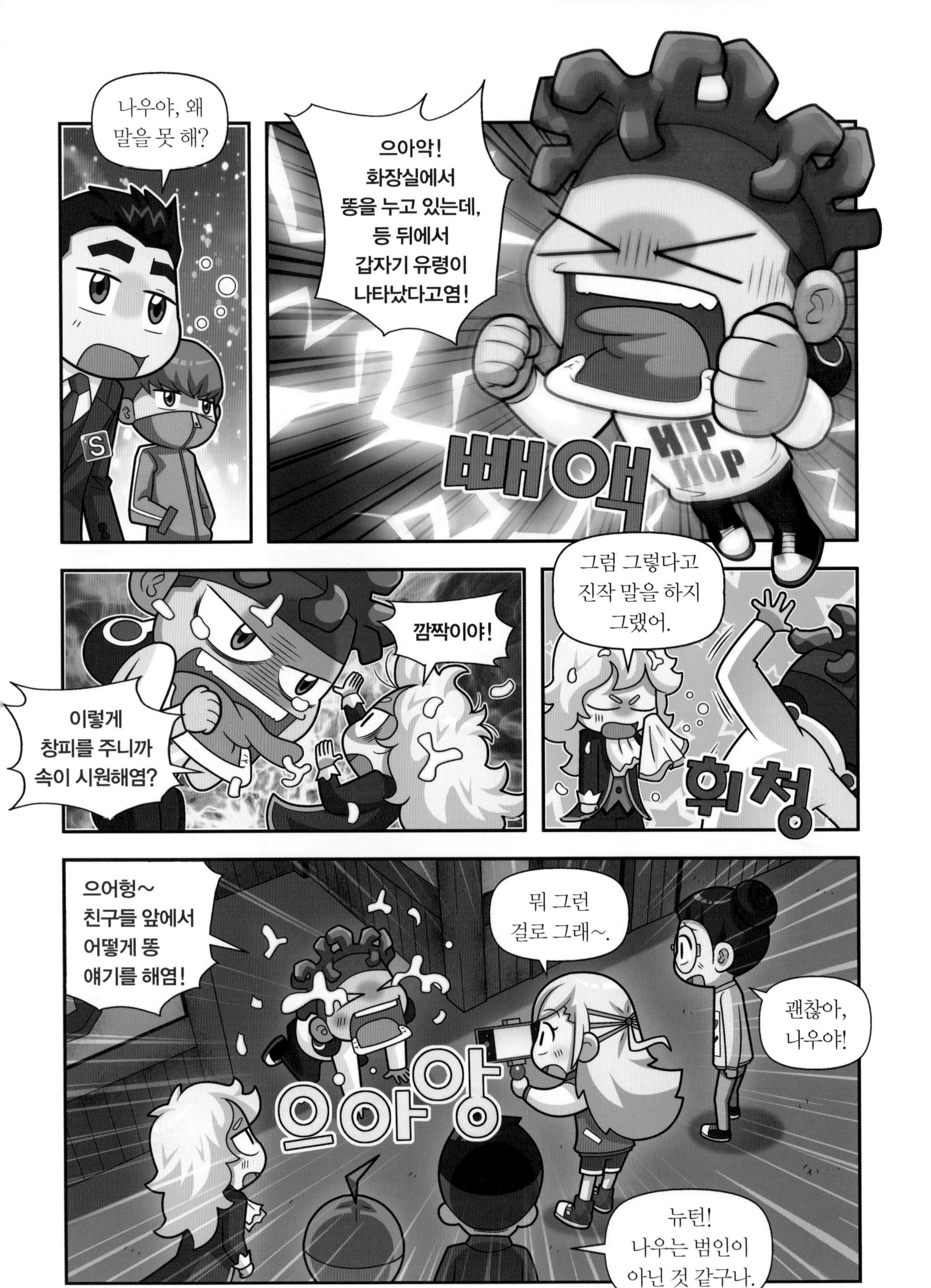
나우야, 왜 말을 못 해?
으아악! 화장실에서 똥을 누고 있는데, 등 뒤에서 갑자기 유령이 나타났다고염!
빼액
HIP HOP
깜짝이야!
이렇게 창피를 주니까 속이 시원해염?
그럼 그렇다고 진작 말을 하지 그랬어.
휘청
으어헝~ 친구들 앞에서 어떻게 똥 얘기를 해염!
뭐 그런 걸로 그래~.
괜찮아, 나우야!
으아앙
뉴턴! 나우는 범인이 아닌 것 같구나.

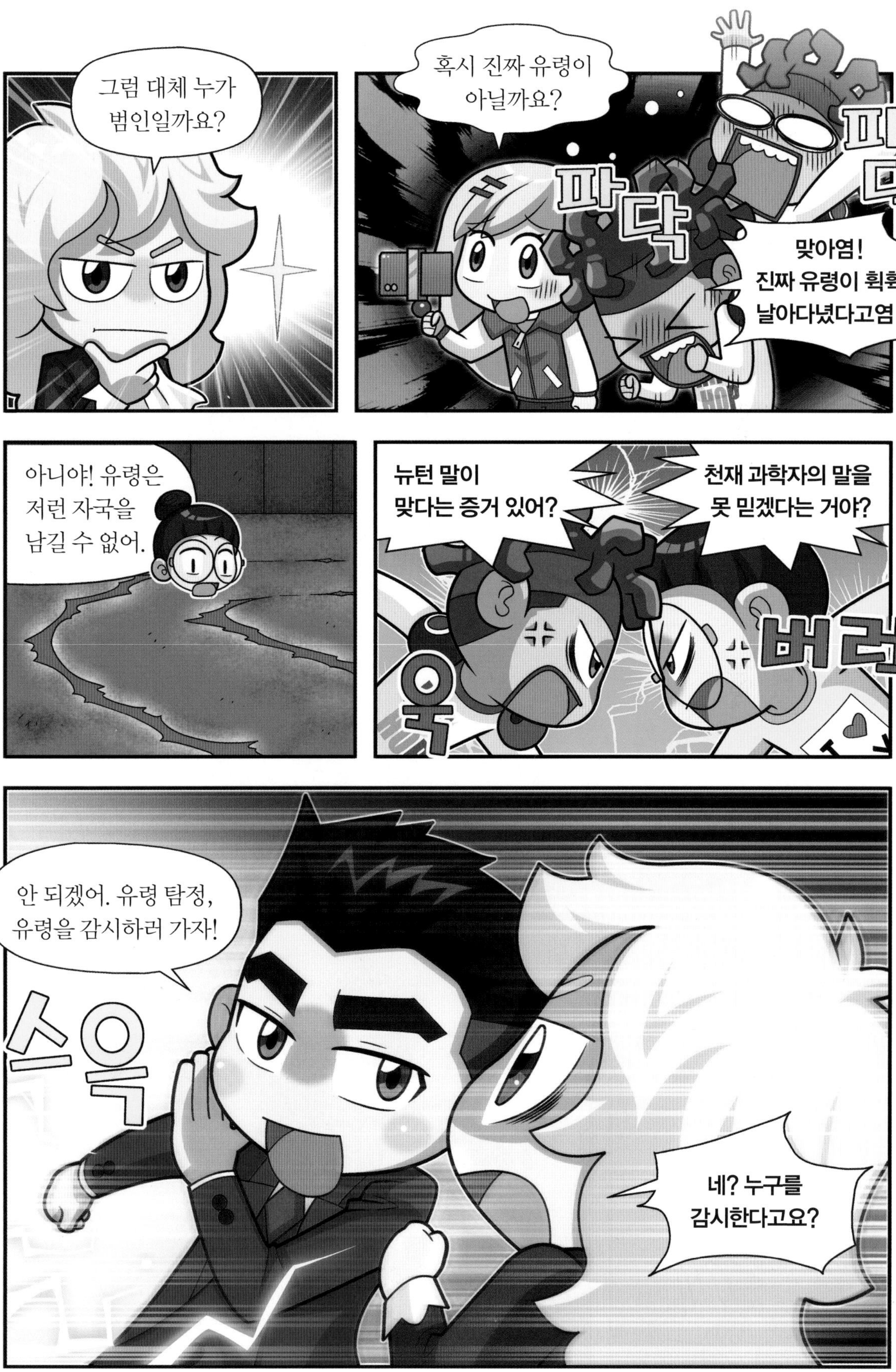

그럼 대체 누가 범인일까요?
혹시 진짜 유령이 아닐까요?
파닥
파닥
맞아염! 진짜 유령이 휙휙 날아다녔다고염!
아니야! 유령은 저런 자국을 남길 수 없어.
뉴턴 말이 맞다는 증거 있어?
천재 과학자의 말을 못 믿겠다는 거야?
욱
버럭
안 되겠어. 유령 탐정, 유령을 감시하러 가자!
스윽
네? 누구를 감시한다고요?

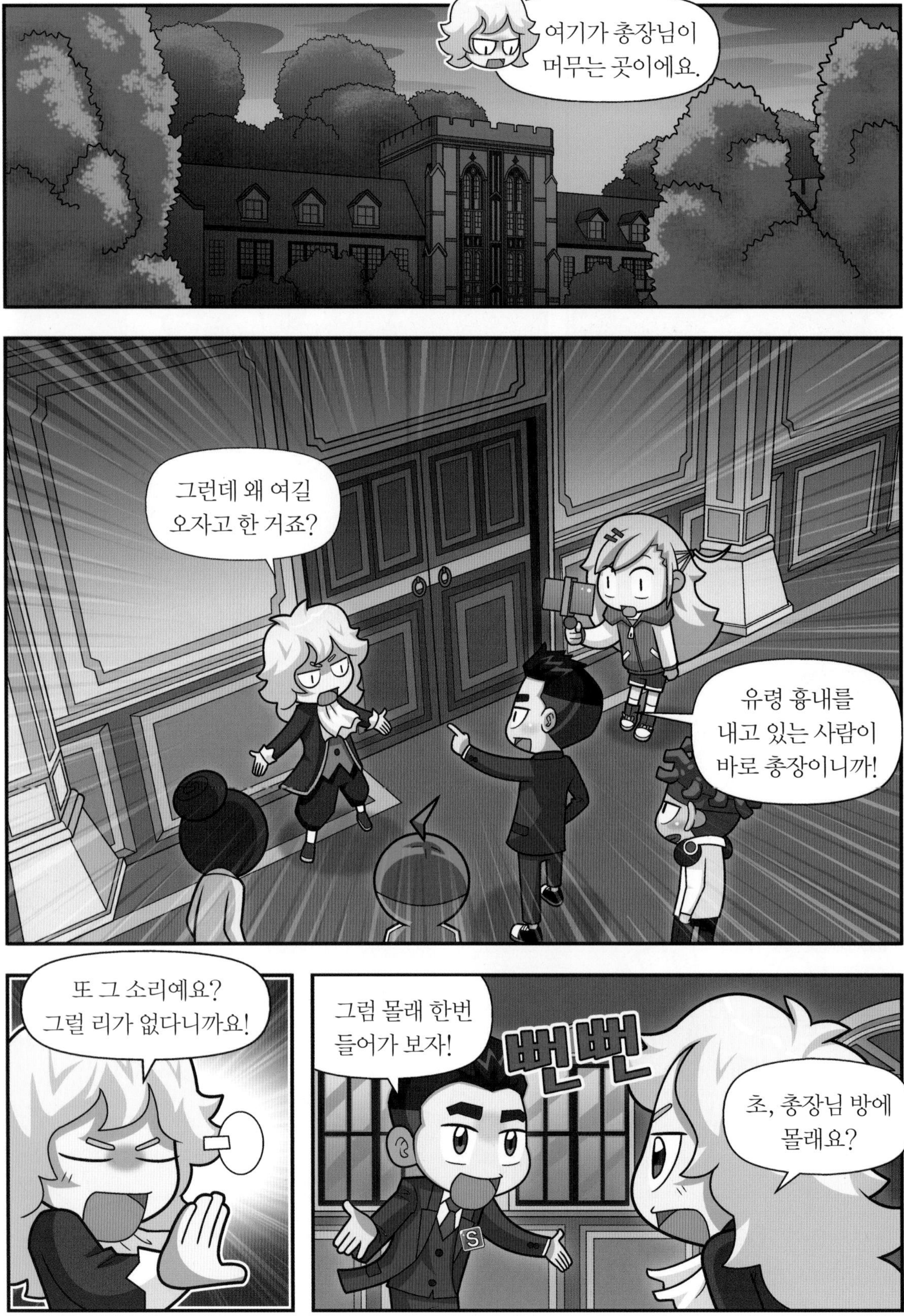
여기가 총장님이 머무는 곳이에요.
그런데 왜 여길 오자고 한 거죠?
유령 흉내를 내고 있는 사람이 바로 총장이니까!
또 그 소리예요? 그럴 리가 없다니까요!
그럼 몰래 한번 들어가 보자!
뻔뻔
초, 총장님 방에 몰래요?

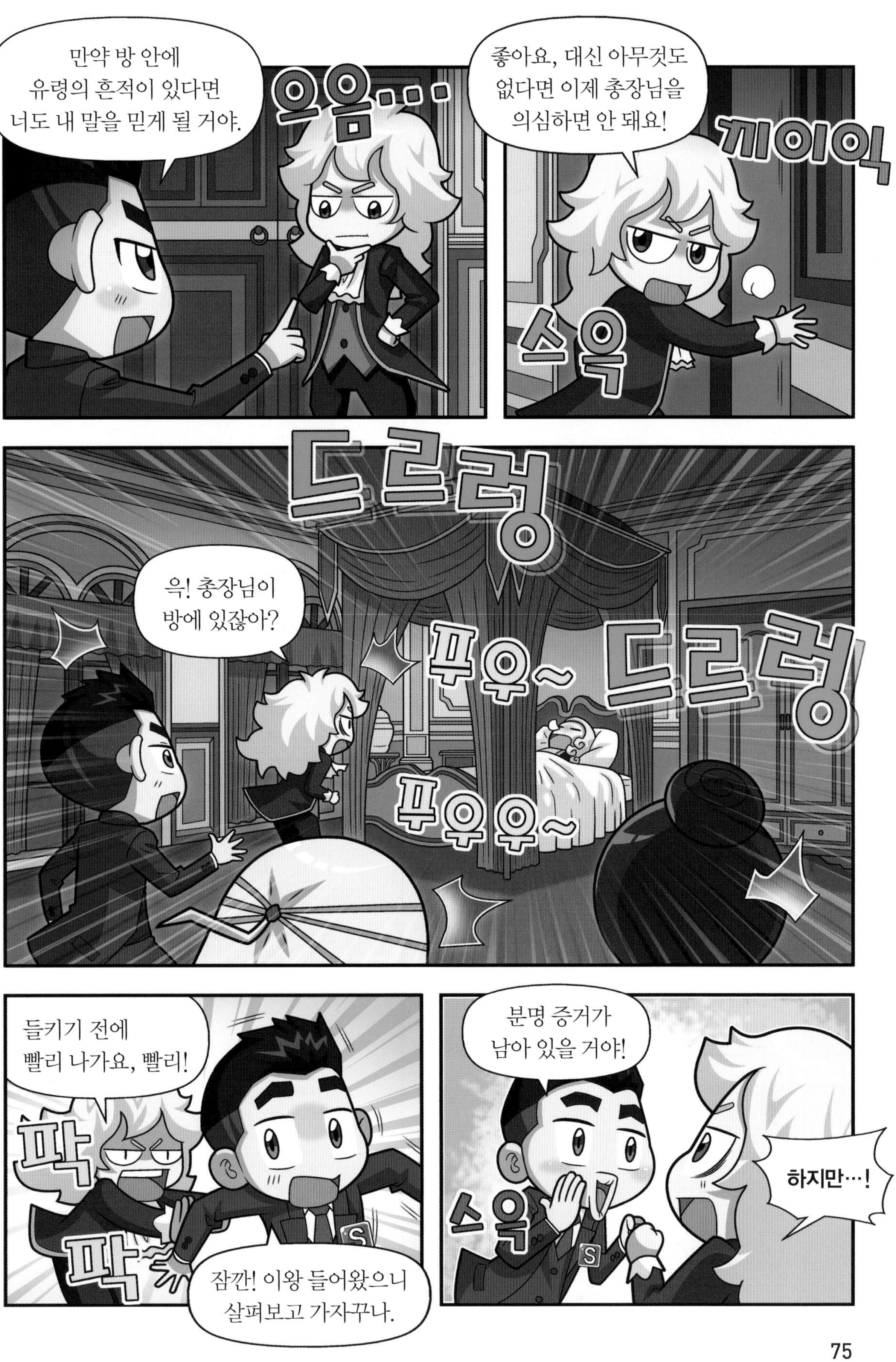
만약 방 안에 유령의 흔적이 있다면 너도 내 말을 믿게 될 거야.
으음…
좋아요, 대신 아무것도 없다면 이제 총장님을 의심하면 안 돼요!
끼이익
스윽
드르렁
윽! 총장님이 방에 있잖아?
푸우~ 드르렁
푸우우~
들키기 전에 빨리 나가요, 빨리!
팍
팍
잠깐! 이왕 들어왔으니 살펴보고 가자꾸나.
분명 증거가 남아 있을 거야!
스윽
하지만…!

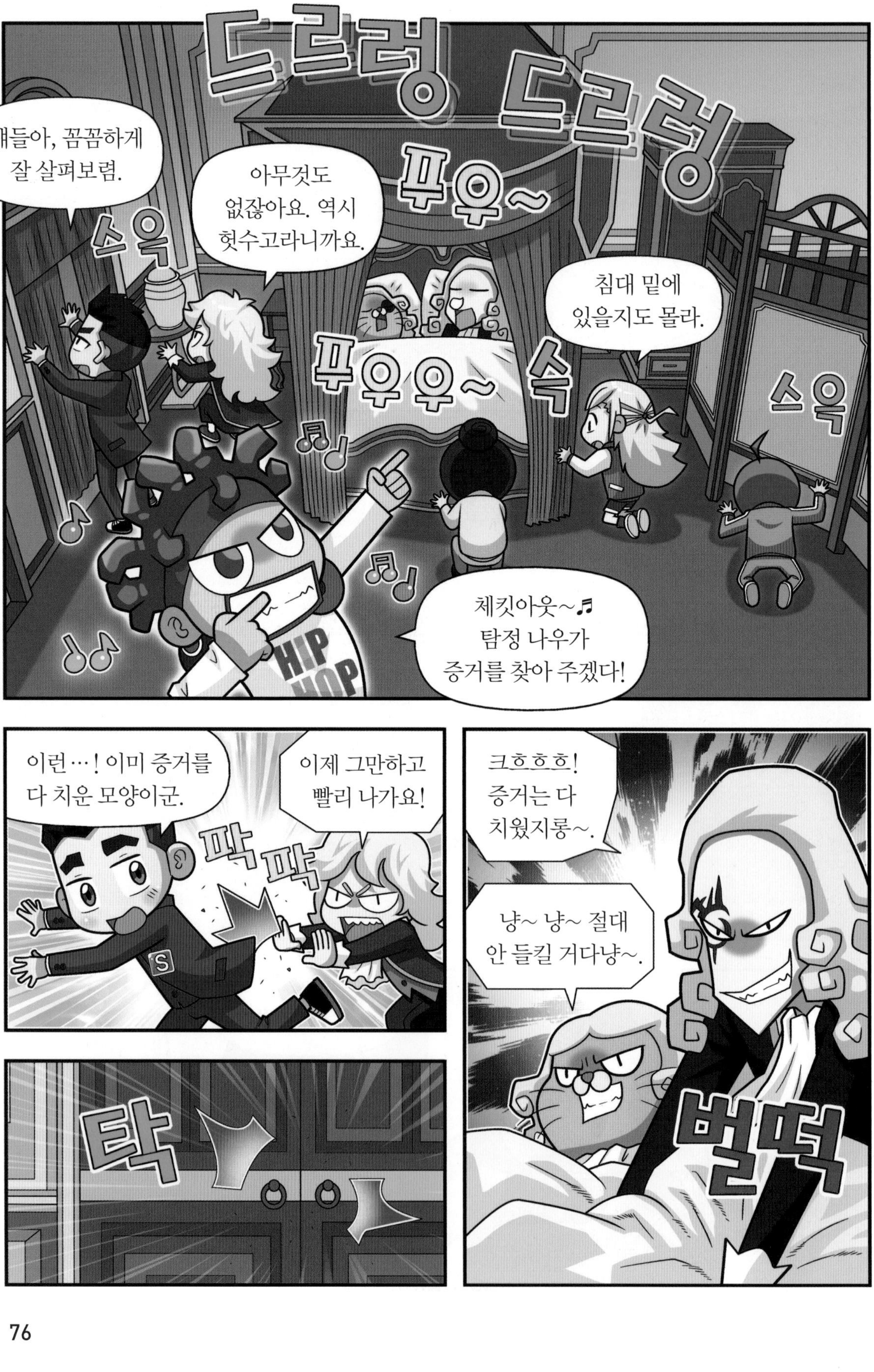
드르렁 드르렁
얘들아, 꼼꼼하게 잘 살펴보렴.
아무것도 없잖아요. 역시 헛수고라니까요.
푸우~
스윽
침대 밑에 있을지도 몰라.
푸우우~ 슥
스윽
체킷아웃~♬ 탐정 나우가 증거를 찾아 주겠다!
HIP HOP
이런…! 이미 증거를 다 치운 모양이군.
이제 그만하고 빨리 나가요!
팍 팍
크흐흐흐! 증거는 다 치웠지롱~.
냥~ 냥~ 절대 안 들킬 거다냥~.
벌떡
탁

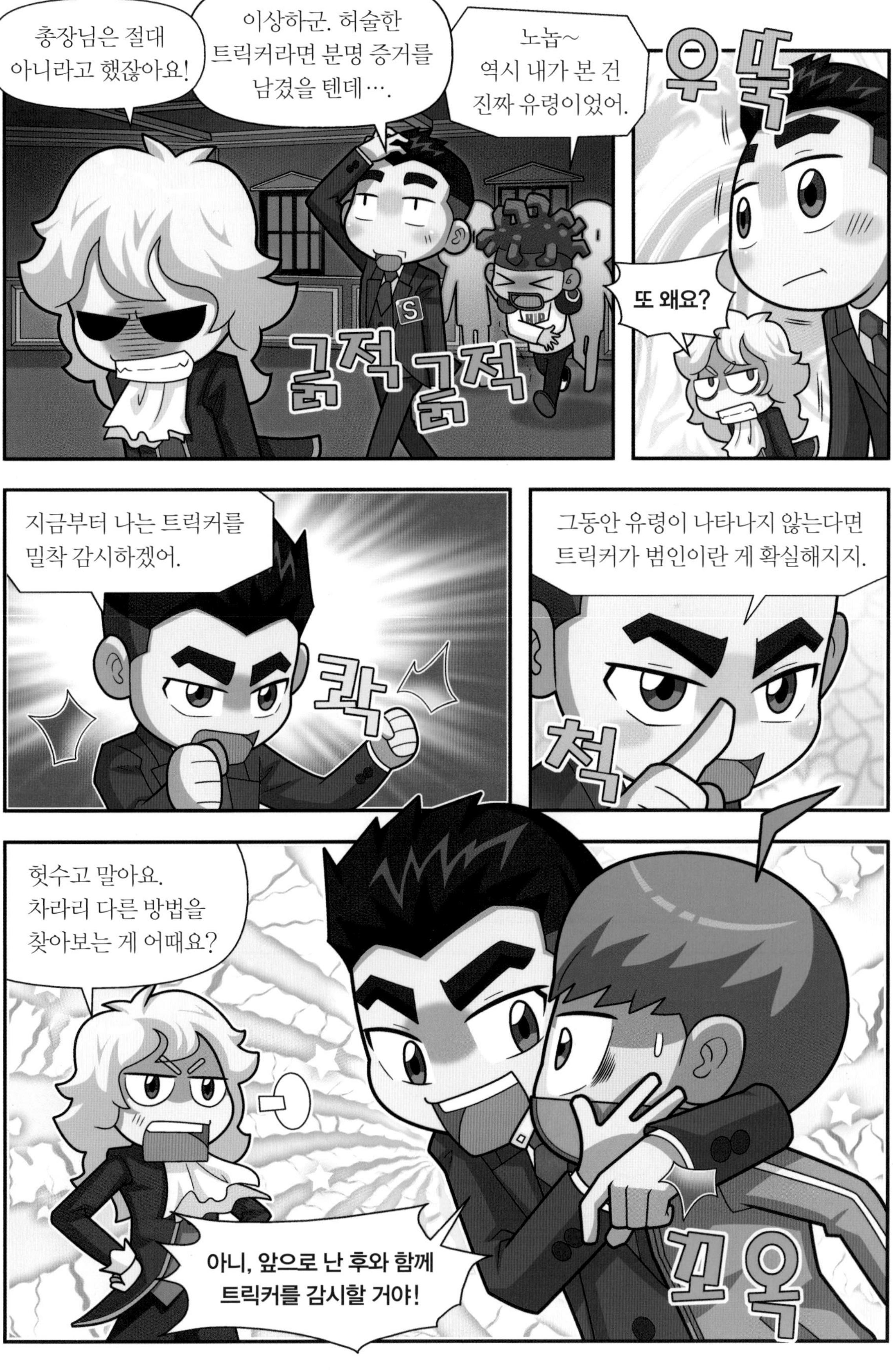
총장님은 절대 아니라고 했잖아요!
이상하군. 허술한 트릭커라면 분명 증거를 남겼을 텐데….
노놉~ 역시 내가 본 건 진짜 유령이었어.
굶적 굶적
우뚝
또 왜요?
지금부터 나는 트릭커를 밀착 감시하겠어.
콱
그동안 유령이 나타나지 않는다면 트릭커가 범인이란 게 확실해지지.
척
헛수고 말아요. 차라리 다른 방법을 찾아보는 게 어때요?
-
아니, 앞으로 난 후와 함께 트릭커를 감시할 거야!
꼬옥

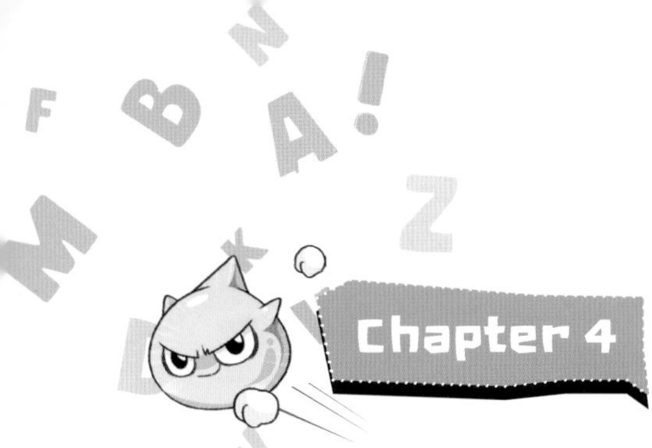

Chapter 4

수상한 친구

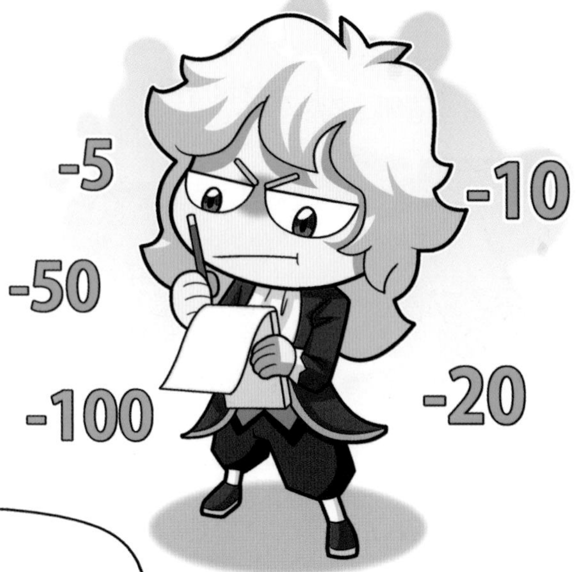

-5
-10
-50
-20
-100

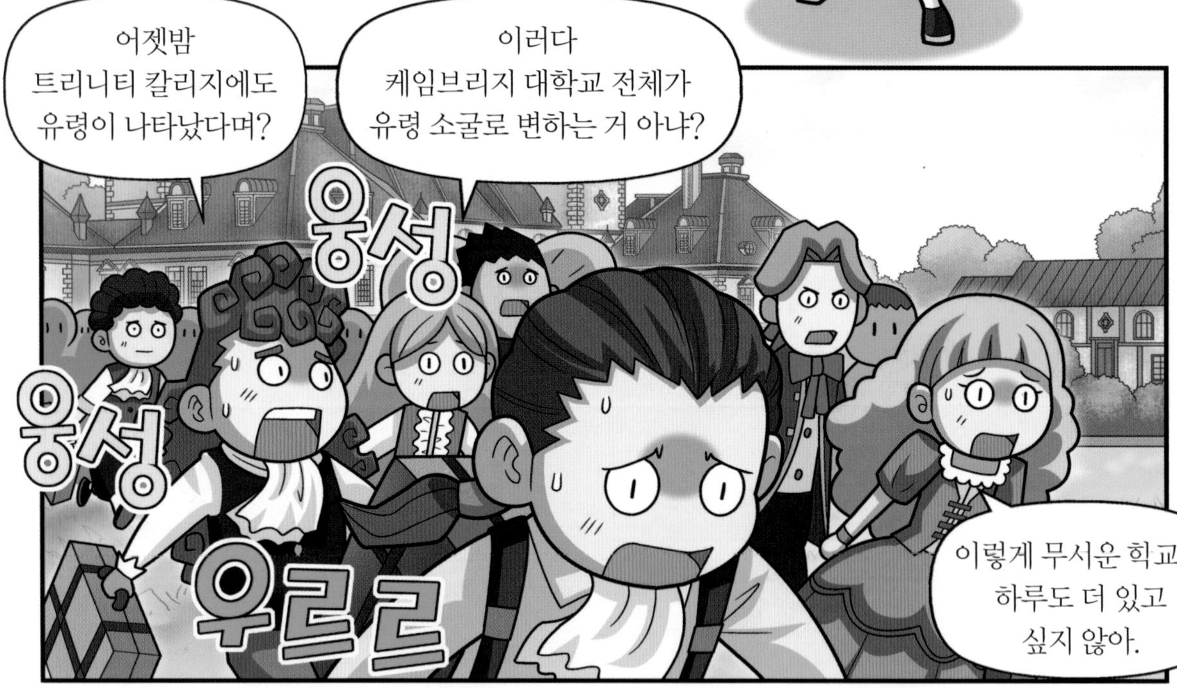

어젯밤
트리니티 칼리지에도
유령이 나타났다며?
이러다
케임브리지 대학교 전체가
유령 소굴로 변하는 거 아냐?
웅성
웅성
우르르
이렇게 무서운 학교엔
하루도 더 있고
싶지 않아.

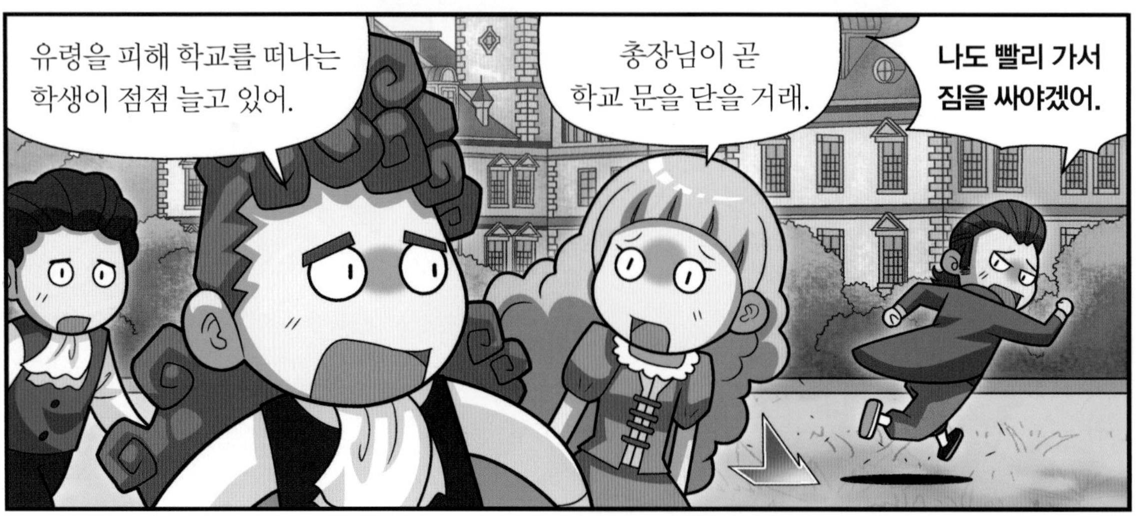

유령을 피해 학교를 떠나는
학생이 점점 늘고 있어.
총장님이 곧
학교 문을 닫을 거래.
나도 빨리 가서
짐을 싸야겠어.

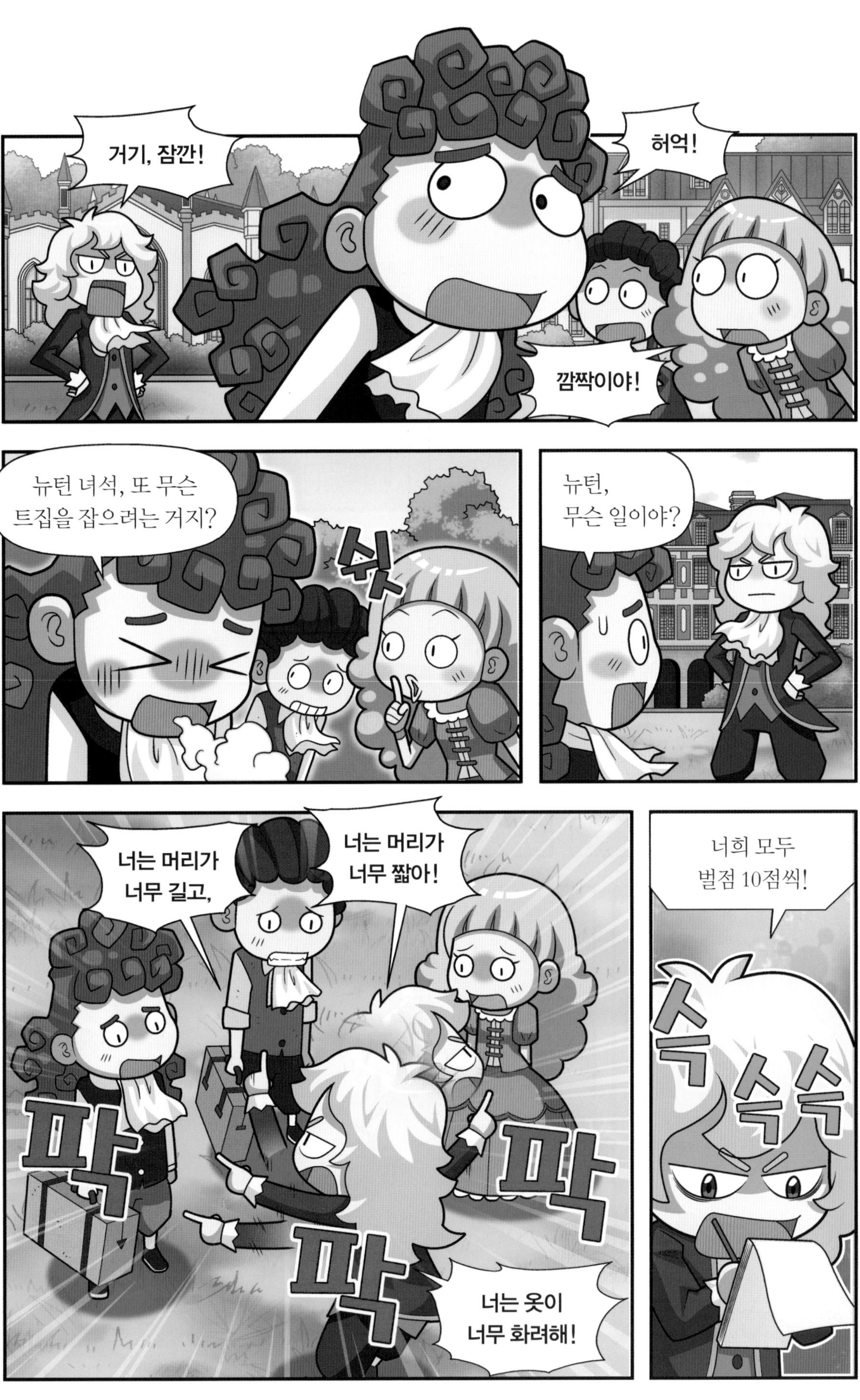
거기, 잠깐!
허억!
깜짝이야!
뉴턴 녀석, 또 무슨 트집을 잡으려는 거지?
쉿
뉴턴, 무슨 일이야?
너는 머리가 너무 길고,
너는 머리가 너무 짧아!
파팍
파팍
너는 옷이 너무 화려해!
너희 모두 벌점 10점씩!
슥슥슥

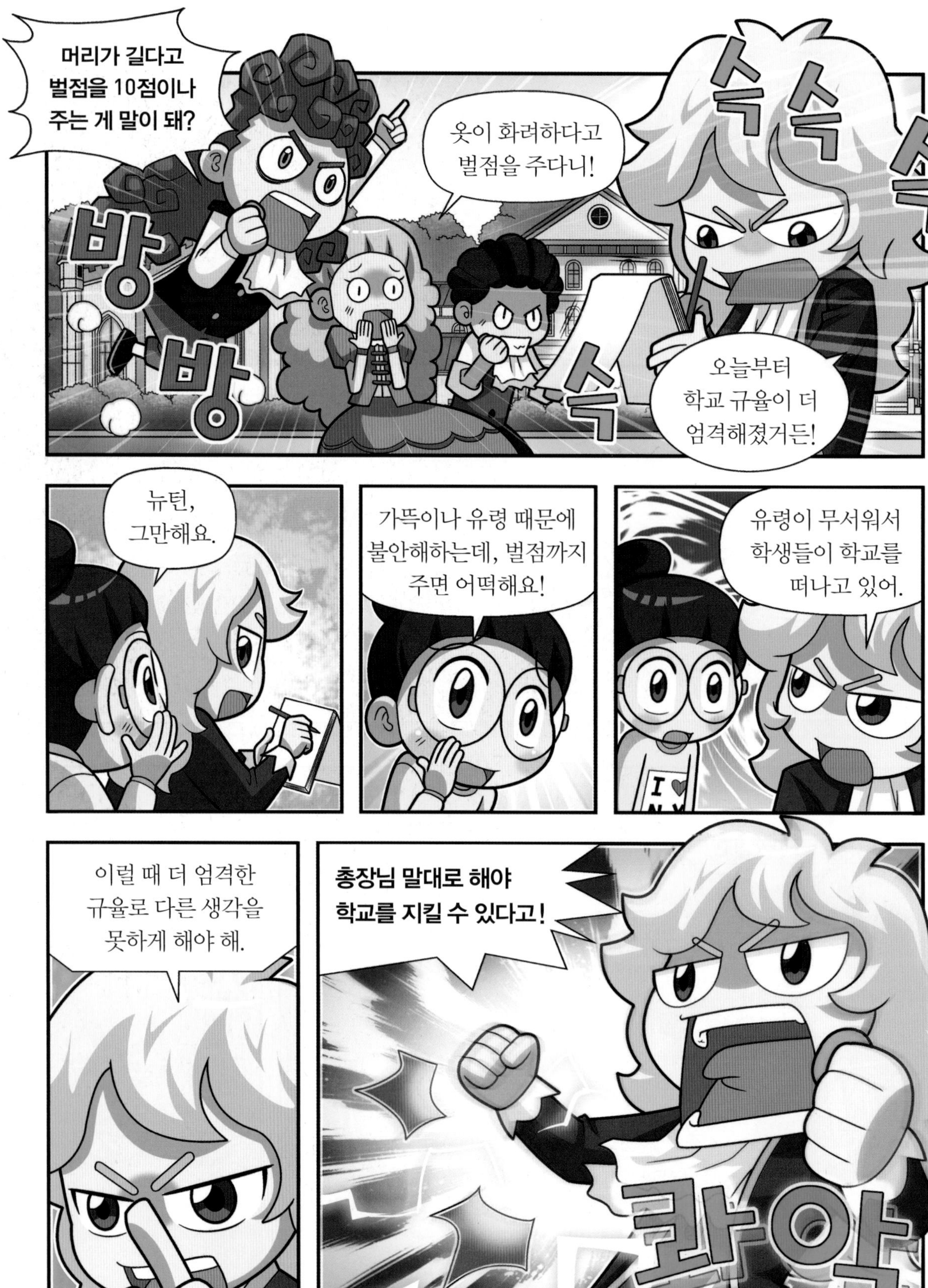

머리가 길다고 벌점을 10점이나 주는 게 말이 돼?
방방
옷이 화려하다고 벌점을 주다니!
슥슥슥슥
오늘부터 학교 규율이 더 엄격해졌거든!
뉴턴, 그만해요.
가뜩이나 유령 때문에 불안해하는데, 벌점까지 주면 어떡해요!
유령이 무서워서 학생들이 학교를 떠나고 있어.
이럴 때 더 엄격한 규율로 다른 생각을 못하게 해야 해.
총장님 말대로 해야 학교를 지킬 수 있다고!
콰악

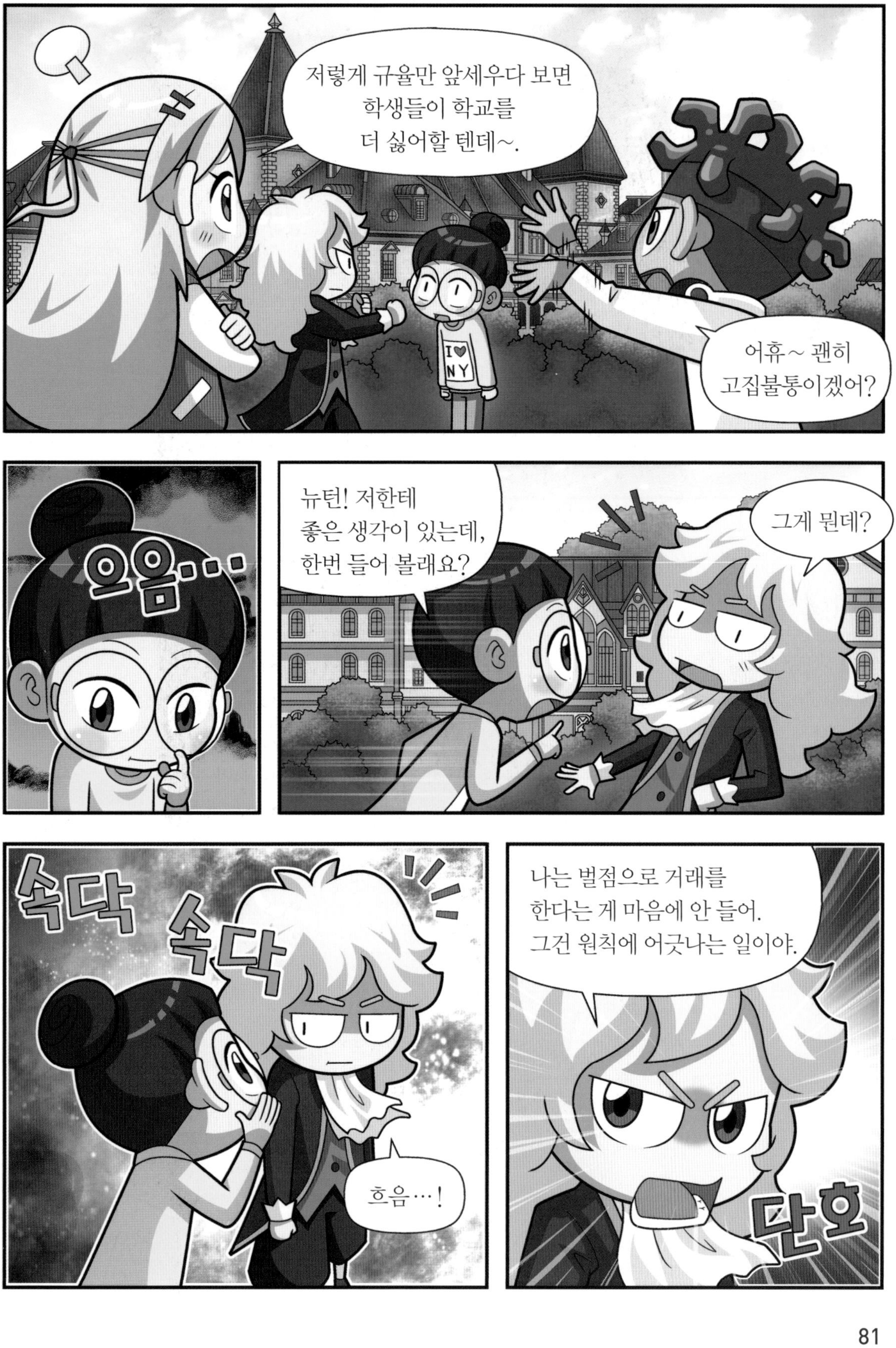
저렇게 규율만 앞세우다 보면 학생들이 학교를 더 싫어할 텐데~.
어휴~ 괜히 고집불통이겠어?
으음…
뉴턴! 저한테 좋은 생각이 있는데, 한번 들어 볼래요?
그게 뭔데?
속닥 속닥
흐음…!
나는 벌점으로 거래를 한다는 게 마음에 안 들어. 그건 원칙에 어긋나는 일이야.
단호

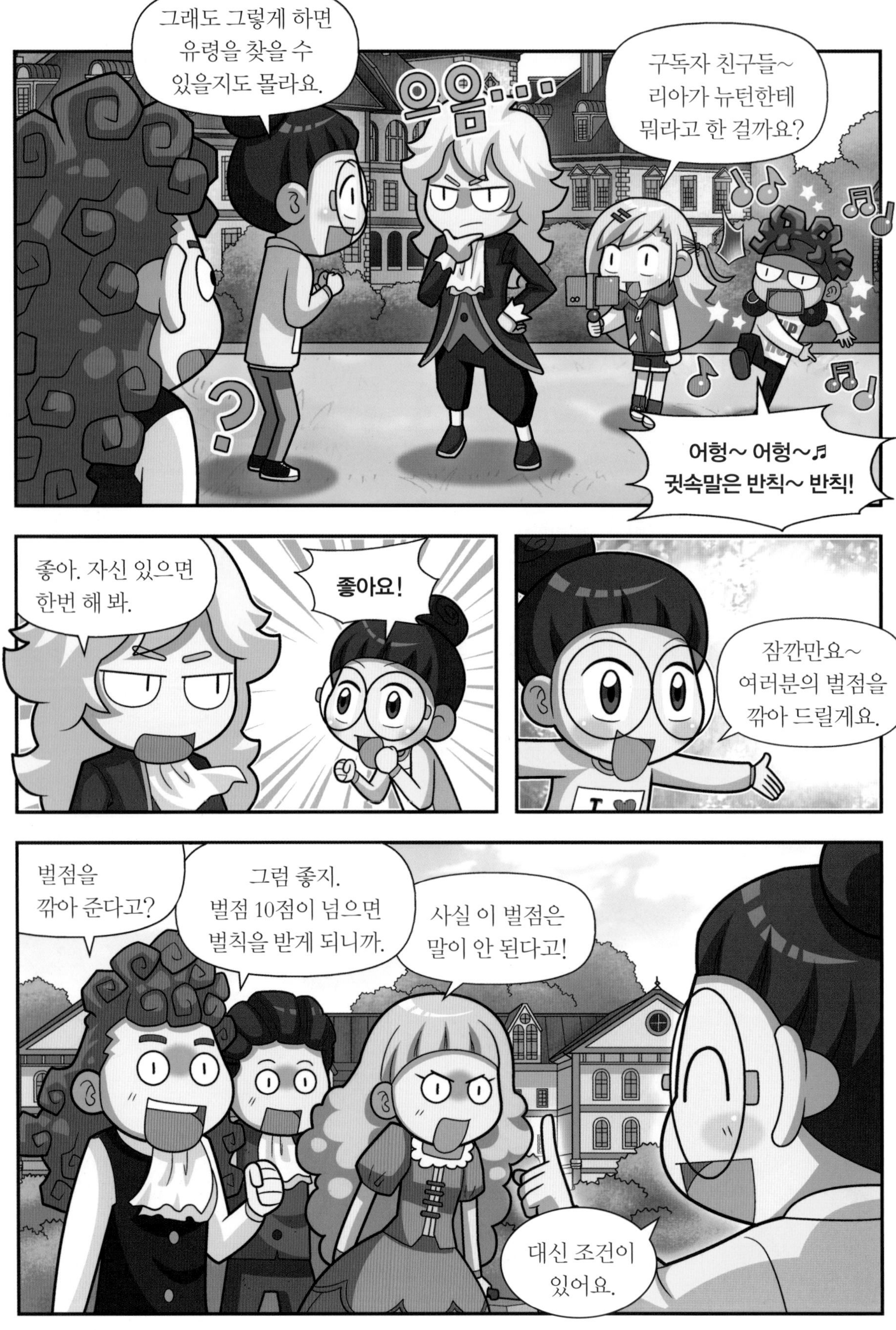

그래도 그렇게 하면 유령을 찾을 수 있을지도 몰라요.
으음...
구독자 친구들~ 리아가 뉴턴한테 뭐라고 한 걸까요?
어헝~ 어헝~♬ 귓속말은 반칙~ 반칙!
좋아. 자신 있으면 한번 해 봐.
좋아요!
잠깐만요~ 여러분의 벌점을 깎아 드릴게요.
벌점을 깎아 준다고?
그럼 좋지. 벌점 10점이 넘으면 벌칙을 받게 되니까.
사실 이 벌점은 말이 안 된다고!
대신 조건이 있어요.

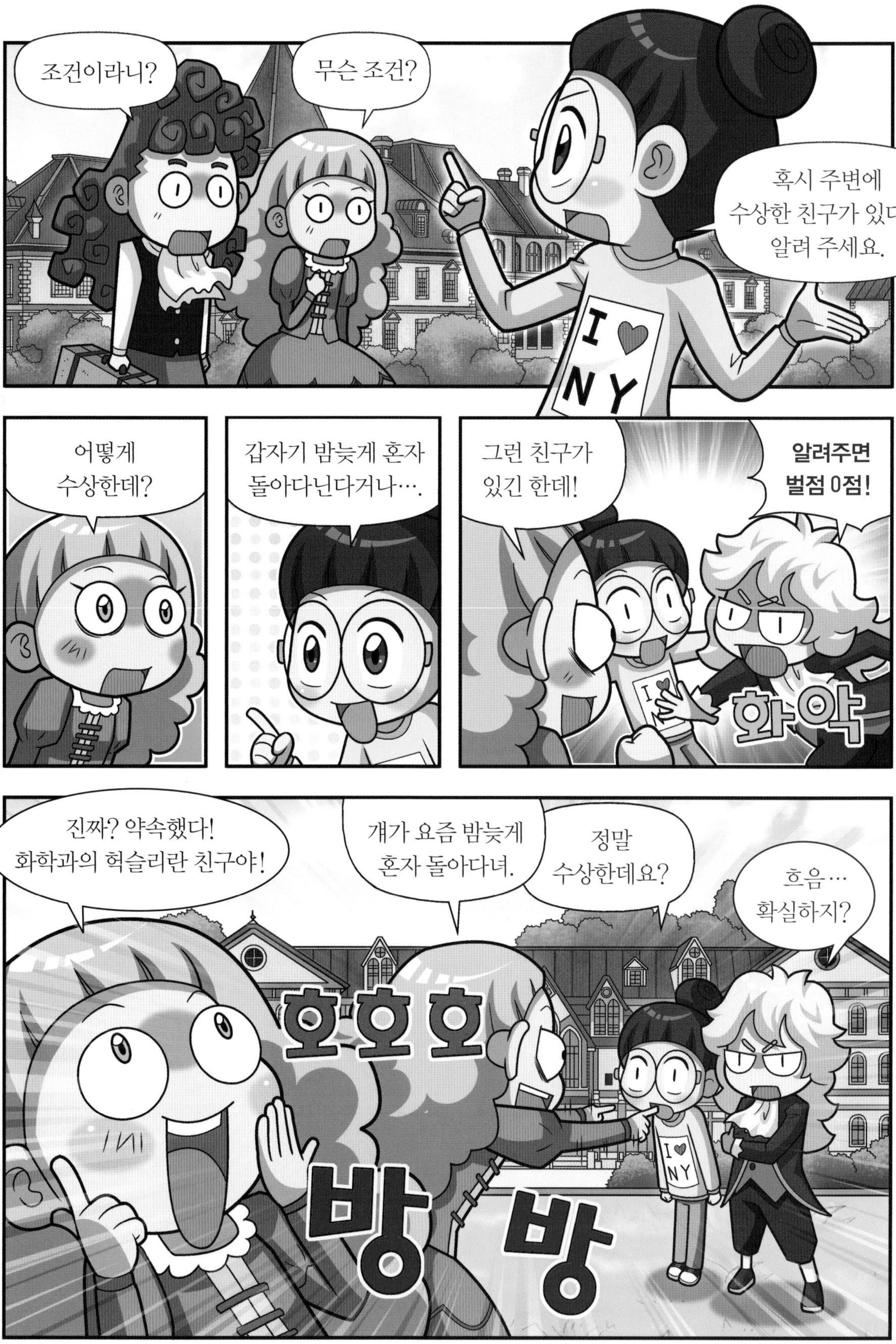
조건이라니?
무슨 조건?
혹시 주변에 수상한 친구가 있다면 알려 주세요.
I ♥ NY
어떻게 수상한데?
갑자기 밤늦게 혼자 돌아다닌다거나….
그런 친구가 있긴 한데!
알려주면 벌점 0점!
화악
진짜? 약속했다! 화학과의 헉슬리란 친구야!
걔가 요즘 밤늦게 혼자 돌아다녀.
정말 수상한데요?
흐음… 확실하지?
호호호
방 방

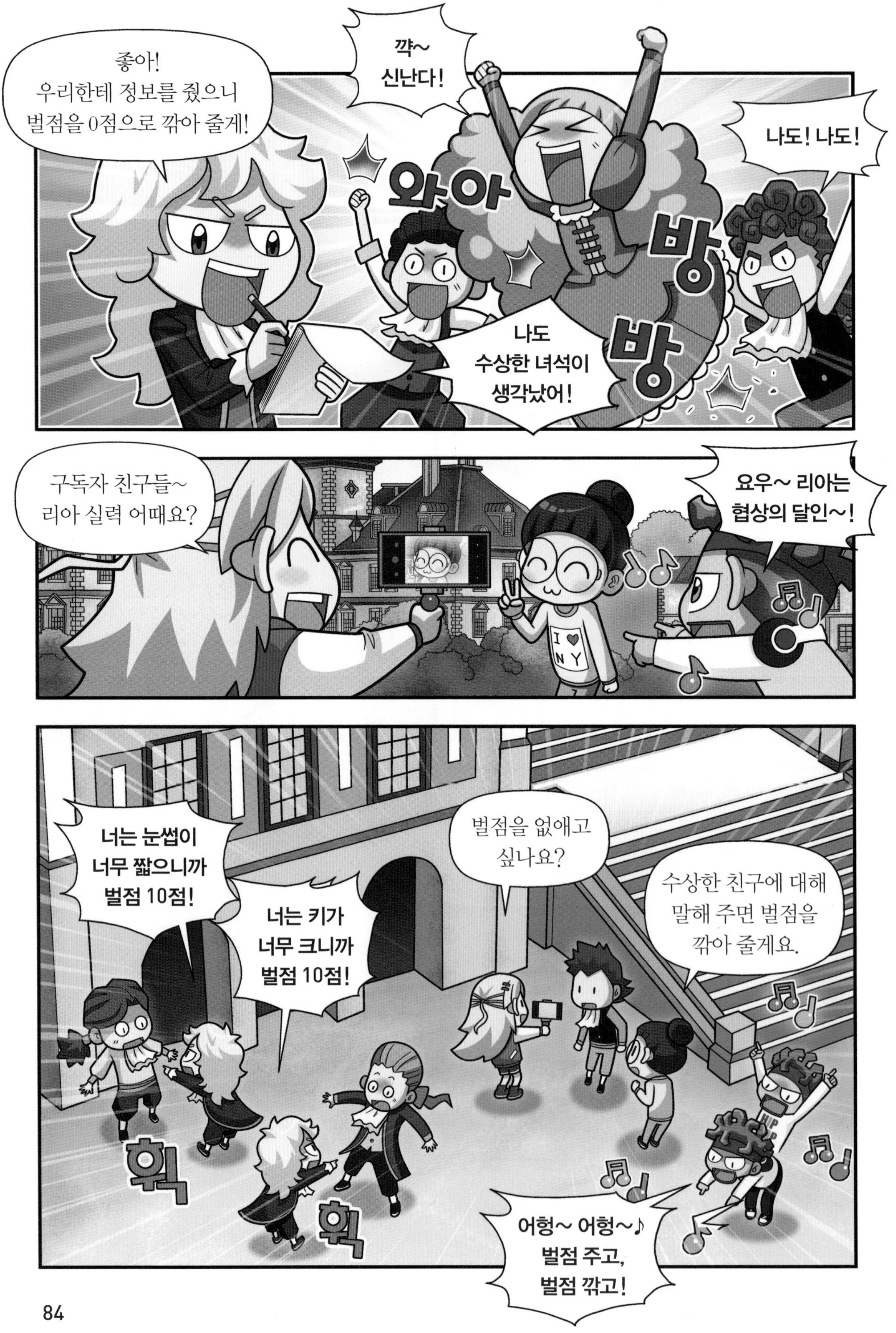
좋아!
우리한테 정보를 줬으니
벌점을 0점으로 깎아 줄게!
꺅~
신난다!
나도! 나도!
와아
방
방
나도
수상한 녀석이
생각났어!
구독자 친구들~
리아 실력 어때요?
요우~ 리아는
협상의 달인~!
I ♥ NY
너는 눈썹이
너무 짧으니까
벌점 10점!
너는 키가
너무 크니까
벌점 10점!
벌점을 없애고
싶나요?
수상한 친구에 대해
말해 주면 벌점을
깎아 줄게요.
휙
휙
어헝~ 어헝~♪
벌점 주고,
벌점 깎고!

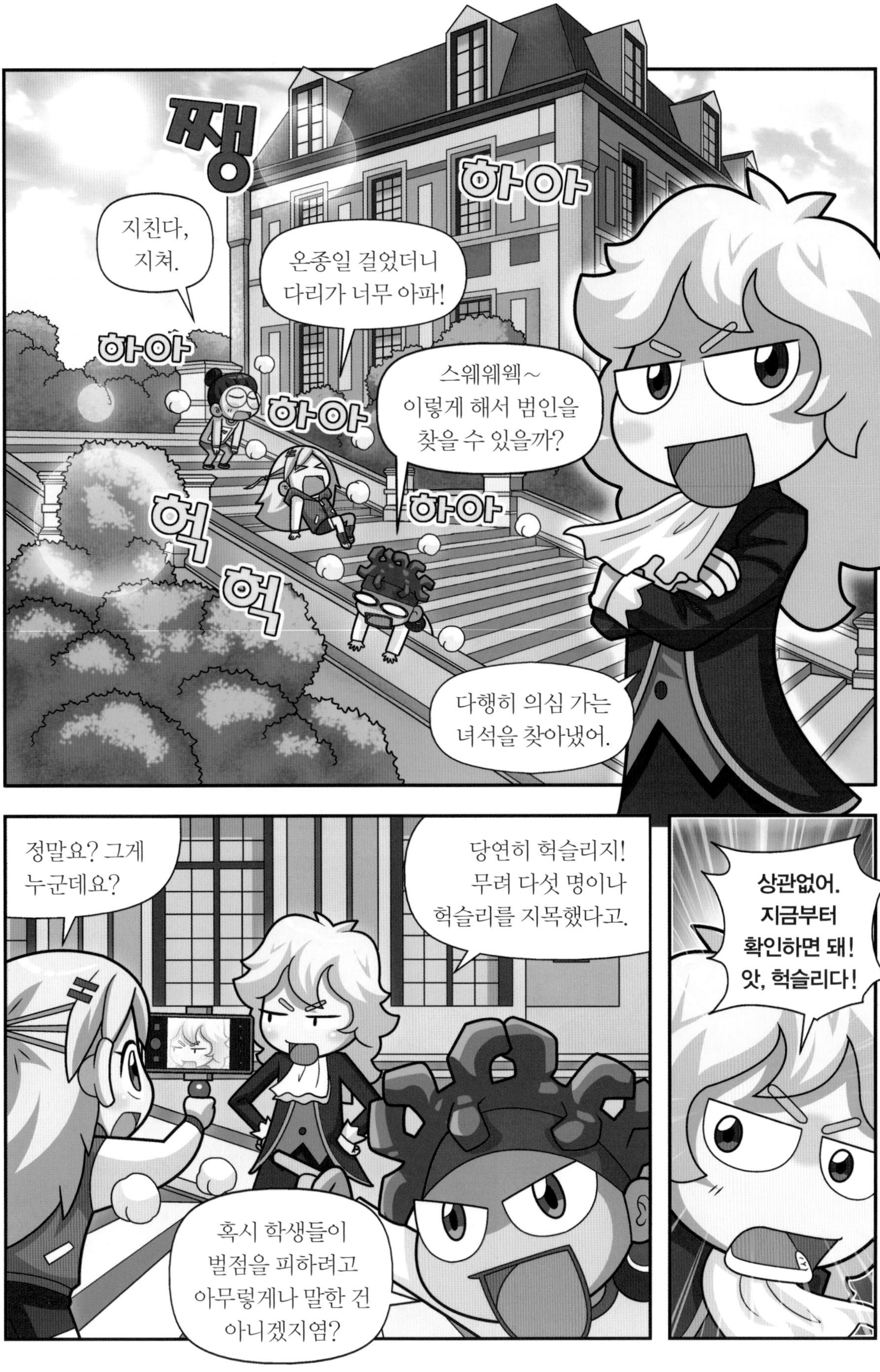
쨍
하아
지친다,
지쳐.
온종일 걸었더니
다리가 너무 아파!
하아
하아
스웨웨웩~
이렇게 해서 범인을
찾을 수 있을까?
헉
헉
하아
다행히 의심 가는
녀석을 찾아냈어.
정말요? 그게
누군데요?
당연히 헉슬리지!
무려 다섯 명이나
헉슬리를 지목했다고.
혹시 학생들이
벌점을 피하려고
아무렇게나 말한 건
아니겠지염?
상관없어.
지금부터
확인하면 돼!
앗, 헉슬리다!

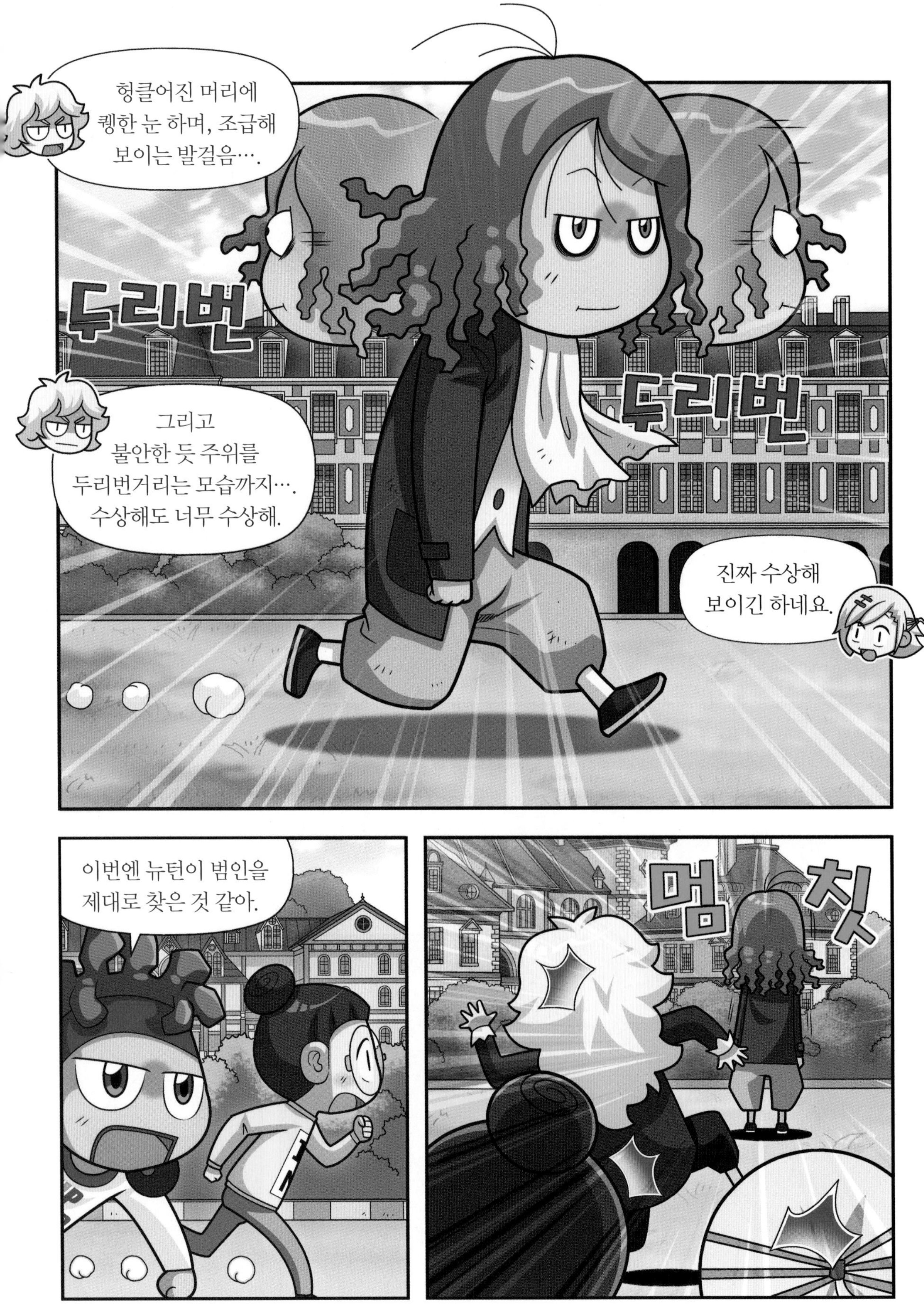
헝클어진 머리에
퀭한 눈 하며, 조급해
보이는 발걸음….
두리번
두리번
그리고
불안한 듯 주위를
두리번거리는 모습까지….
수상해도 너무 수상해.
진짜 수상해
보이긴 하네요.
이번엔 뉴턴이 범인을
제대로 찾은 것 같아.
멈칫

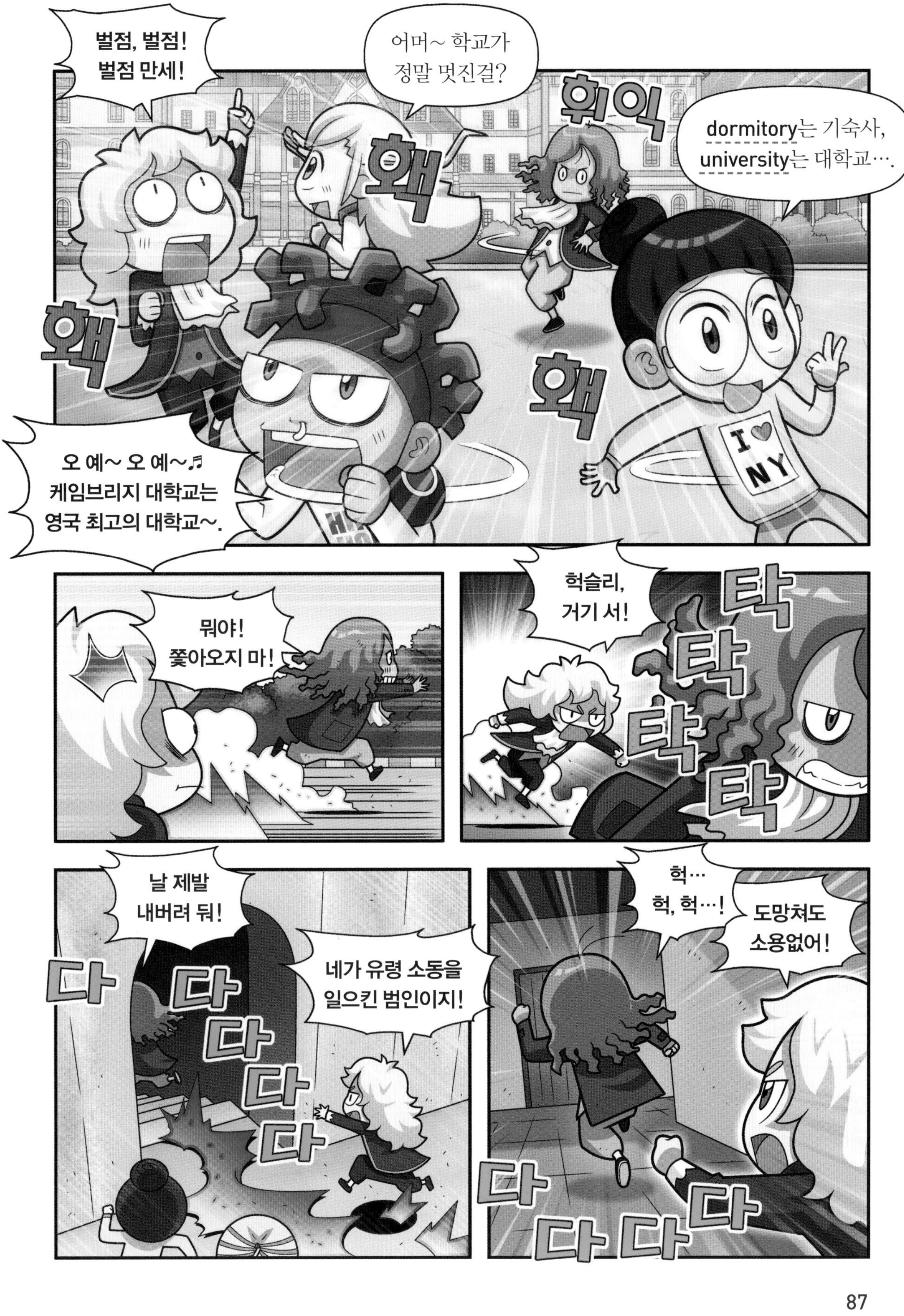

벌점, 벌점!
벌점 만세!
어머~ 학교가
정말 멋진걸?
휘익
dormitory는 기숙사,
university는 대학교….
홱
홱
홱
오 예~ 오 예~♬
케임브리지 대학교는
영국 최고의 대학교~.
I ♥ NY
뭐야!
쫓아오지 마!
헉슬리,
거기 서!
탁
탁
탁
탁
날 제발
내버려 둬!
다
다
다
다
다
네가 유령 소동을
일으킨 범인이지!
헉…
헉, 헉…!
도망쳐도
소용없어!
다
다
다
다

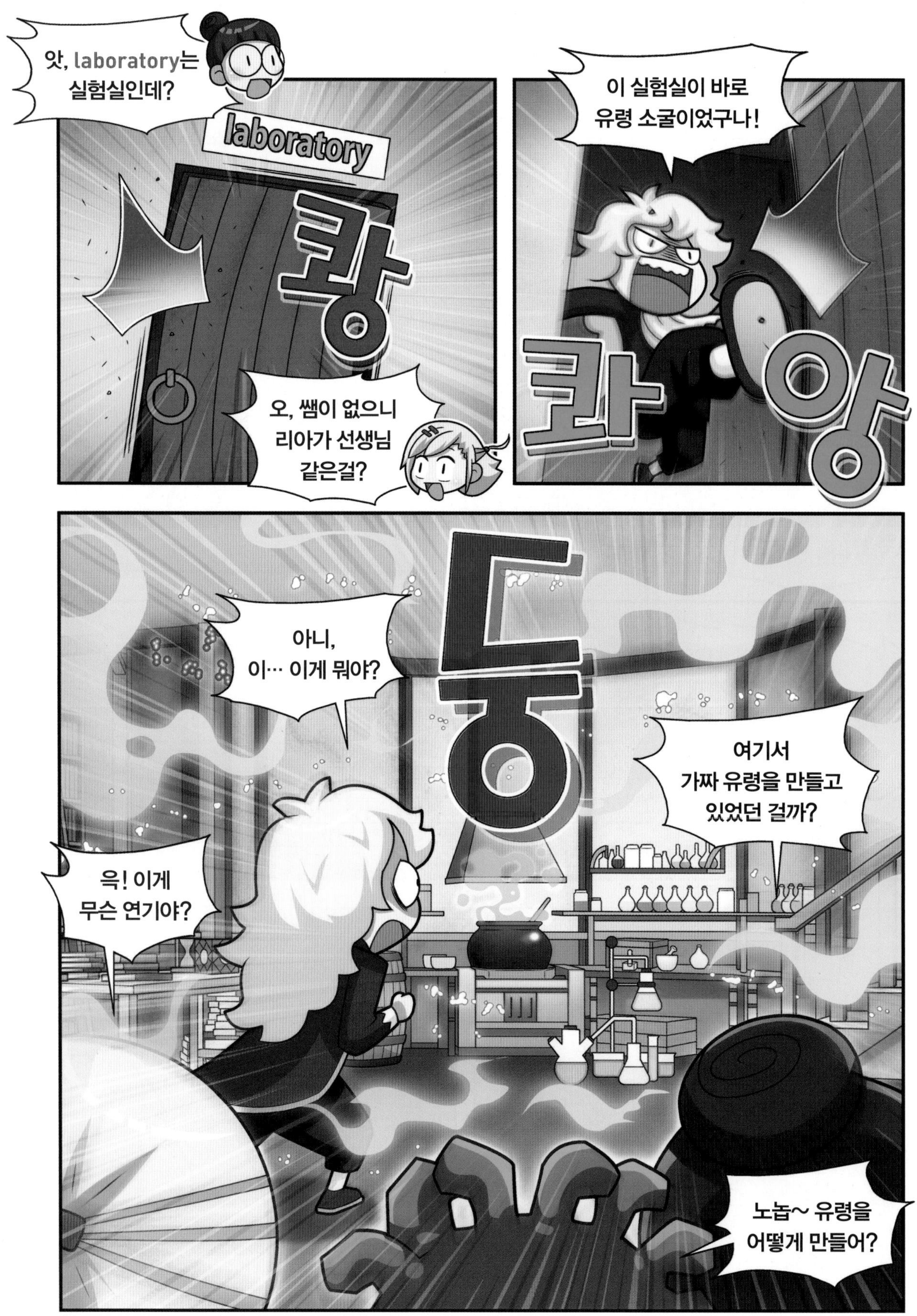

앗, laboratory는 실험실인데?
laboratory
쾅
오, 쌤이 없으니 리아가 선생님 같은걸?
이 실험실이 바로 유령 소굴이었구나!
콰앙
둥
아니, 이… 이게 뭐야?
여기서 가짜 유령을 만들고 있었던 걸까?
윽! 이게 무슨 연기야?
노놉~ 유령을 어떻게 만들어?

* 분홍색 단어의 발음이 궁금하다면 143쪽을 펼쳐 보세요.

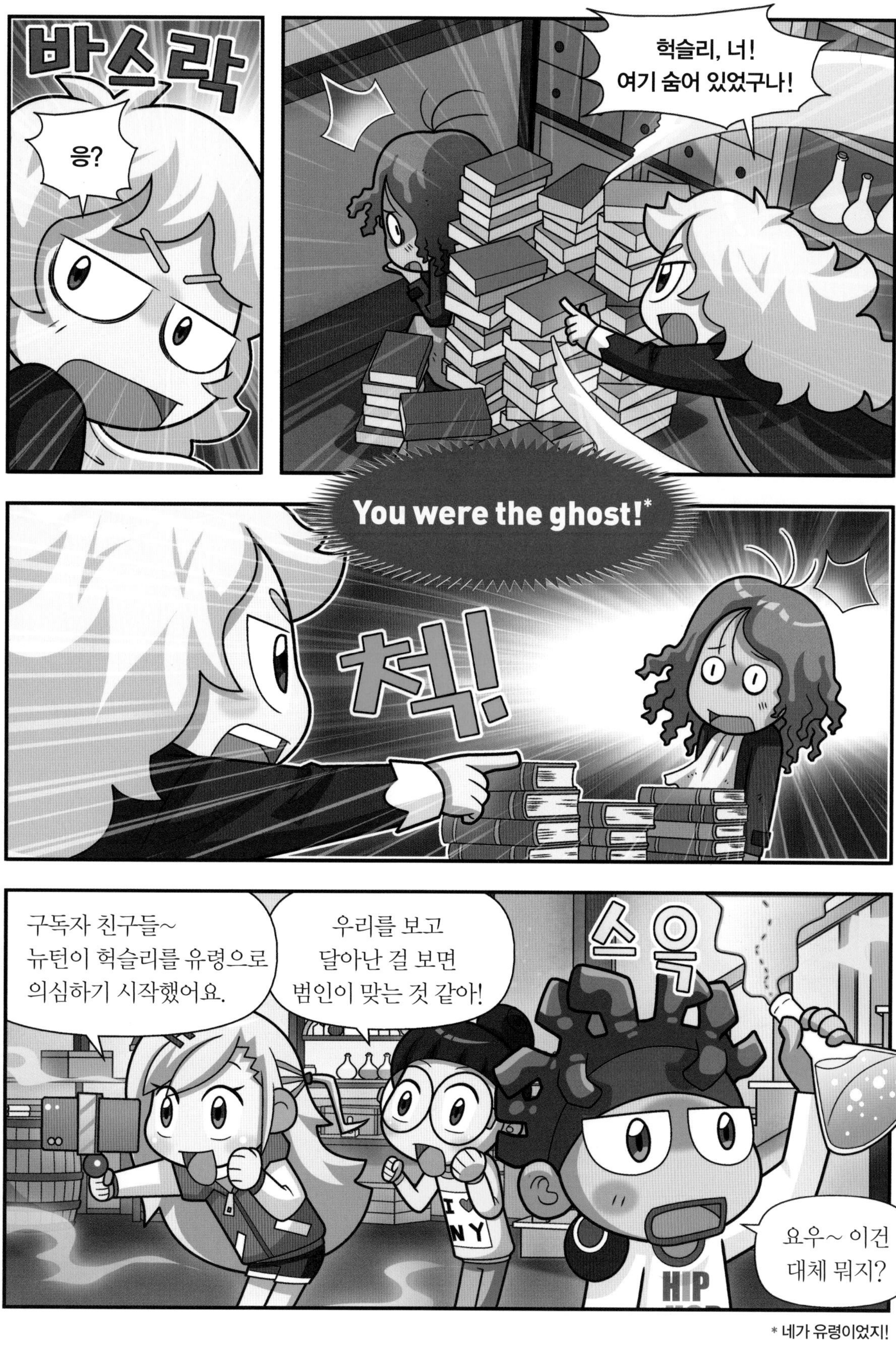
바스락
응?
헉슬리, 너!
여기 숨어 있었구나!
You were the ghost!*
척!
구독자 친구들~
뉴턴이 헉슬리를 유령으로
의심하기 시작했어요.
우리를 보고
달아난 걸 보면
범인이 맞는 것 같아!
스윽
요우~ 이건
대체 뭐지?

* 네가 유령이었지!

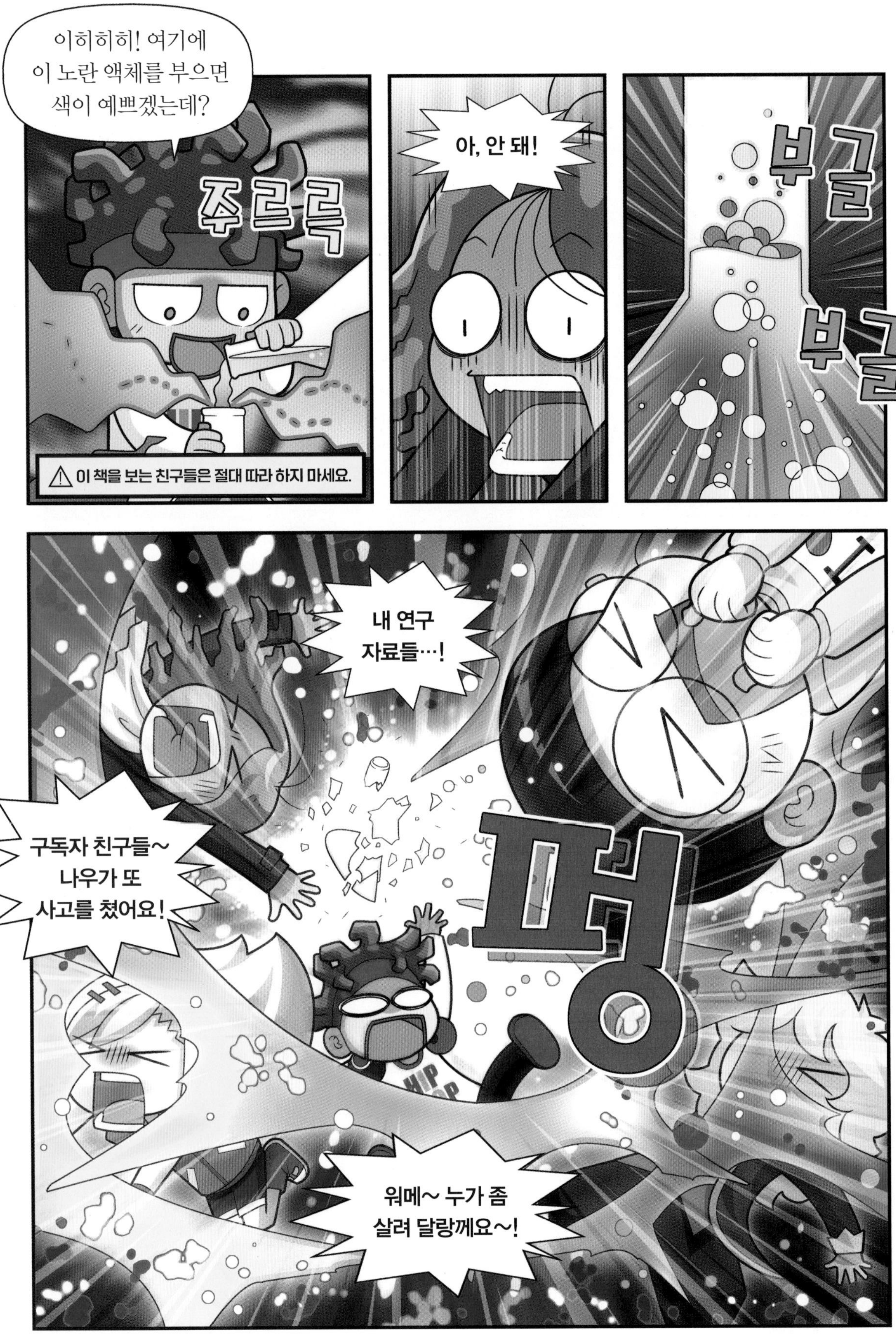
이히히히! 여기에
이 노란 액체를 부으면
색이 예쁘겠는데?
주르륵
이 책을 보는 친구들은 절대 따라 하지 마세요.
아, 안 돼!
부글
부글
내 연구
자료들…!
구독자 친구들~
나우가 또
사고를 쳤어요!
펑
워메~ 누가 좀
살려 달랑께요~!

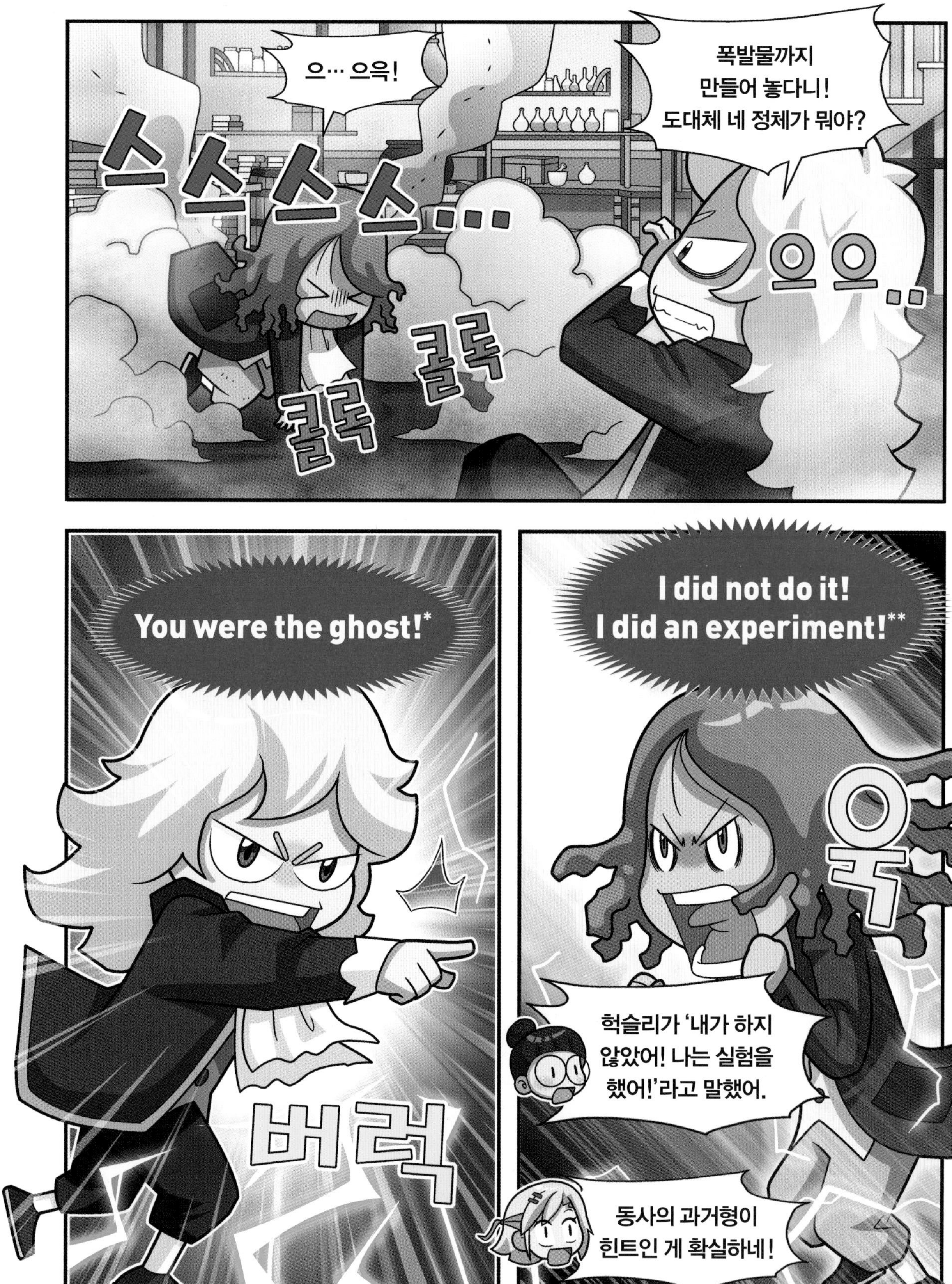
으… 으윽!
폭발물까지 만들어 놓다니! 도대체 네 정체가 뭐야?
스스스스…
으으..
콜록
콜록
You were the ghost!*
버럭
I did not do it! I did an experiment!**
욱
헉슬리가 '내가 하지 않았어! 나는 실험을 했어!'라고 말했어.
동사의 과거형이 힌트인 게 확실하네!

* 네가 유령이었어! ** 내가 하지 않았어! 나는 실험을 했어!

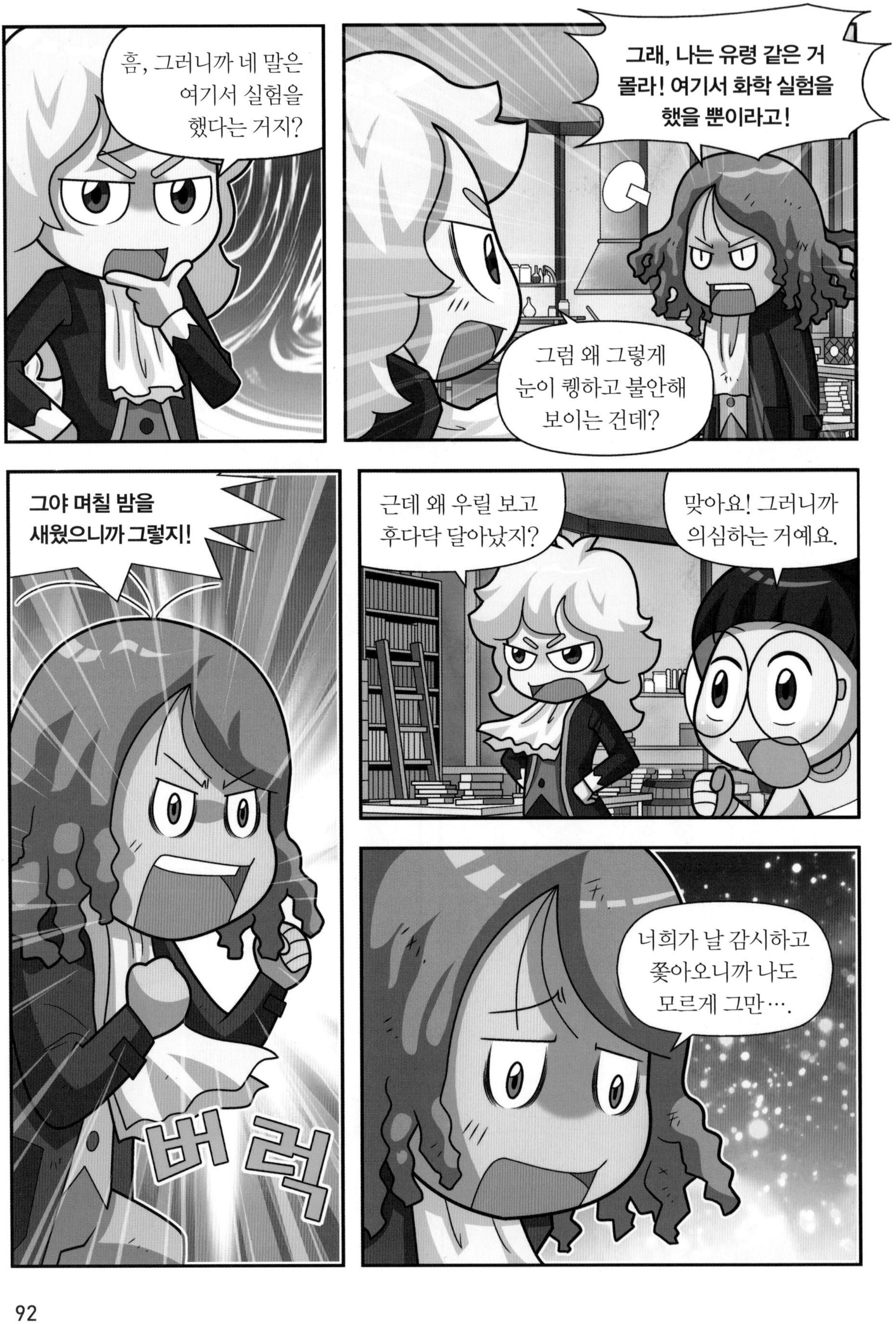

흠, 그러니까 네 말은 여기서 실험을 했다는 거지?
그래, 나는 유령 같은 거 몰라! 여기서 화학 실험을 했을 뿐이라고!
그럼 왜 그렇게 눈이 퀭하고 불안해 보이는 건데?
그야 며칠 밤을 새웠으니까 그렇지!
버럭
근데 왜 우릴 보고 후다닥 달아났지?
맞아요! 그러니까 의심하는 거예요.
너희가 날 감시하고 쫓아오니까 나도 모르게 그만….

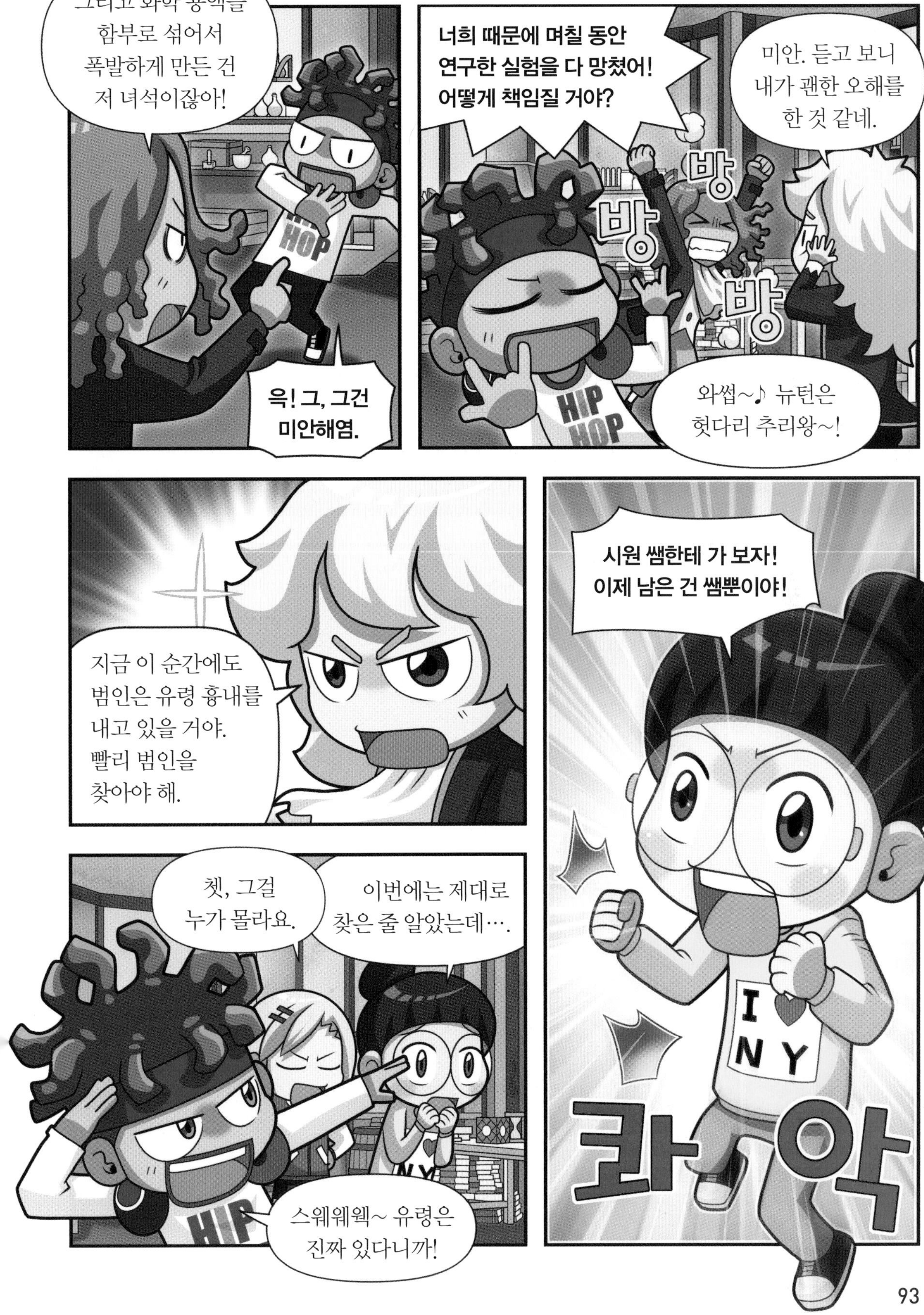
그리고 화학 용액을 함부로 섞어서 폭발하게 만든 건 저 녀석이잖아!
읔! 그, 그건 미안해염.
너희 때문에 며칠 동안 연구한 실험을 다 망쳤어! 어떻게 책임질 거야?
미안. 듣고 보니 내가 괜한 오해를 한 것 같네.
방
방
방
와썹~♪ 뉴턴은 헛다리 추리왕~!
지금 이 순간에도 범인은 유령 흉내를 내고 있을 거야. 빨리 범인을 찾아야 해.
시원 쌤한테 가 보자! 이제 남은 건 쌤뿐이야!
콰악
췟, 그걸 누가 몰라요.
이번에는 제대로 찾은 줄 알았는데….
스웨웨웩~ 유령은 진짜 있다니까!

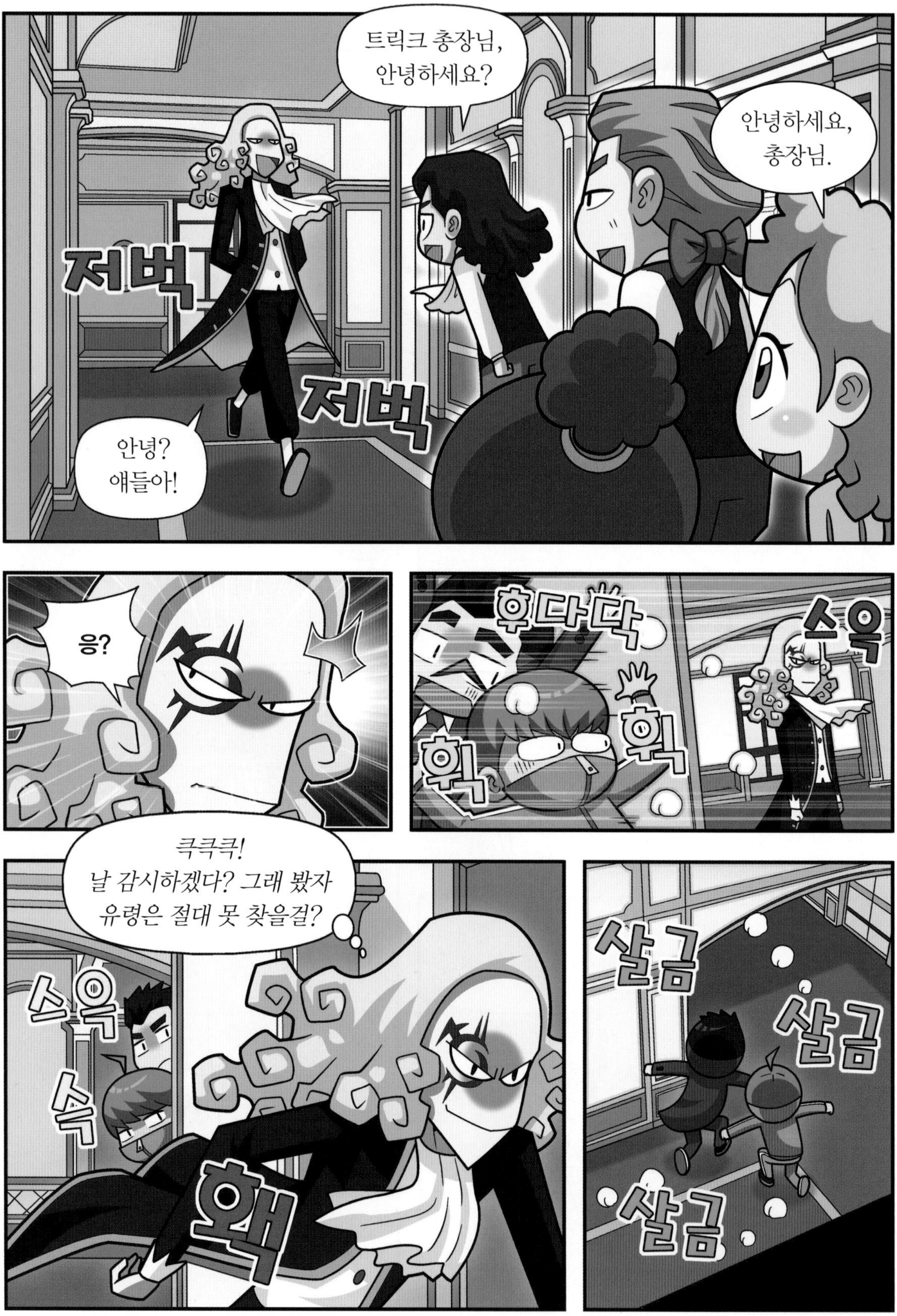
트릭크 총장님, 안녕하세요?
안녕하세요, 총장님.
저벅
저벅
안녕? 애들아!
응?
후다닥
휙
휙
스윽
크크크! 날 감시하겠다? 그래 봤자 유령은 절대 못 찾을걸?
스윽
쏙
홱
살금
살금
살금

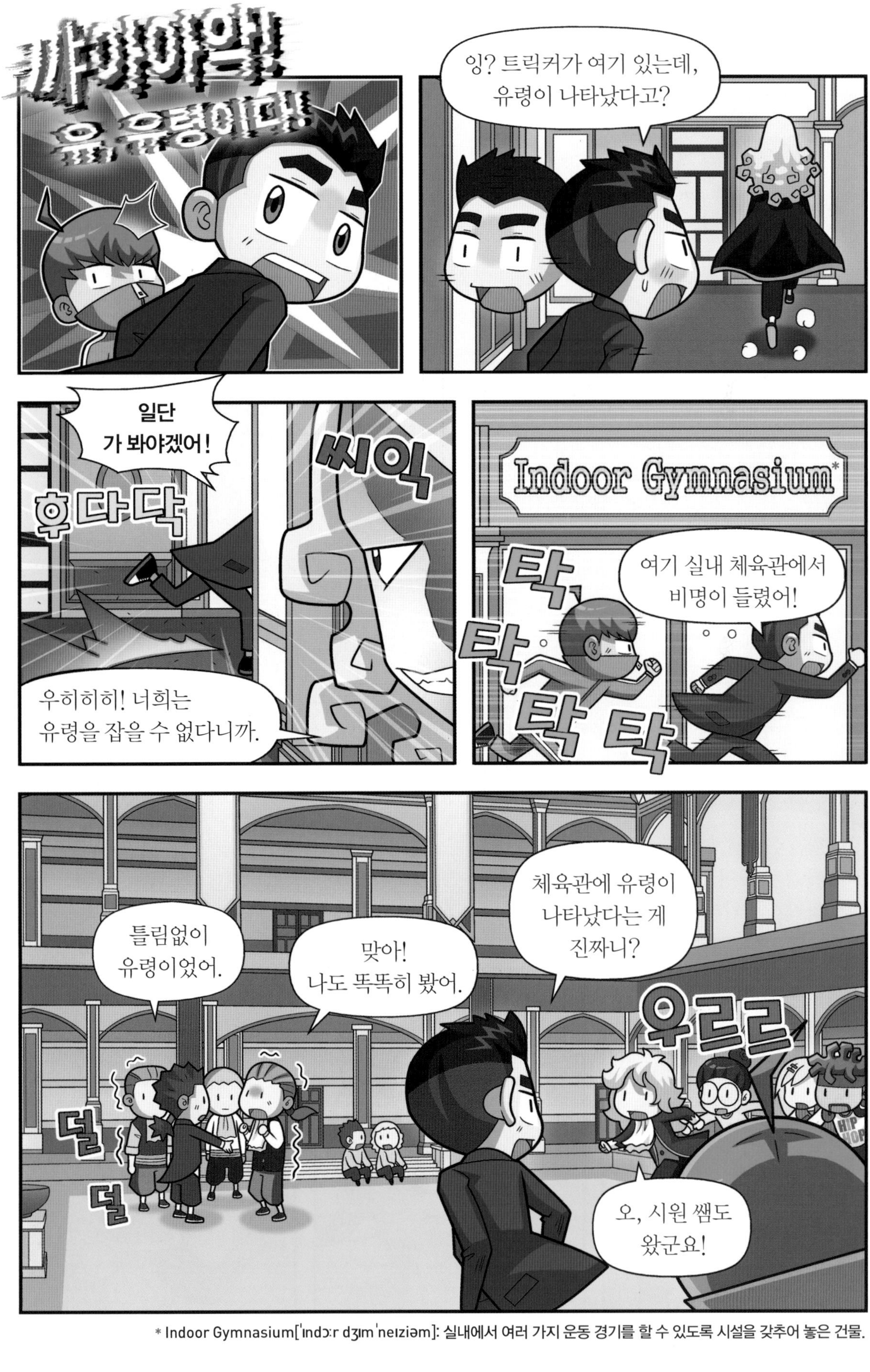

유, 유령이다!
잉? 트릭커가 여기 있는데,
유령이 나타났다고?
일단
가 봐야겠어!
후다닥
씨익
우히히히! 너희는
유령을 잡을 수 없다니까.
Indoor Gymnasium*
탁,
탁
탁 탁
여기 실내 체육관에서
비명이 들렸어!
틀림없이
유령이었어.
맞아!
나도 똑똑히 봤어.
체육관에 유령이
나타났다는 게
진짜니?
우르르
덜
덜
오, 시원 쌤도
왔군요!

* Indoor Gymnasium[ˈɪndɔːr dʒɪmˈneɪziəm]: 실내에서 여러 가지 운동 경기를 할 수 있도록 시설을 갖추어 놓은 건물.

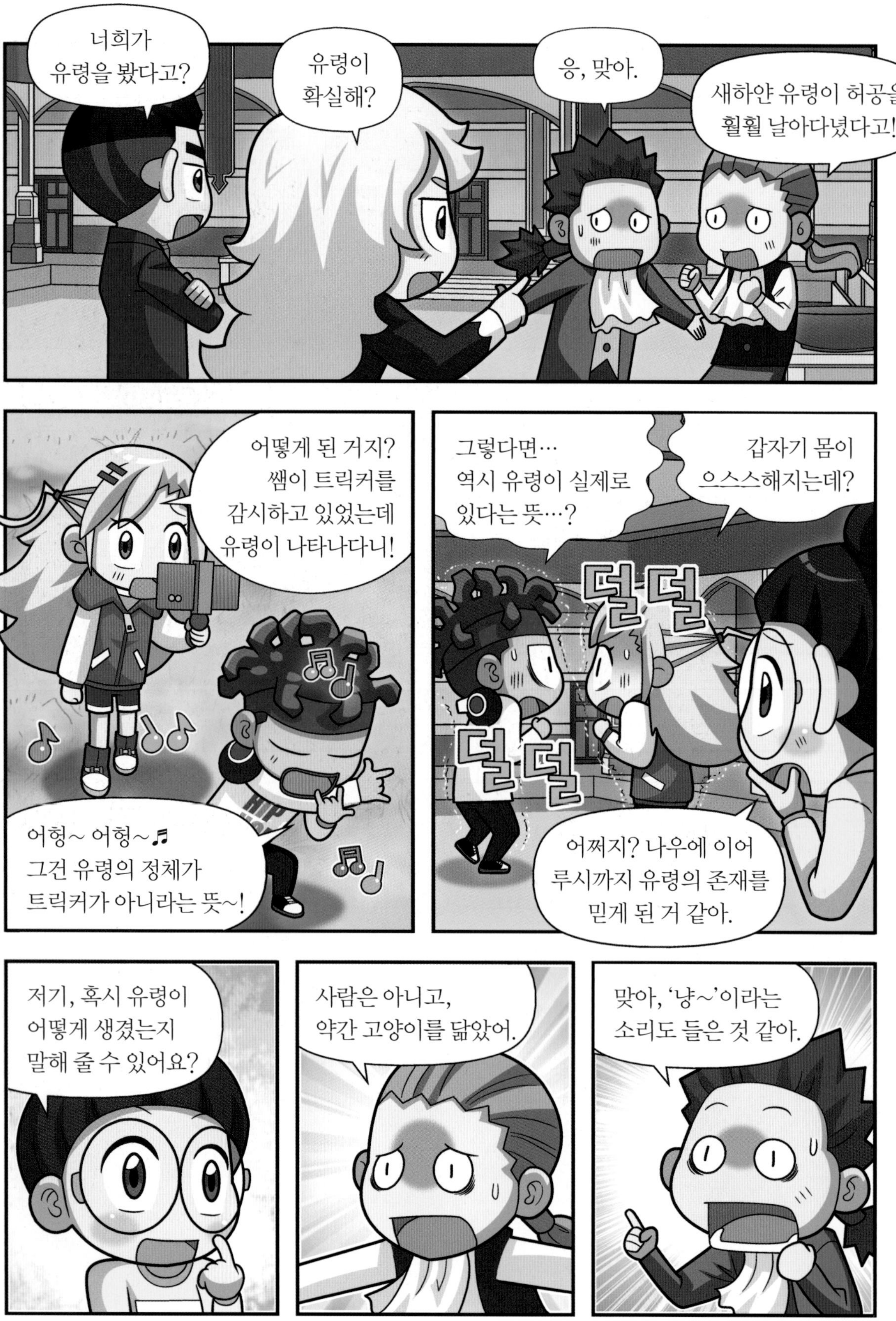

너희가
유령을 봤다고?
유령이
확실해?
응, 맞아.
새하얀 유령이 허공을
훨훨 날아다녔다고!
어떻게 된 거지?
쌤이 트릭커를
감시하고 있었는데
유령이 나타나다니!
어헝~ 어헝~♬
그건 유령의 정체가
트릭커가 아니라는 뜻~!
그렇다면…
역시 유령이 실제로
있다는 뜻…?
갑자기 몸이
으스스해지는데?
덜덜
덜덜
어쩌지? 나우에 이어
루시까지 유령의 존재를
믿게 된 거 같아.
저기, 혹시 유령이
어떻게 생겼는지
말해 줄 수 있어요?
사람은 아니고,
약간 고양이를 닮았어.
맞아, '냥~'이라는
소리도 들은 것 같아.

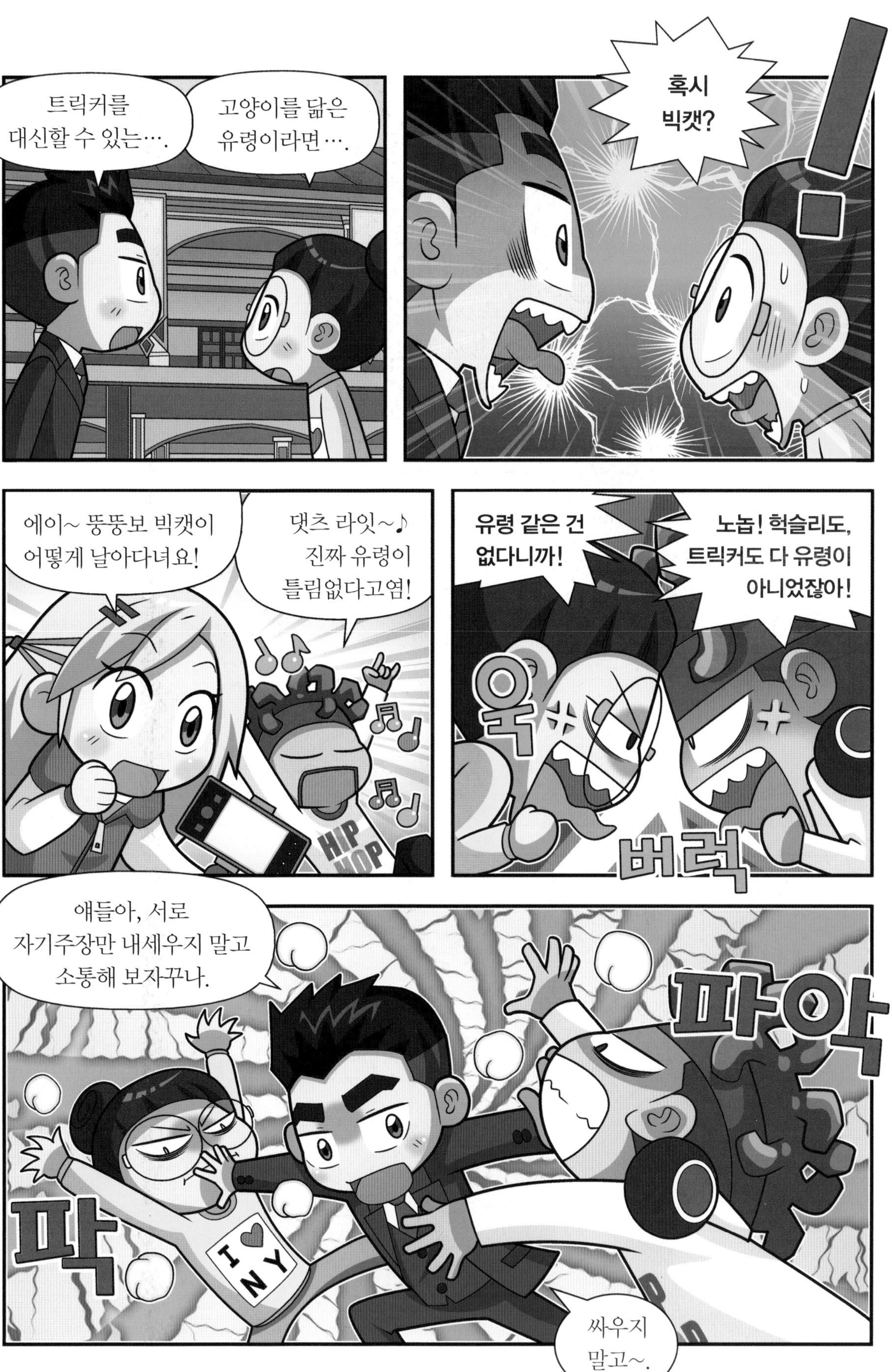

트릭커를 대신할 수 있는….
고양이를 닮은 유령이라면….
혹시 빅캣?
!
에이~ 뚱뚱보 빅캣이 어떻게 날아다녀요!
댓츠 라잇~♪ 진짜 유령이 틀림없다고염!
HIP HOP
유령 같은 건 없다니까!
노놉! 헉슬리도, 트릭커도 다 유령이 아니었잖아!
욱
버럭
얘들아, 서로 자기주장만 내세우지 말고 소통해 보자꾸나.
파악
팍
I ♥ NY
싸우지 말고~.

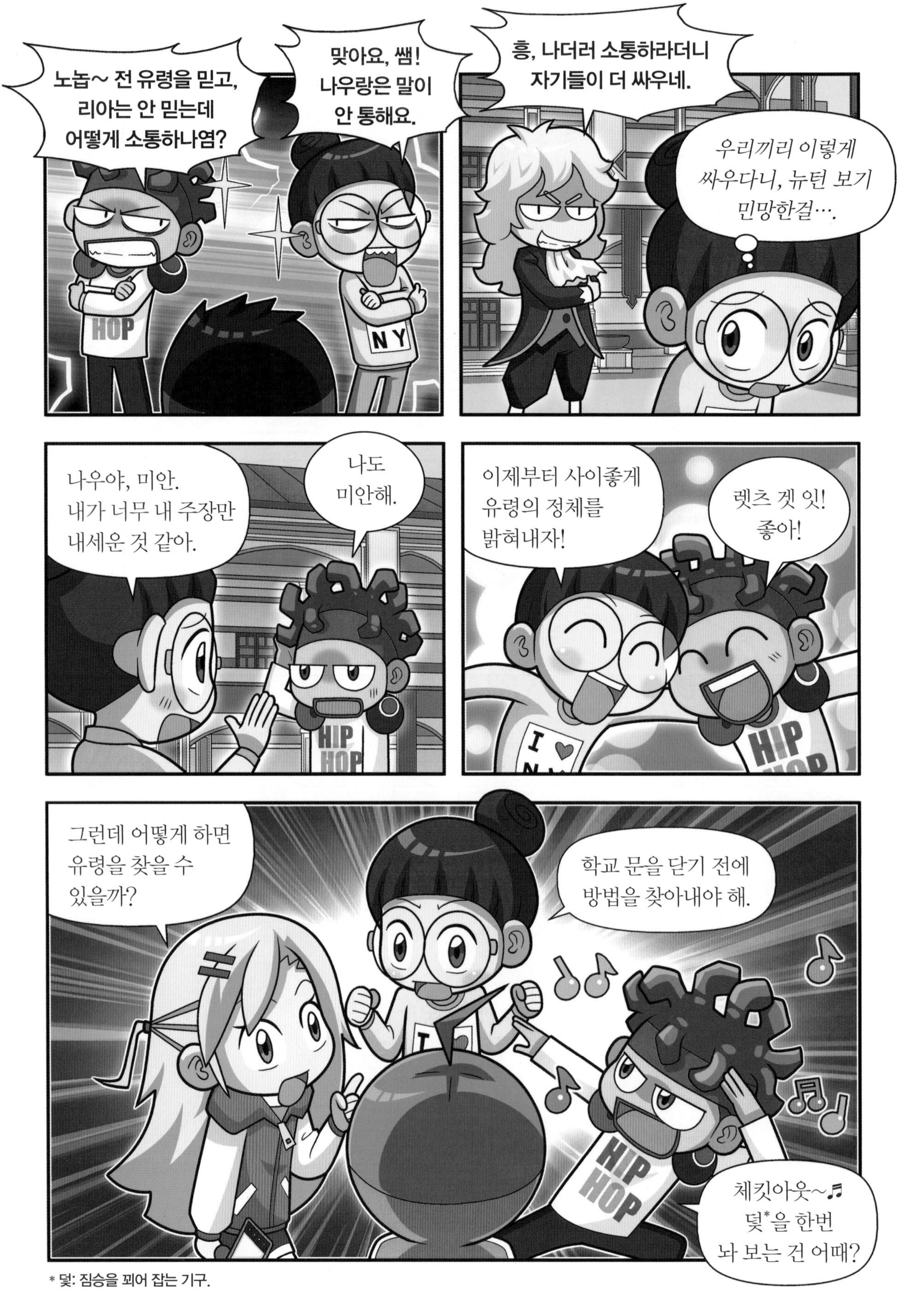
노놉~ 전 유령을 믿고, 리아는 안 믿는데 어떻게 소통하나염?
맞아요, 쌤! 나우랑은 말이 안 통해요.
흥, 나더러 소통하라더니 자기들이 더 싸우네.
우리끼리 이렇게 싸우다니, 뉴턴 보기 민망한걸….
HOP
NY
나우야, 미안. 내가 너무 내 주장만 내세운 것 같아.
나도 미안해.
HIP HOP
이제부터 사이좋게 유령의 정체를 밝혀내자!
렛츠 겟 잇! 좋아!
그런데 어떻게 하면 유령을 찾을 수 있을까?
학교 문을 닫기 전에 방법을 찾아내야 해.
HIP HOP
체킷아웃~♬ 덫*을 한번 놔 보는 건 어때?

* 덫: 짐승을 꾀어 잡는 기구.

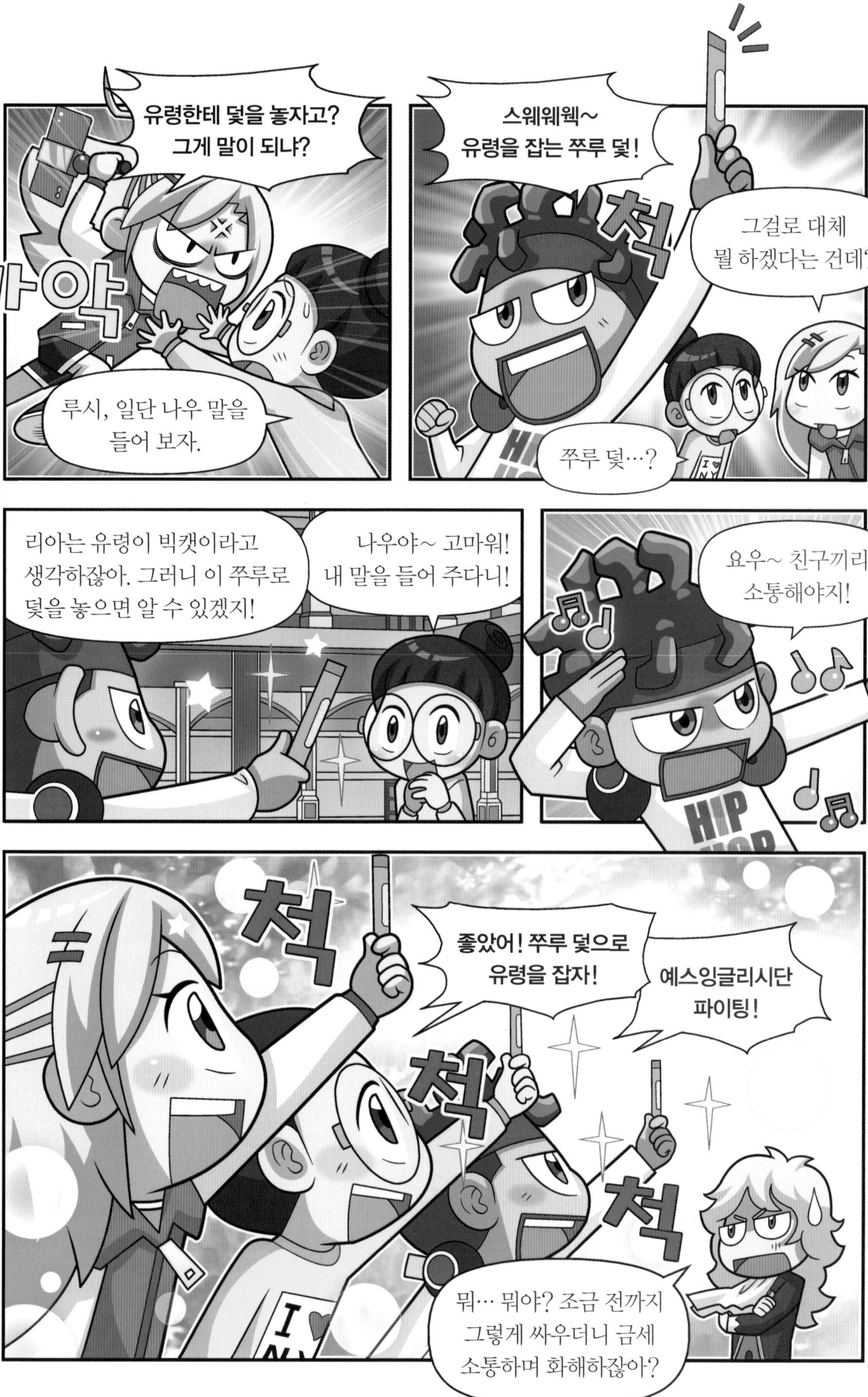
유령한테 덫을 놓자고? 그게 말이 되냐?
카악
루시, 일단 나우 말을 들어 보자.
스웨웨웩~ 유령을 잡는 쭈루 덫!
척
그걸로 대체 뭘 하겠다는 건데?
쭈루 덫…?
리아는 유령이 빅캣이라고 생각하잖아. 그러니 이 쭈루로 덫을 놓으면 알 수 있겠지!
나우야~ 고마워! 내 말을 들어 주다니!
요우~ 친구끼리 소통해야지!
척
좋았어! 쭈루 덫으로 유령을 잡자!
예스잉글리시단 파이팅!
척
척
뭐… 뭐야? 조금 전까지 그렇게 싸우더니 금세 소통하며 화해하잖아?

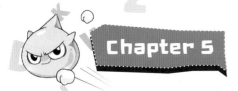

Chapter 5

유령 대소동

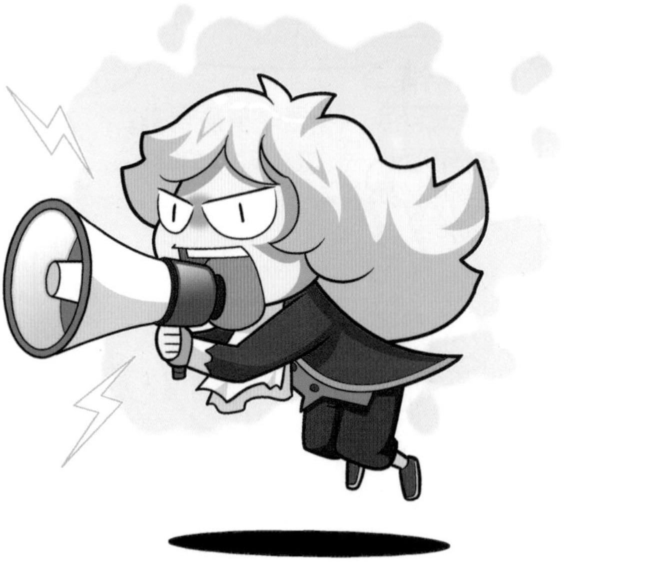

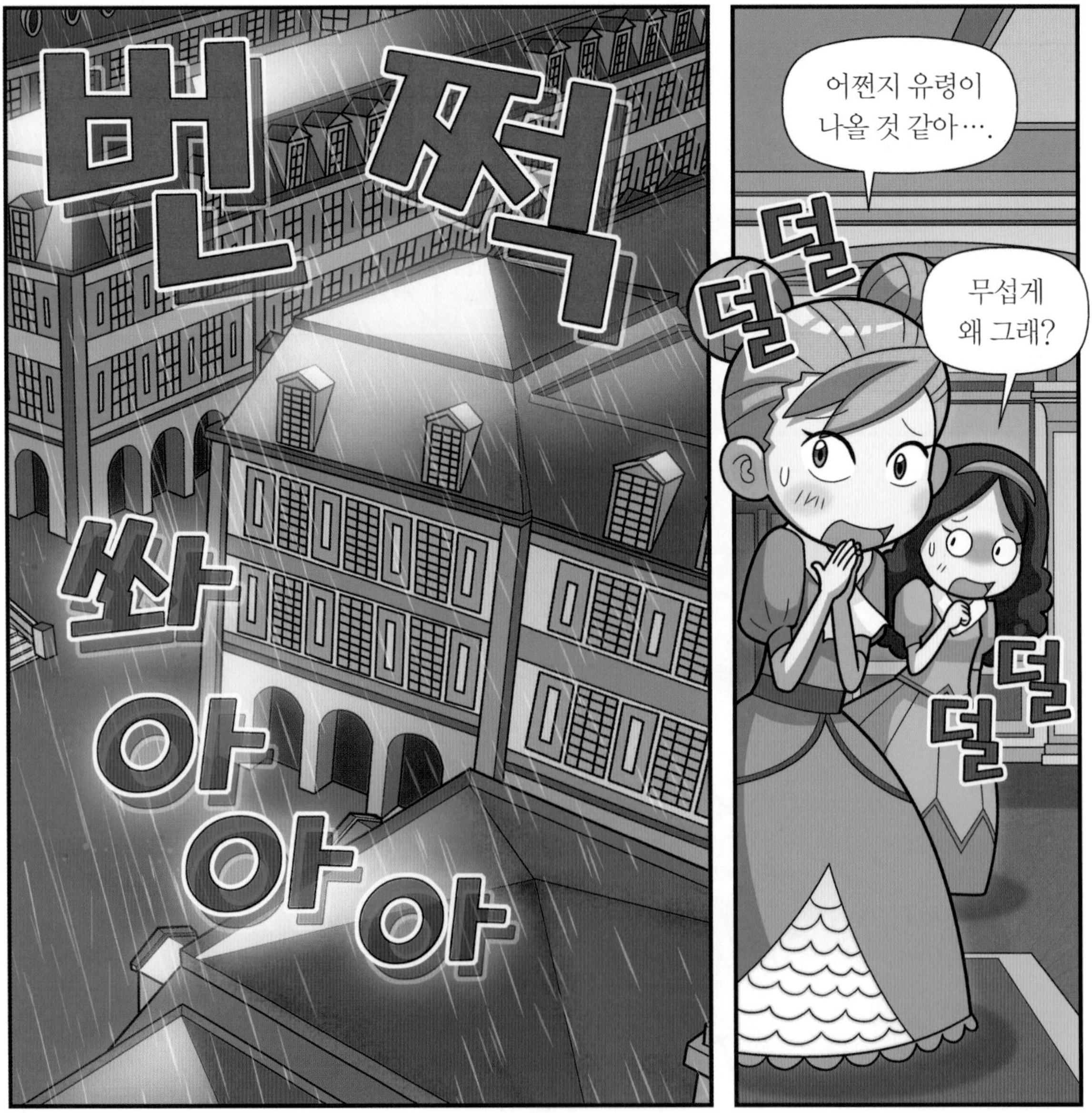
번쩍
쏴아아아
어쩐지 유령이
나올 것 같아….
덜덜
무섭게
왜 그래?
덜덜

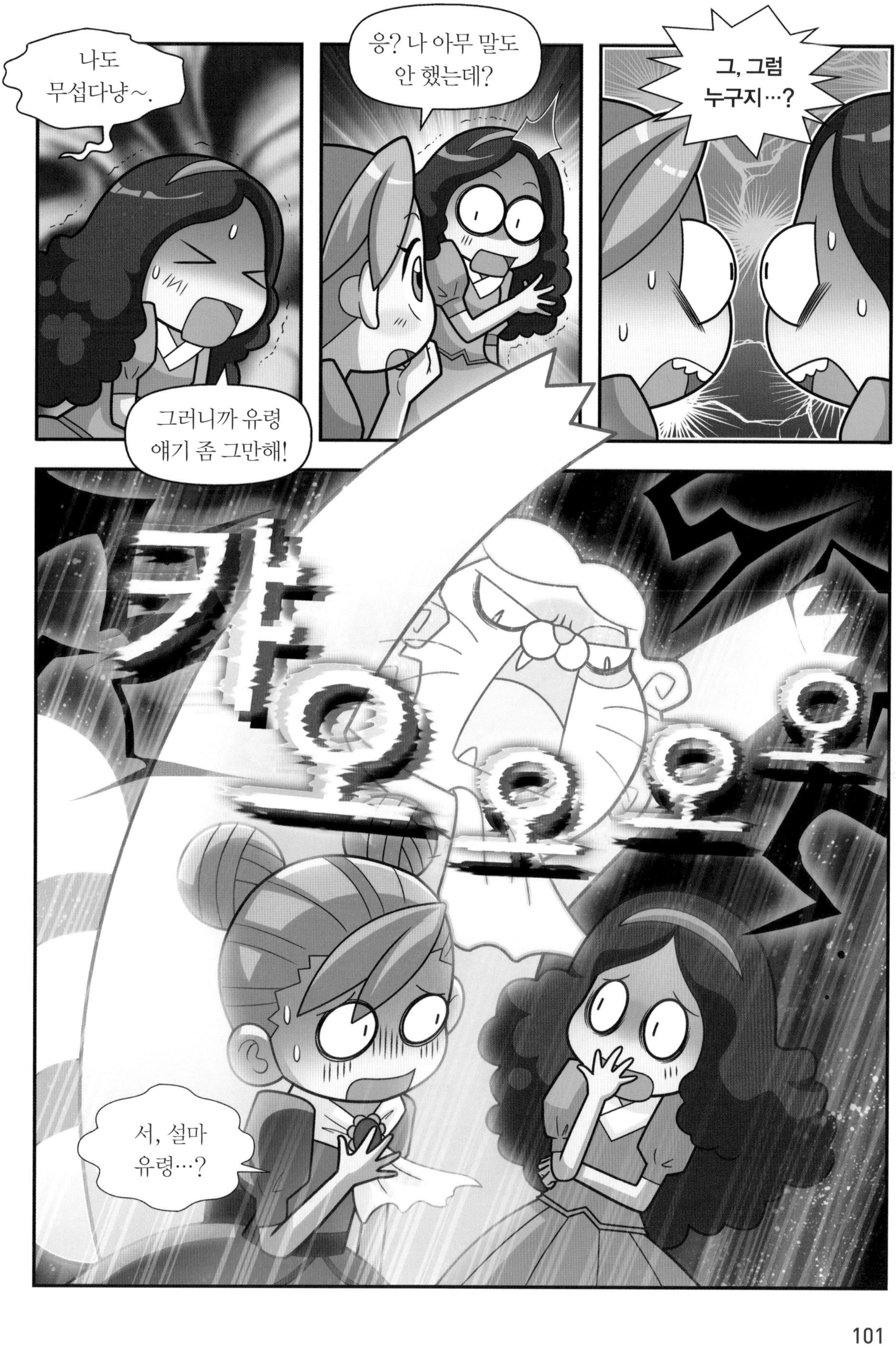
나도 무섭다냥~.
그러니까 유령 얘기 좀 그만해!
응? 나 아무 말도 안 했는데?
그, 그럼 누구지…?
카오오오오
서, 설마 유령…?

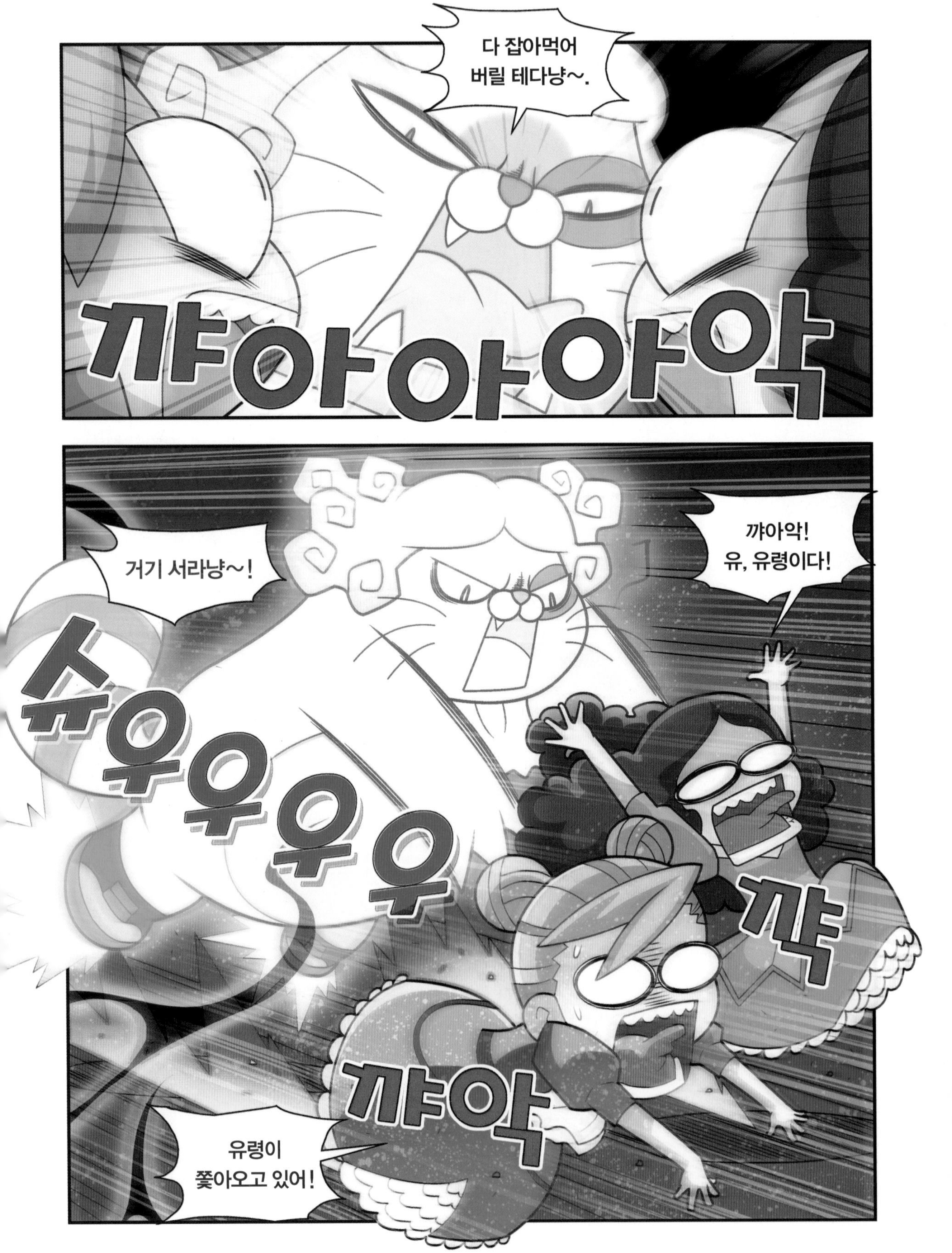

다 잡아먹어 버릴 테다냥~.
꺄아아아악
거기 서라냥~!
슈우우우우
꺄아악! 유, 유령이다!
꺅
꺄악
유령이 쫓아오고 있어!

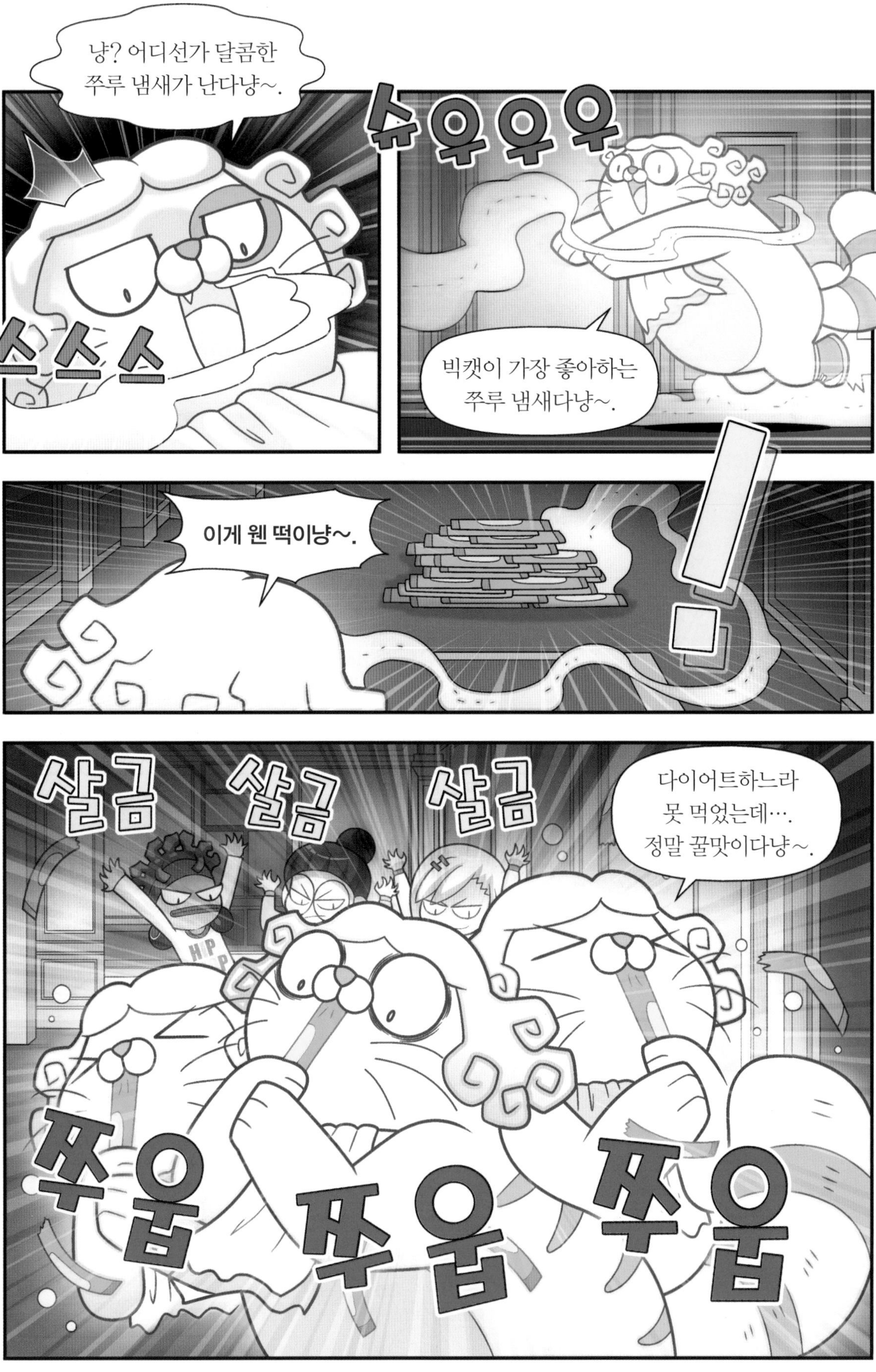
냥? 어디선가 달콤한 쭈루 냄새가 난다냥~.
스스스
슈우우우
빅캣이 가장 좋아하는 쭈루 냄새다냥~.
!
이게 웬 떡이냥~.
살금 살금 살금
다이어트하느라 못 먹었는데…. 정말 꿀맛이다냥~.
쭈웁 쭈웁 쭈웁

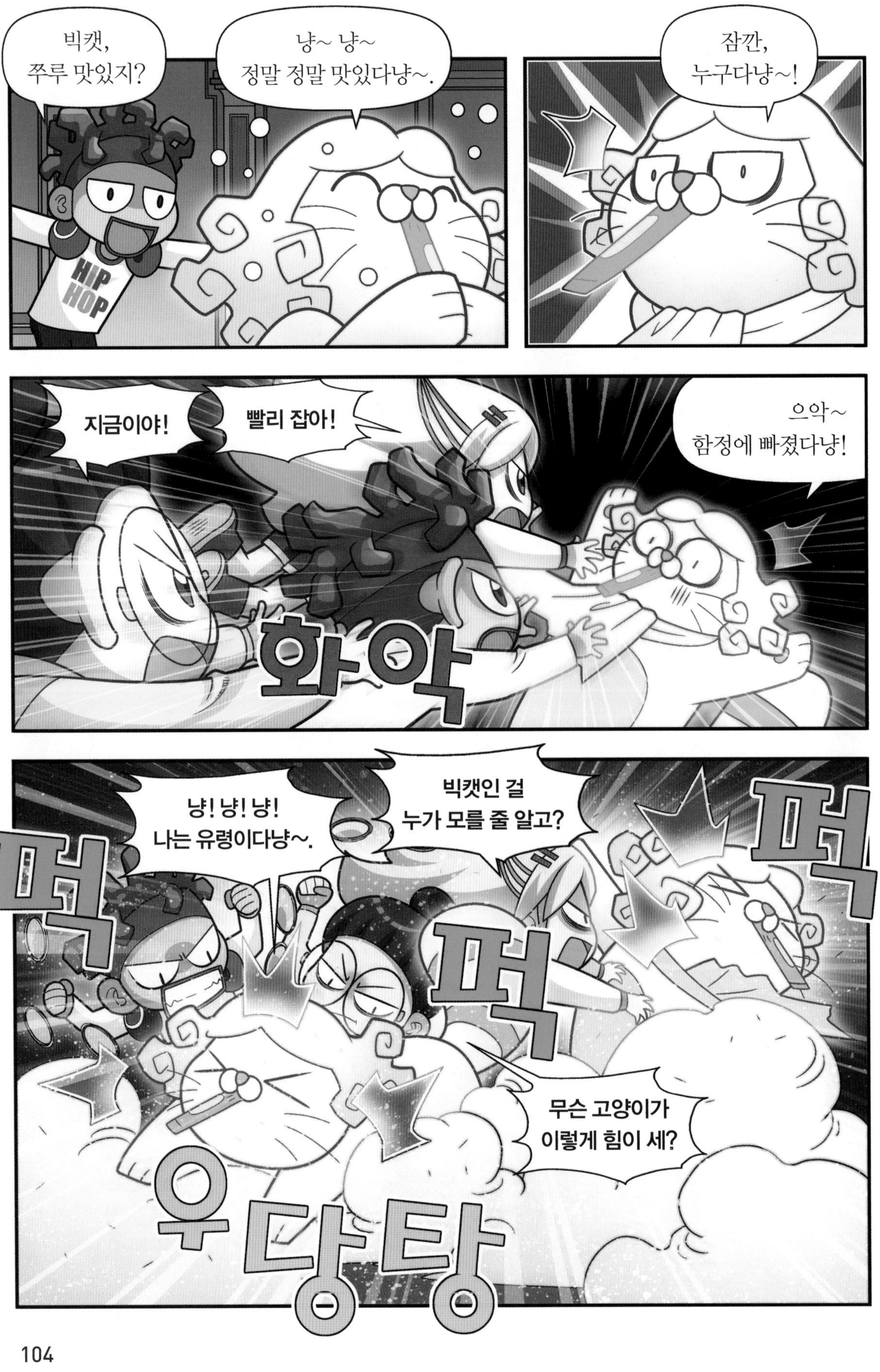

빅캣,
쭈루 맛있지?
냥~ 냥~
정말 정말 맛있다냥~.
잠깐,
누구다냥~!
지금이야!
빨리 잡아!
으악~
함정에 빠졌다냥!
화악
냥! 냥! 냥!
나는 유령이다냥~.
빅캣인 걸
누가 모를 줄 알고?
퍽
퍽
퍽
무슨 고양이가
이렇게 힘이 세?
우당탕

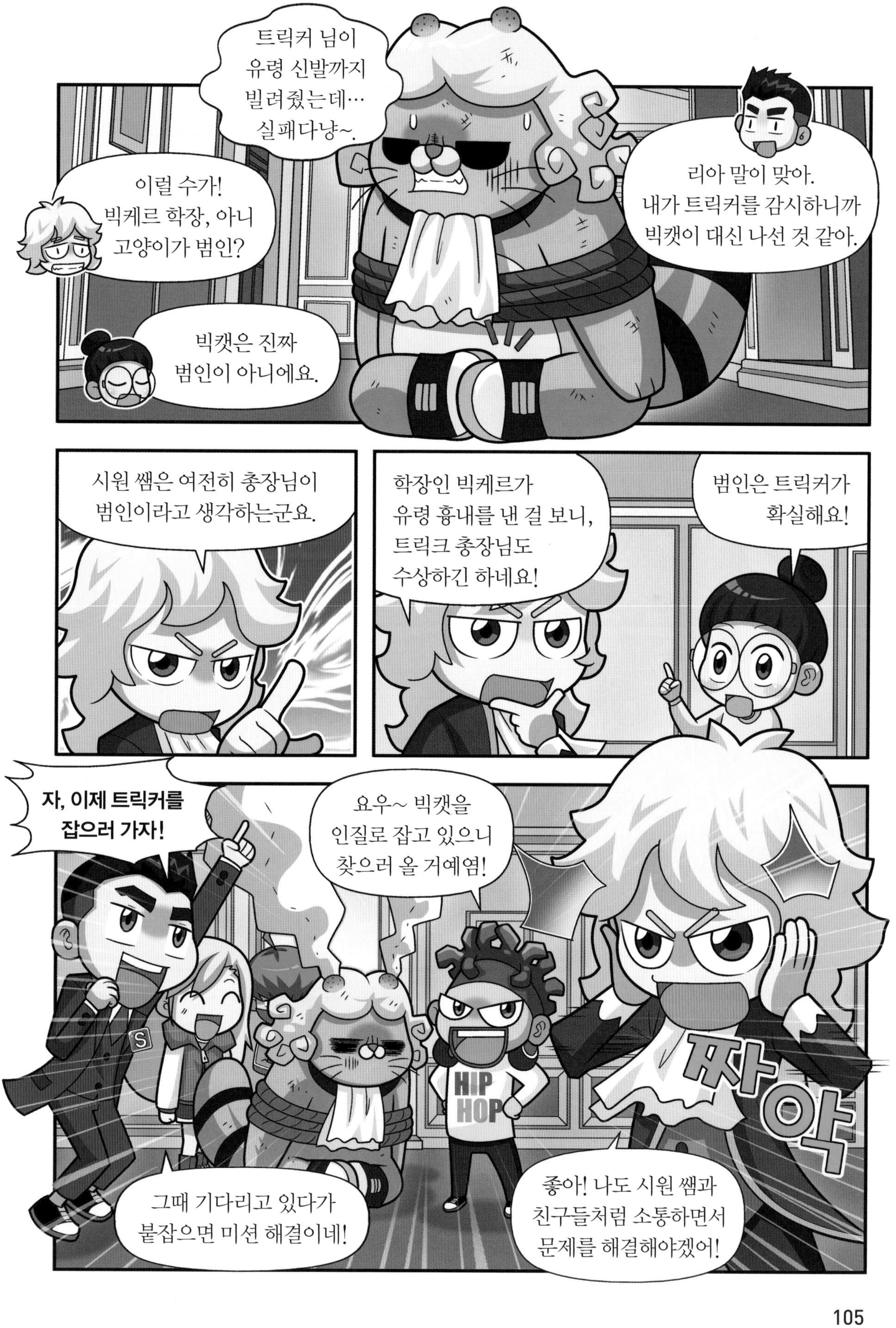

트릭커 님이 유령 신발까지 빌려줬는데… 실패다냥~.
리아 말이 맞아. 내가 트릭커를 감시하니까 빅캣이 대신 나선 것 같아.
이럴 수가! 빅케르 학장, 아니 고양이가 범인?
빅캣은 진짜 범인이 아니에요.
시원 쌤은 여전히 총장님이 범인이라고 생각하는군요.
학장인 빅케르가 유령 흉내를 낸 걸 보니, 트리크 총장님도 수상하긴 하네요!
범인은 트릭커가 확실해요!
자, 이제 트릭커를 잡으러 가자!
요우~ 빅캣을 인질로 잡고 있으니 찾으러 올 거예염!
HIP HOP
짜악
그때 기다리고 있다가 붙잡으면 미션 해결이네!
좋아! 나도 시원 쌤과 친구들처럼 소통하면서 문제를 해결해야겠어!

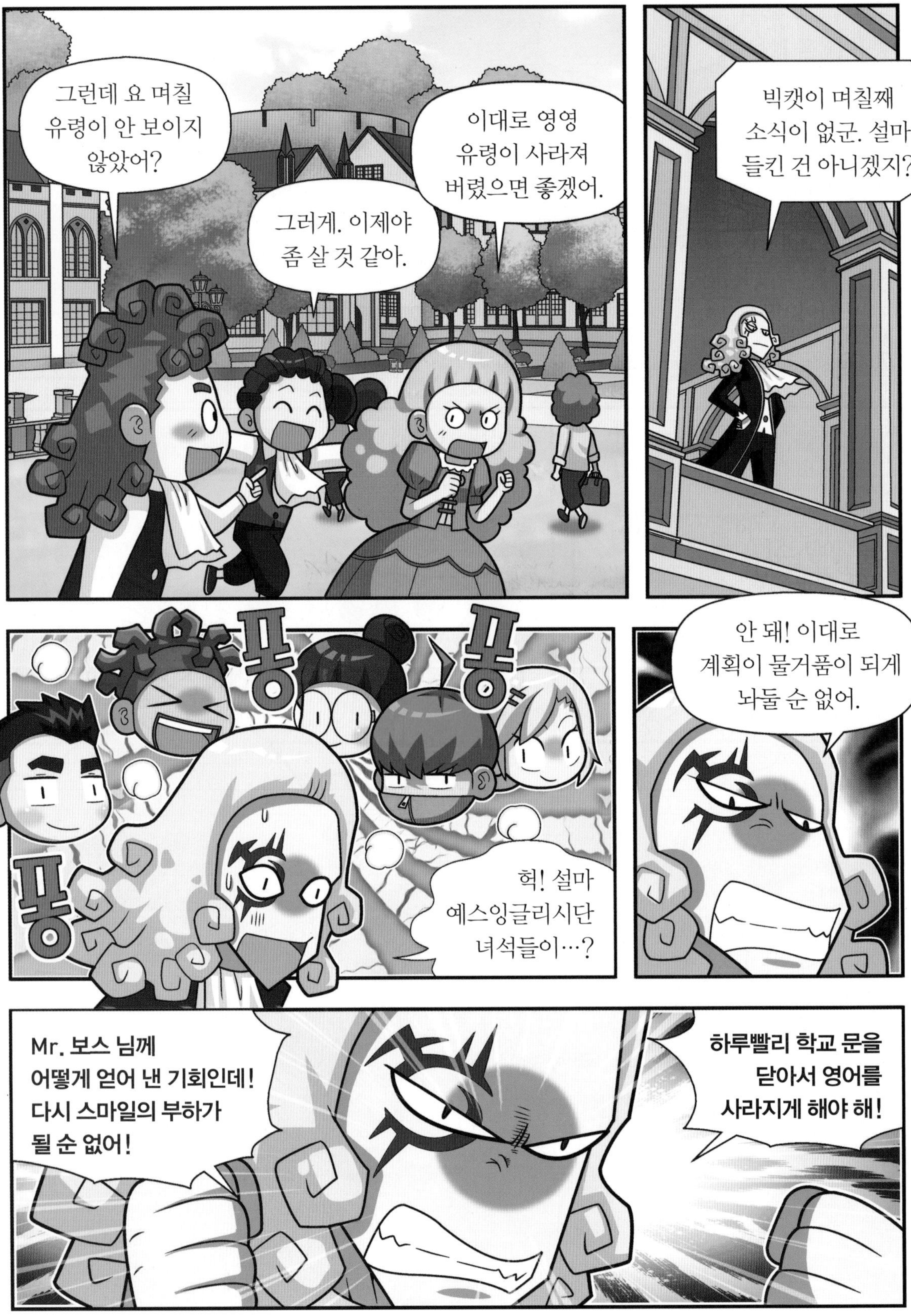
그런데 요 며칠
유령이 안 보이지
않았어?
그러게. 이제야
좀 살 것 같아.
이대로 영영
유령이 사라져
버렸으면 좋겠어.
빅캣이 며칠째
소식이 없군. 설마
들킨 건 아니겠지?
퐁
퐁
퐁
헉! 설마
예스잉글리시단
녀석들이…?
안 돼! 이대로
계획이 물거품이 되게
놔둘 순 없어.
Mr. 보스 님께
어떻게 얻어 낸 기회인데!
다시 스마일의 부하가
될 순 없어!
하루빨리 학교 문을
닫아서 영어를
사라지게 해야 해!

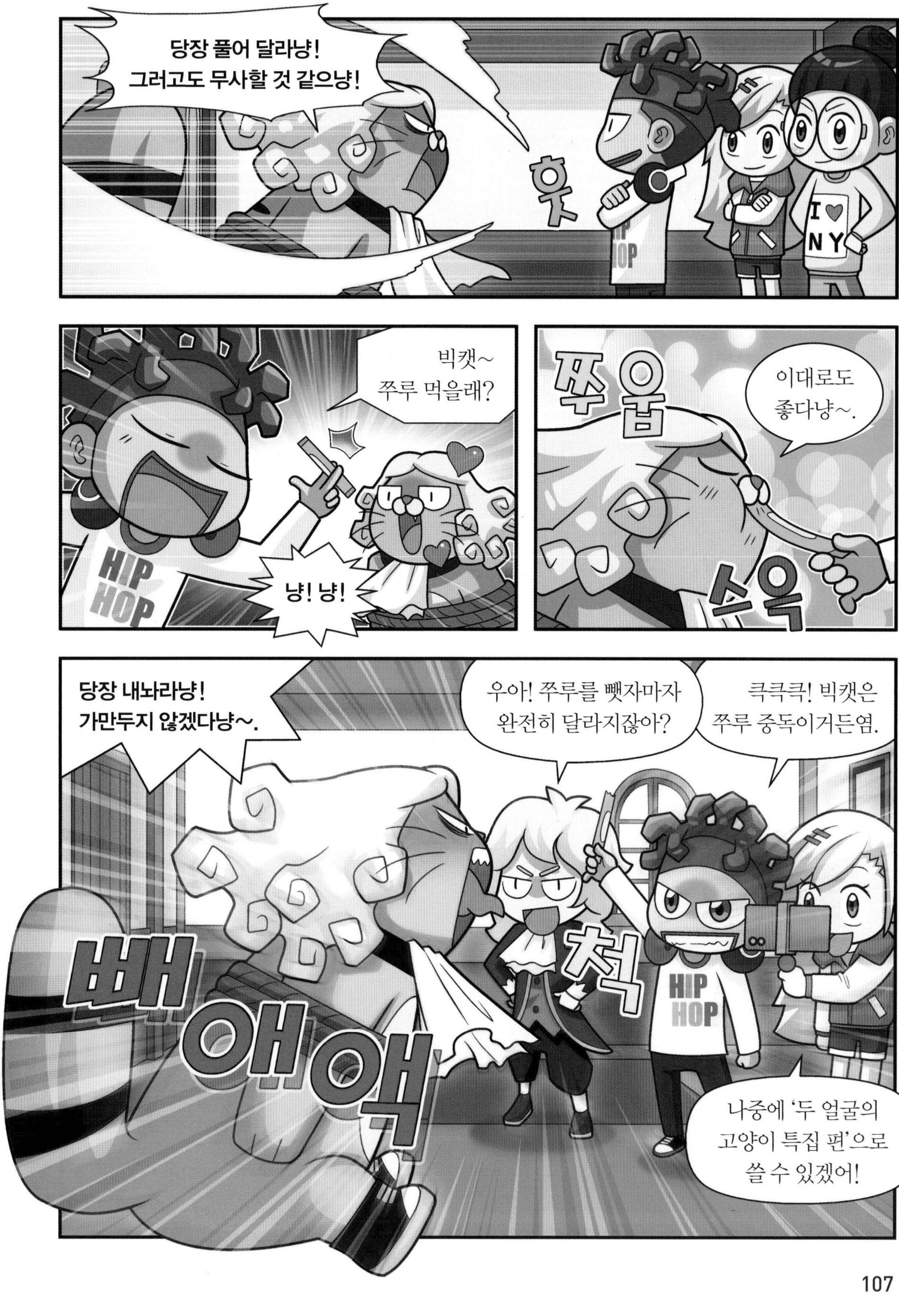

당장 풀어 달라냥!
그러고도 무사할 것 같으냥!
훗
빅캣~
쭈루 먹을래?
냥! 냥!
쭈웁
이대로도
좋다냥~.
스윽
당장 내놔라냥!
가만두지 않겠다냥~.
우아! 쭈루를 뺏자마자
완전히 달라지잖아?
크크크! 빅캣은
쭈루 중독이거든염.
빼애액
척
나중에 '두 얼굴의
고양이 특집 편'으로
쓸 수 있겠어!

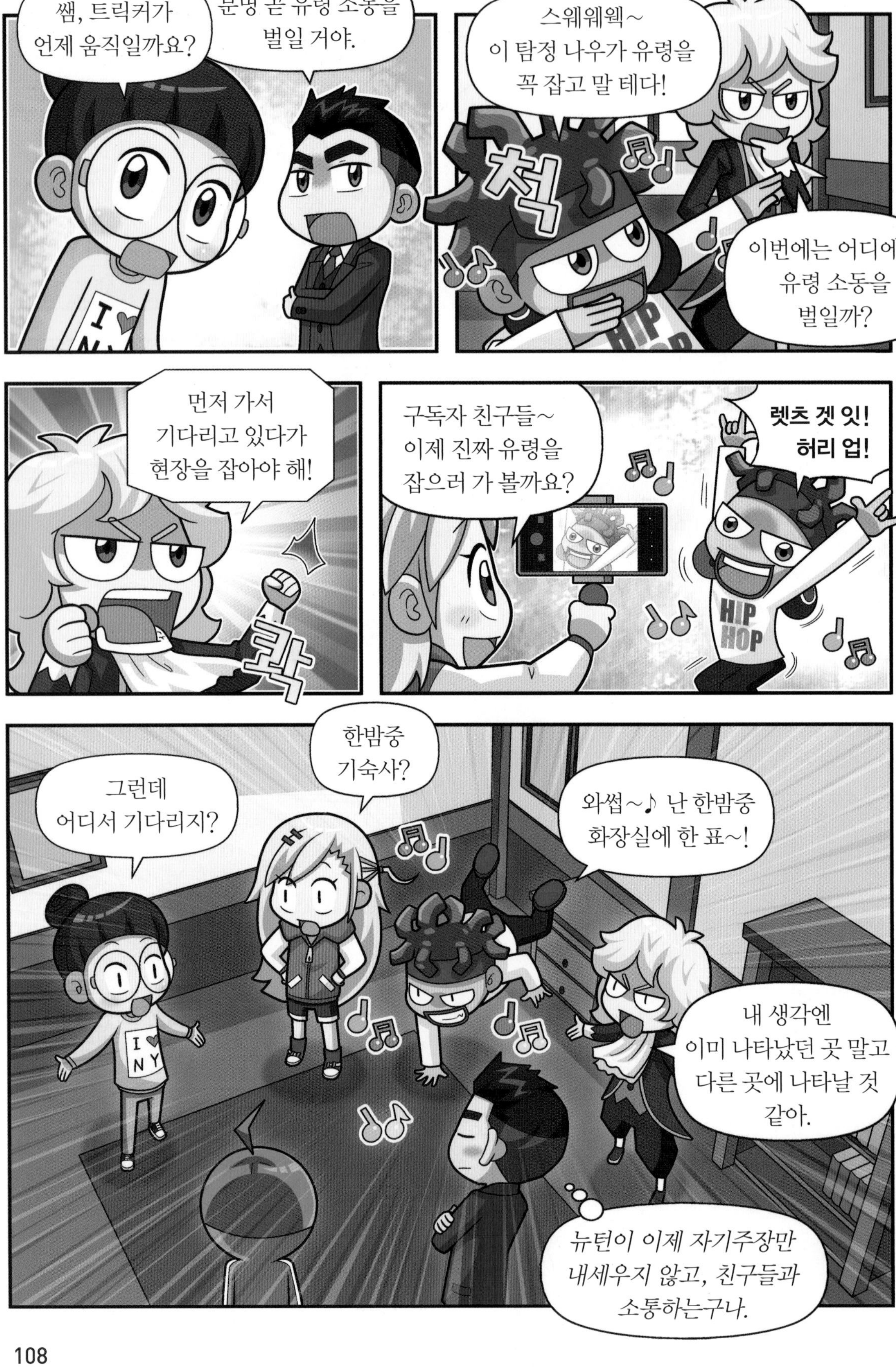

쌤, 트릭커가 언제 움직일까요?
분명 곧 유령 소동을 벌일 거야.
스웨웩웩~ 이 탐정 나우가 유령을 꼭 잡고 말 테다!
척
이번에는 어디에서 유령 소동을 벌일까?
먼저 가서 기다리고 있다가 현장을 잡아야 해!
콱
구독자 친구들~ 이제 진짜 유령을 잡으러 가 볼까요?
렛츠 겟 잇! 허리 업!
한밤중 기숙사?
그런데 어디서 기다리지?
와썹~♪ 난 한밤중 화장실에 한 표~!
내 생각엔 이미 나타났던 곳 말고 다른 곳에 나타날 것 같아.
뉴턴이 이제 자기주장만 내세우지 않고, 친구들과 소통하는구나.

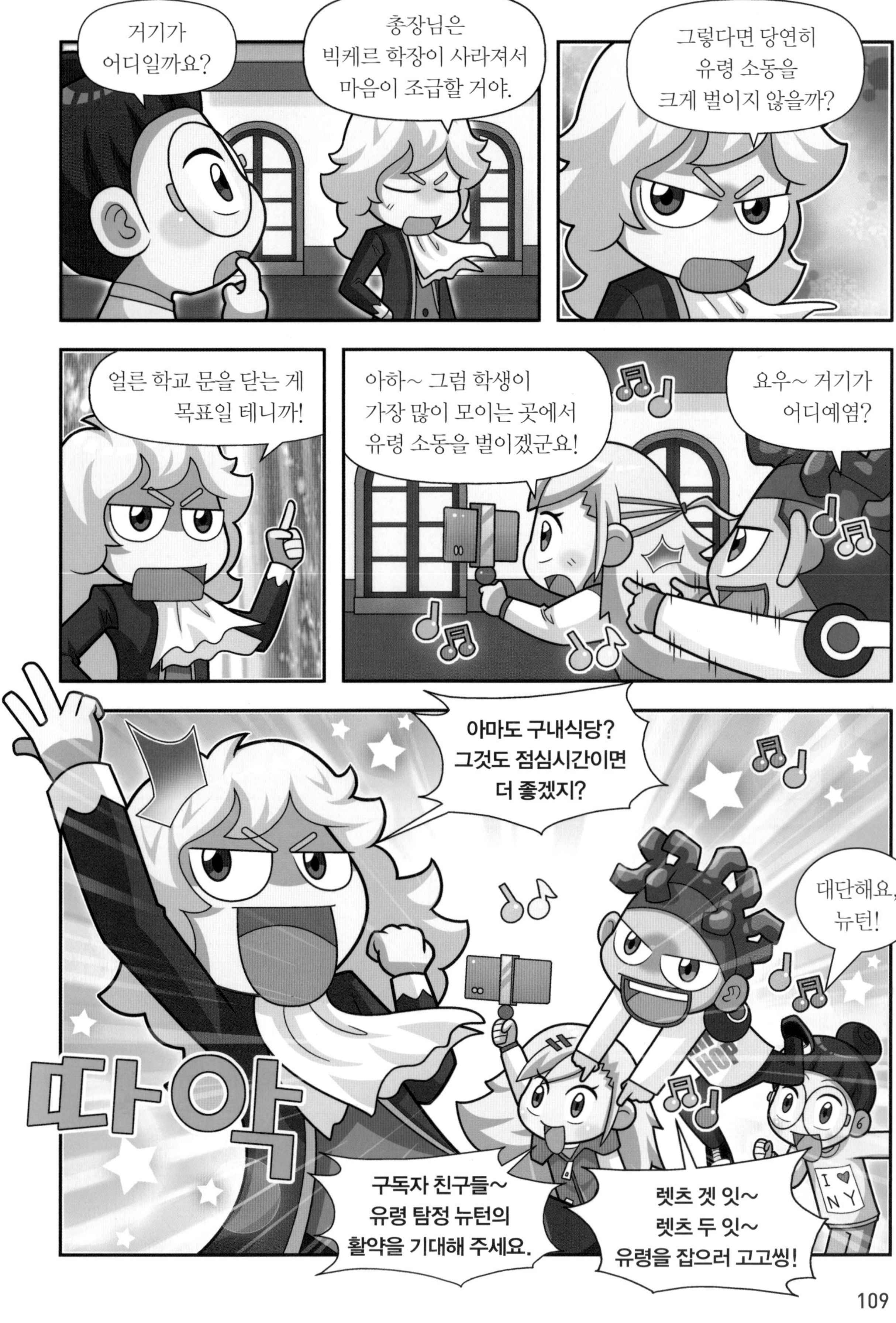
거기가 어디일까요?
총장님은 빅케르 학장이 사라져서 마음이 조급할 거야.
그렇다면 당연히 유령 소동을 크게 벌이지 않을까?
얼른 학교 문을 닫는 게 목표일 테니까!
아하~ 그럼 학생이 가장 많이 모이는 곳에서 유령 소동을 벌이겠군요!
요우~ 거기가 어디예염?
아마도 구내식당? 그것도 점심시간이면 더 좋겠지?
대단해요, 뉴턴!
따악
구독자 친구들~ 유령 탐정 뉴턴의 활약을 기대해 주세요.
렛츠 겟 잇~ 렛츠 두 잇~ 유령을 잡으러 고고씽!

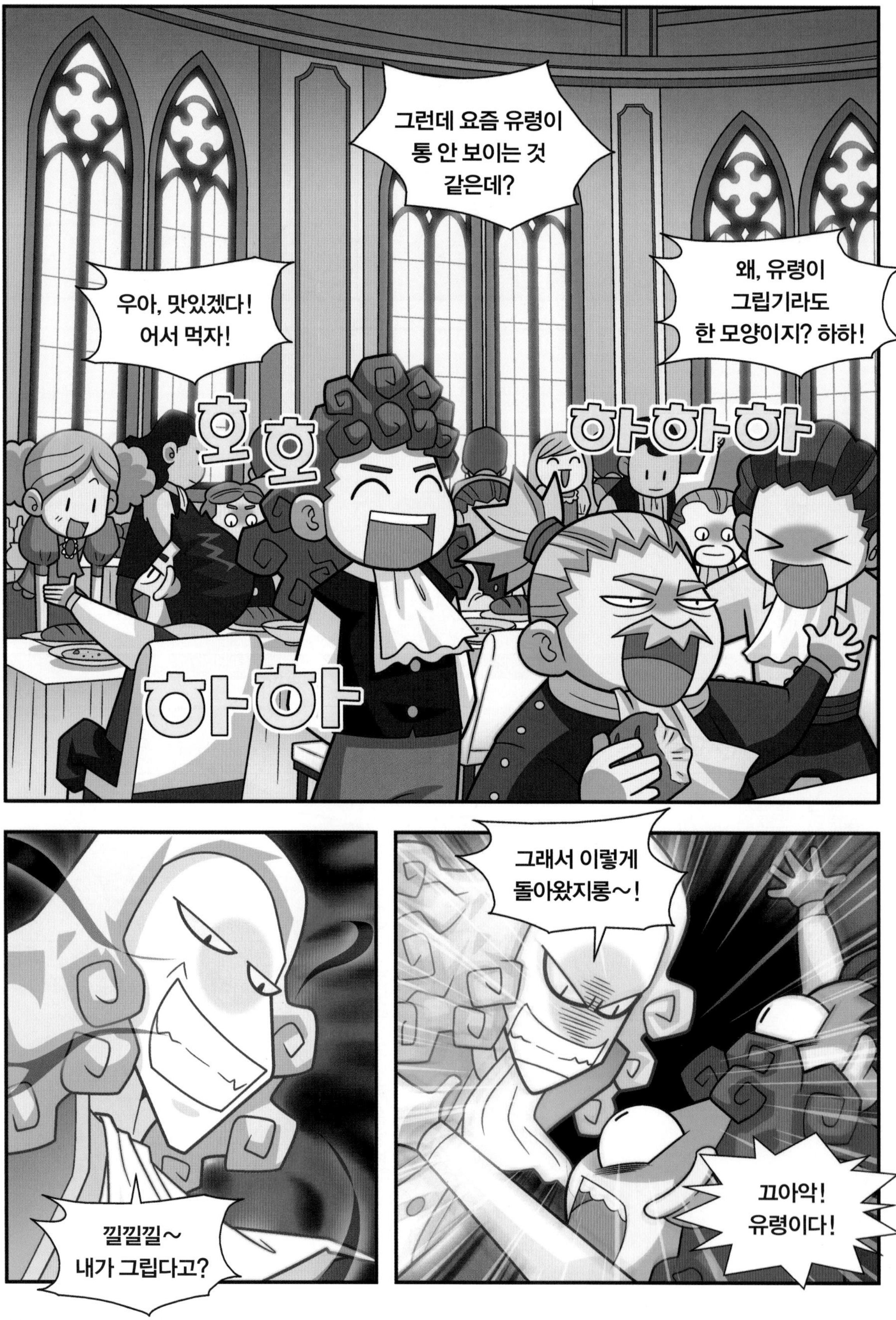
그런데 요즘 유령이 통 안 보이는 것 같은데?
우아, 맛있겠다! 어서 먹자!
왜, 유령이 그립기라도 한 모양이지? 하하!
호호
하하하
하하
낄낄낄~ 내가 그립다고?
그래서 이렇게 돌아왔지롱~!
끄아악! 유령이다!

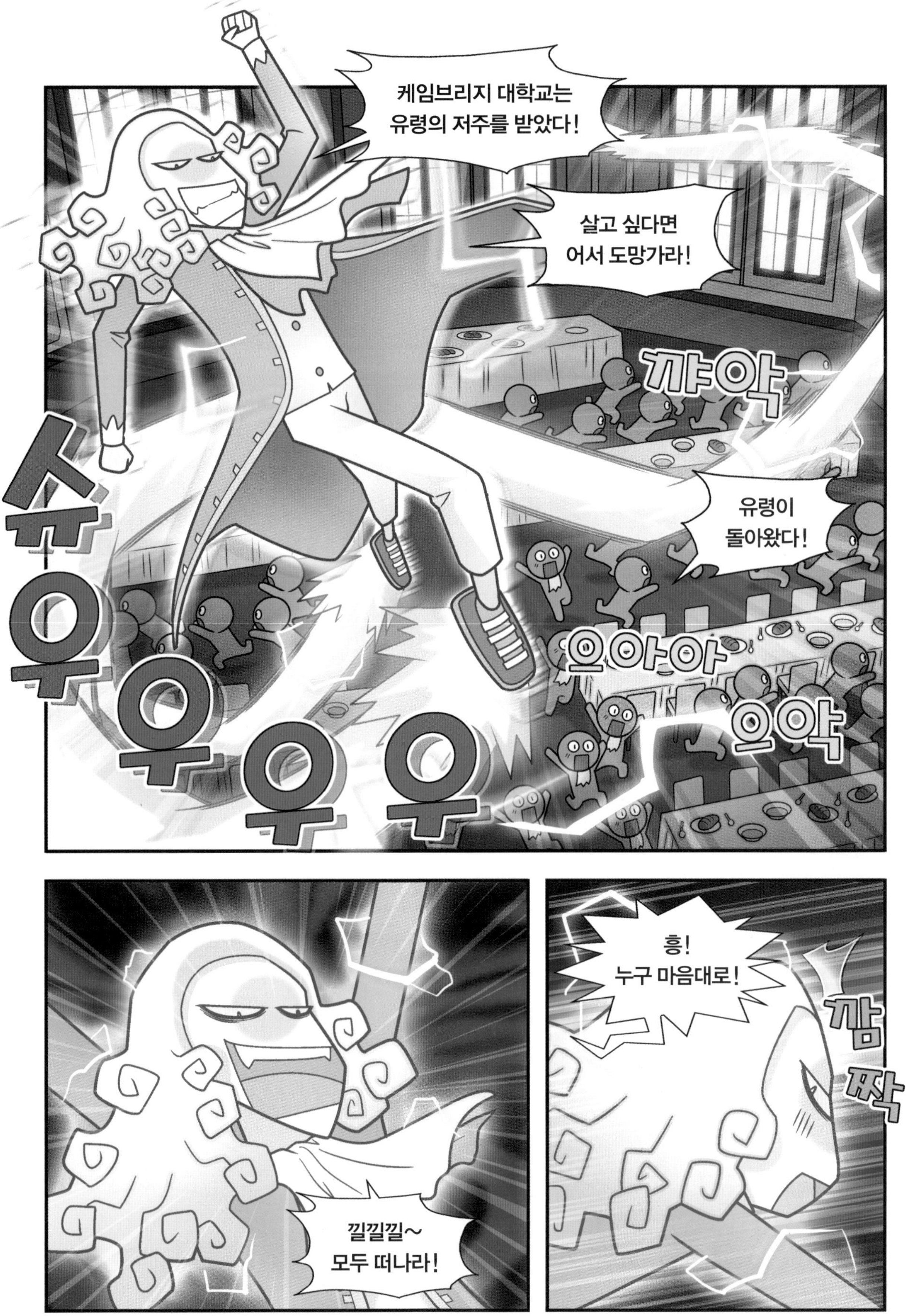
케임브리지 대학교는
유령의 저주를 받았다!
살고 싶다면
어서 도망가라!
꺄악
유령이
돌아왔다!
슈우우우우
으아아
으악
낄낄낄~
모두 떠나라!
흥!
누구 마음대로!
깜짝

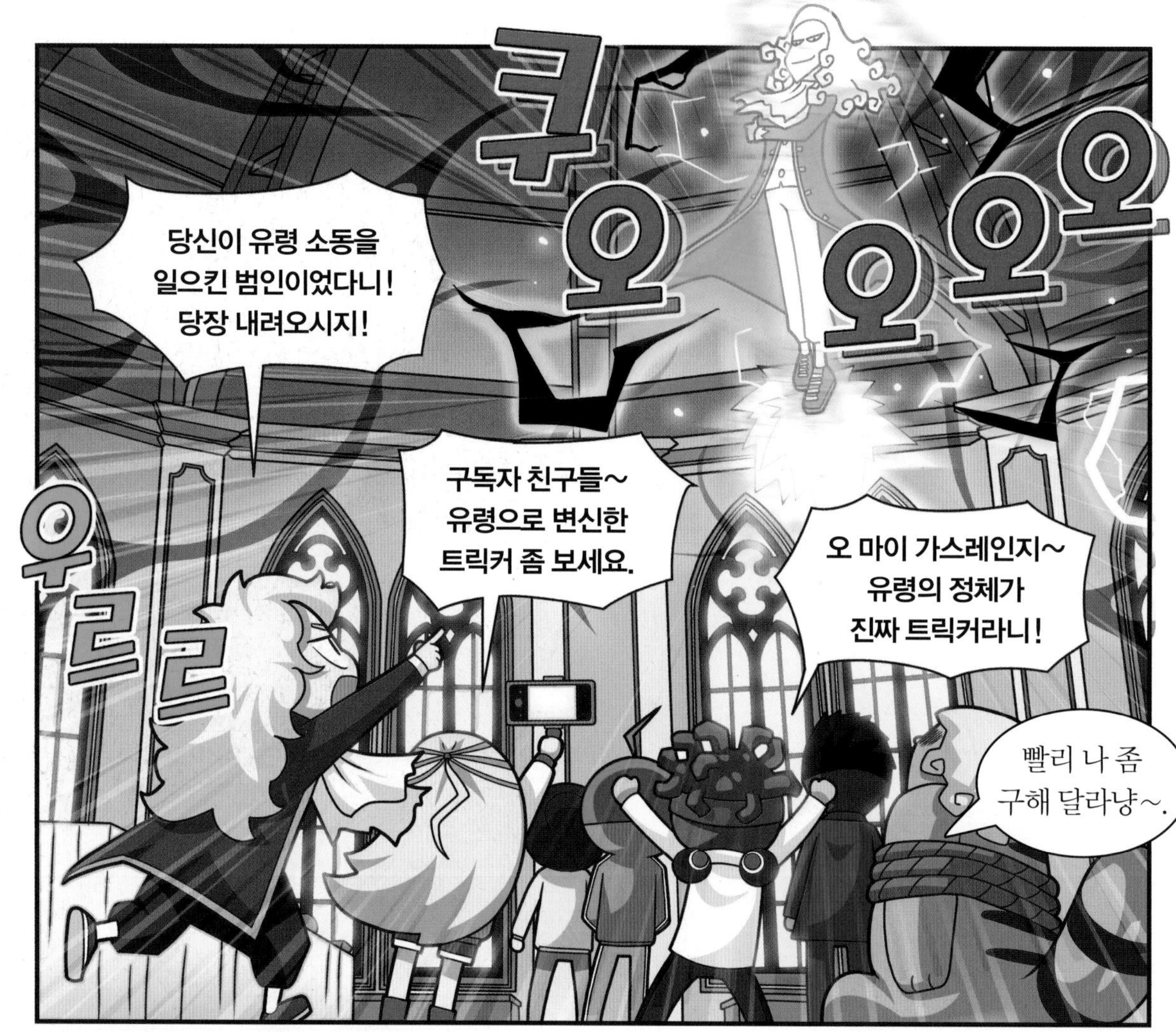
쿠오오오오
당신이 유령 소동을 일으킨 범인이었다니! 당장 내려오시지!
우르르
구독자 친구들~ 유령으로 변신한 트릭커 좀 보세요.
오 마이 가스레인지~ 유령의 정체가 진짜 트릭커라니!
빨리 나 좀 구해 달라냥~.

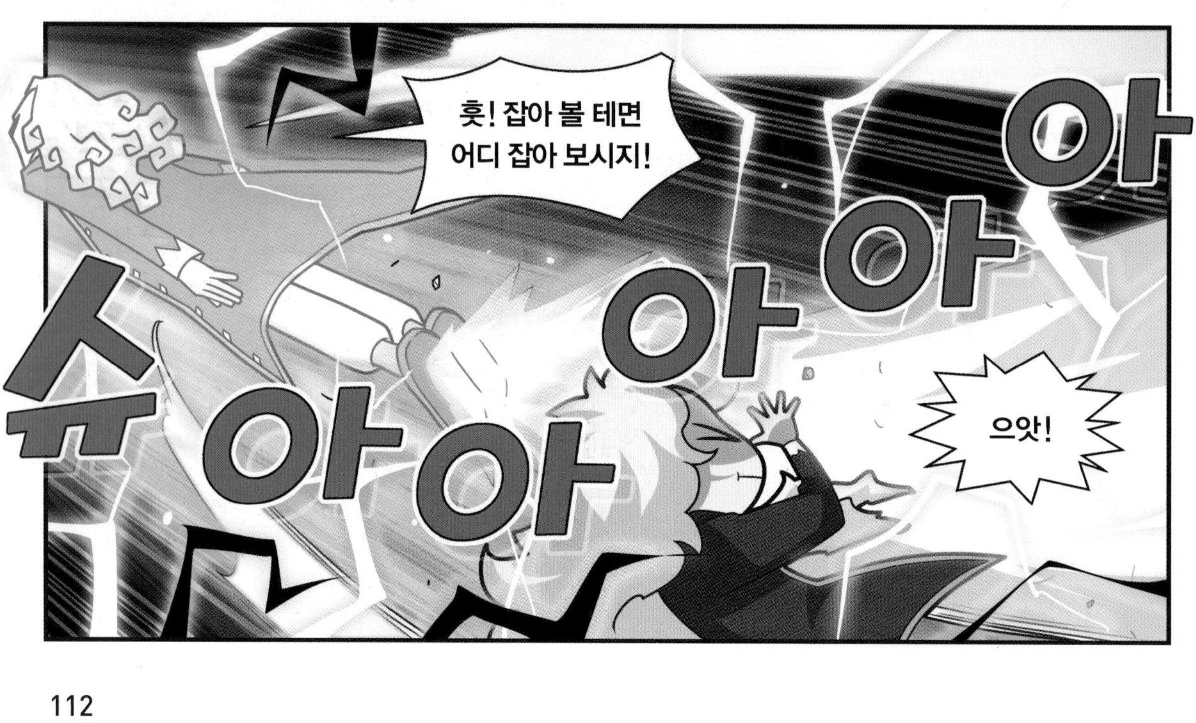
훗! 잡아 볼 테면 어디 잡아 보시지!
슈아아아아아
으앗!

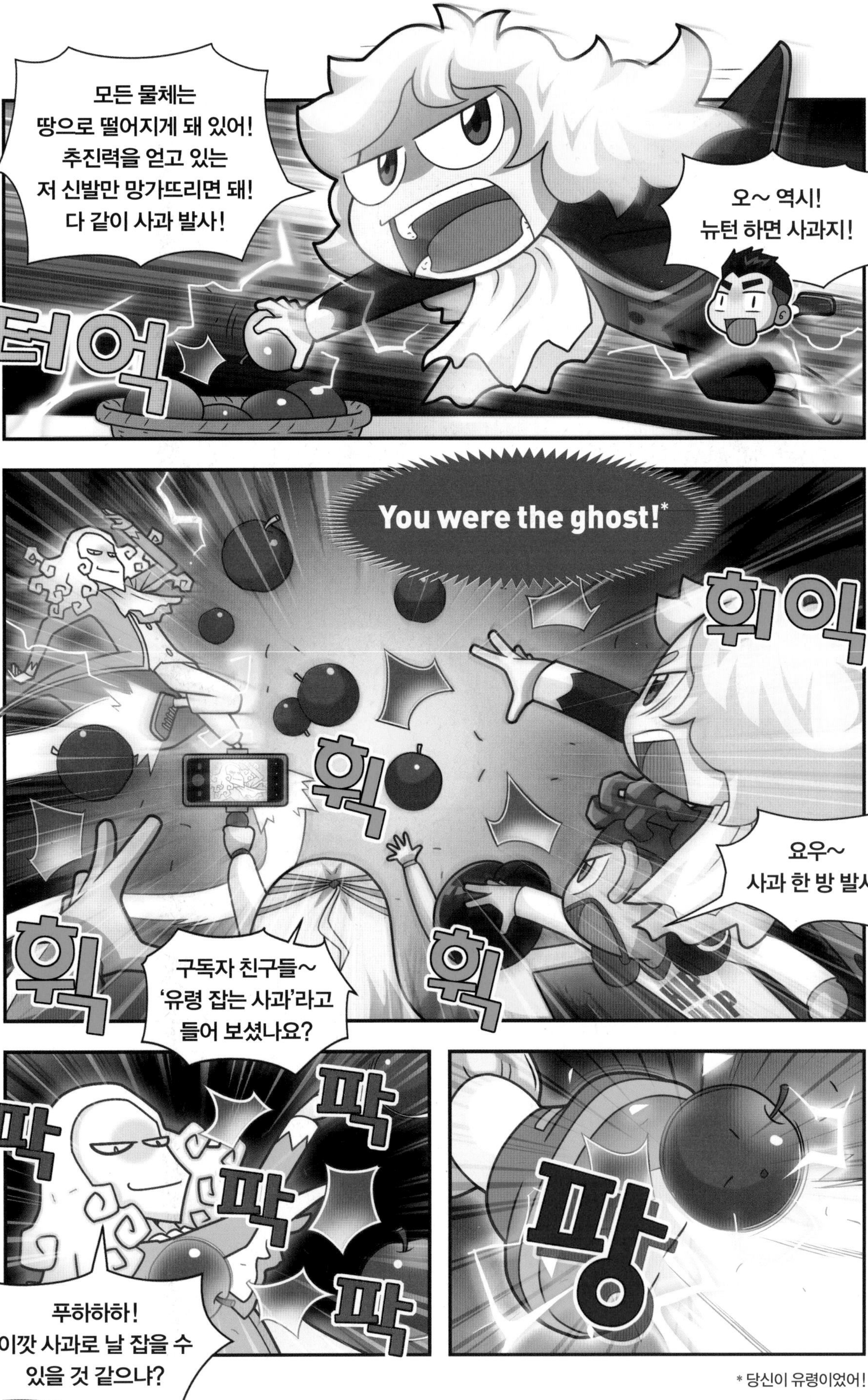
모든 물체는
땅으로 떨어지게 돼 있어!
추진력을 얻고 있는
저 신발만 망가뜨리면 돼!
다 같이 사과 발사!
오~ 역시!
뉴턴 하면 사과지!
터억
You were the ghost!*
휘익
요우~
사과 한 방 발사!
휙
휙
휙
구독자 친구들~
'유령 잡는 사과'라고
들어 보셨나요?
팍
팍
팍
팍
푸하하하!
이깟 사과로 날 잡을 수
있을 것 같으냐?
팡

* 당신이 유령이었어!

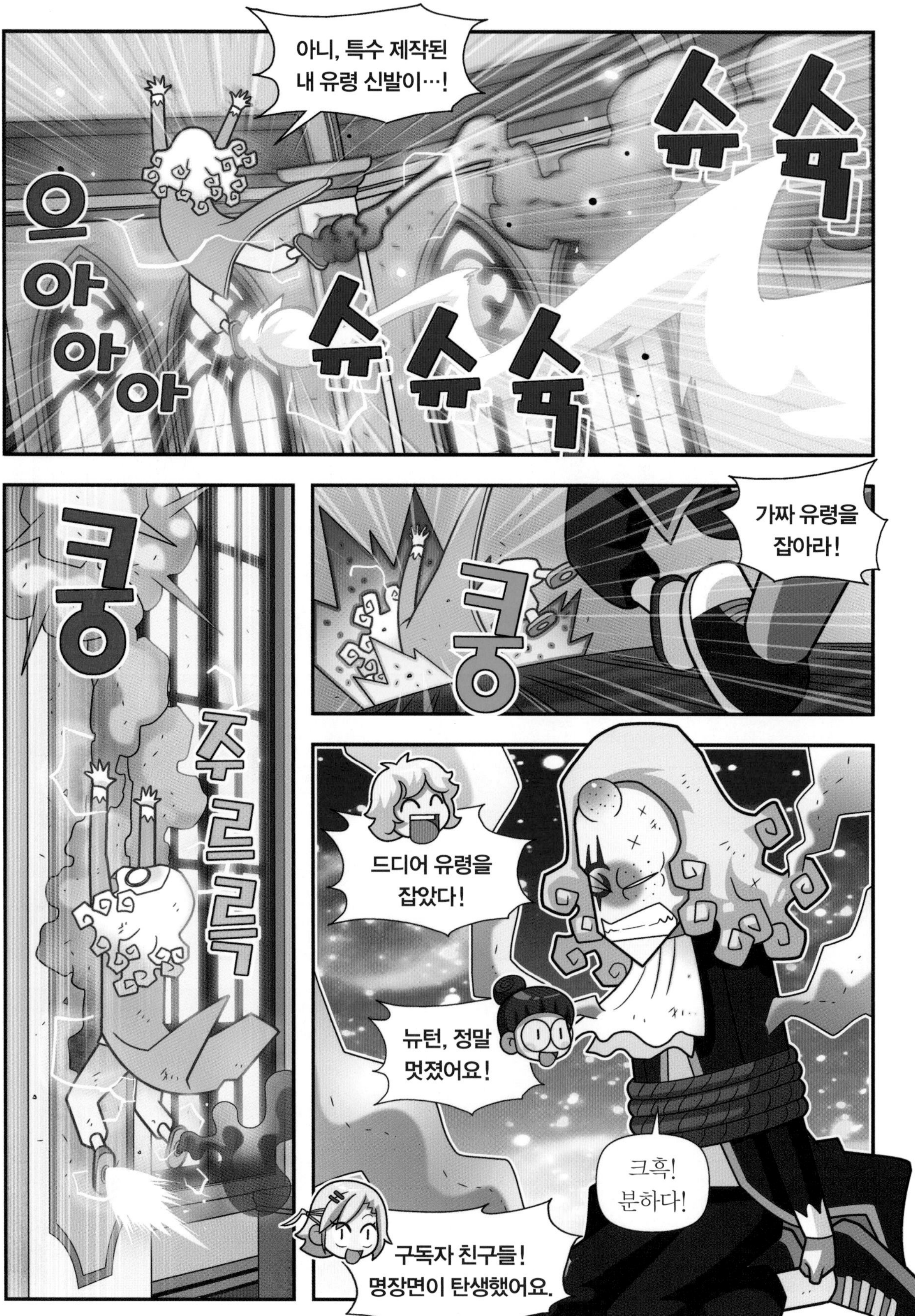

아니, 특수 제작된 내 유령 신발이…!
으아아아
슈슉
슈슈슉
가짜 유령을 잡아라!
쿵
쿵
주르륵
드디어 유령을 잡았다!
뉴턴, 정말 멋졌어요!
크흑! 분하다!
구독자 친구들! 명장면이 탄생했어요.

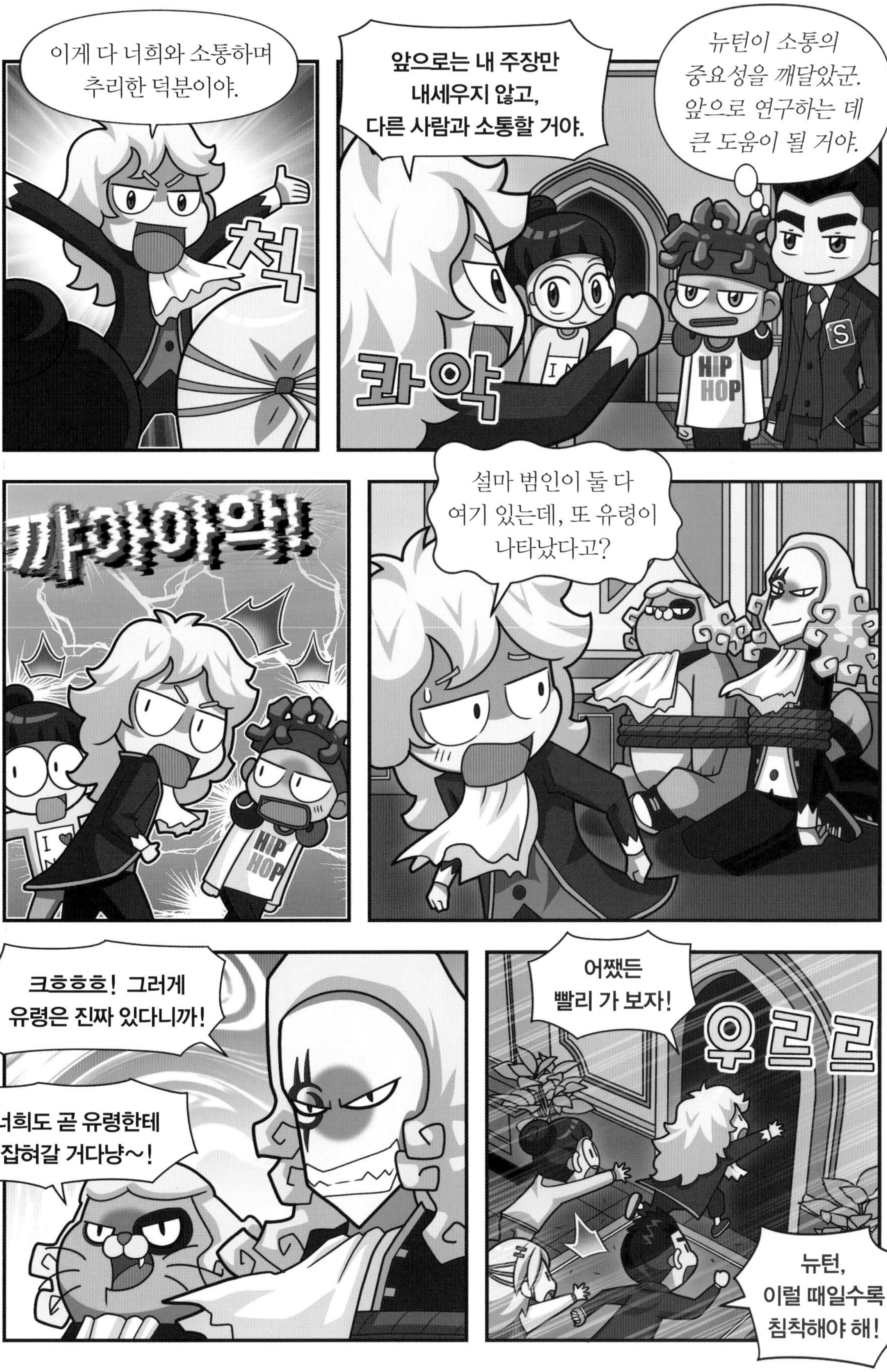
이게 다 너희와 소통하며 추리한 덕분이야.
척
앞으로는 내 주장만 내세우지 않고, 다른 사람과 소통할 거야.
콰악
뉴턴이 소통의 중요성을 깨달았군. 앞으로 연구하는 데 큰 도움이 될 거야.
HIP HOP
까아아악!
HIP HOP
설마 범인이 둘 다 여기 있는데, 또 유령이 나타났다고?
크흐흐흐! 그러게 유령은 진짜 있다니까!
너희도 곧 유령한테 잡혀갈 거다냥~!
어쨌든 빨리 가 보자!
우르르
뉴턴, 이럴 때일수록 침착해야 해!

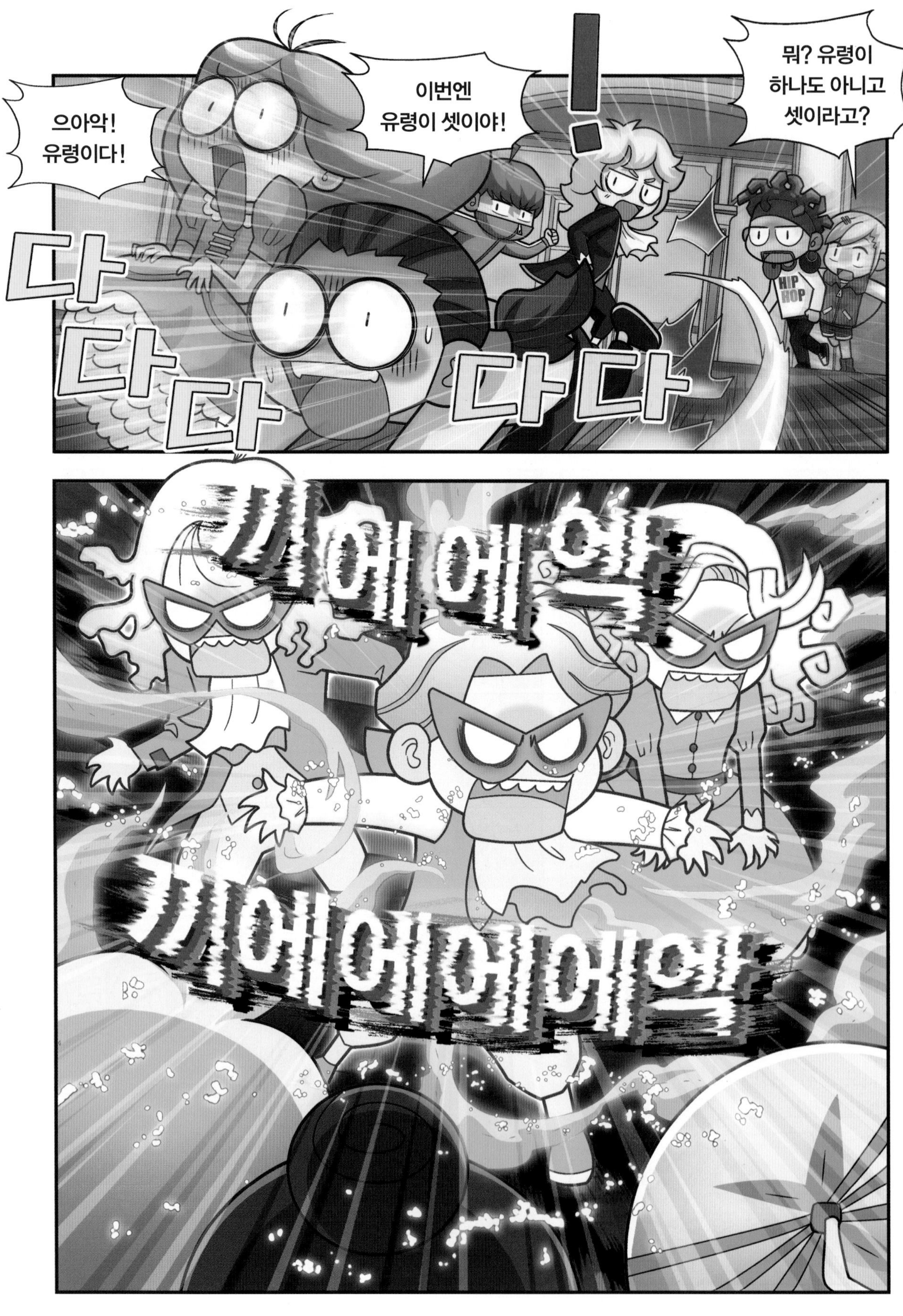

으아악!
유령이다!
이번엔
유령이 셋이야!
!
뭐? 유령이
하나도 아니고
셋이라고?
다다다
다다
HIP HOP
끼에에엑
끼에에에에엑

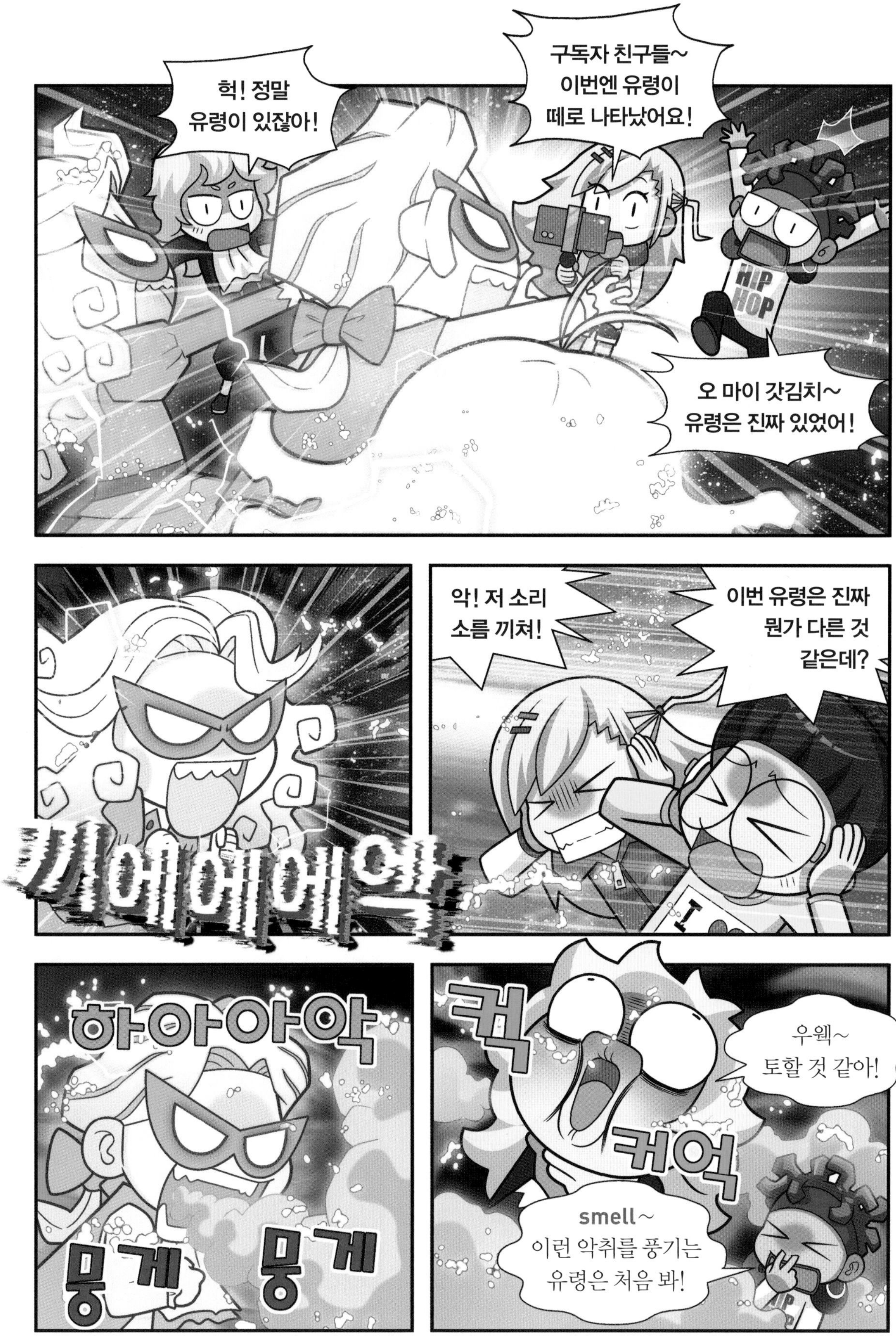
헉! 정말 유령이 있잖아!
구독자 친구들~ 이번엔 유령이 떼로 나타났어요!
오 마이 갓김치~ 유령은 진짜 있었어!
끼에에에엑
악! 저 소리 소름 끼쳐!
이번 유령은 진짜 뭔가 다른 것 같은데?
하아아아악
뭉게 뭉게
켁
커억
우웩~ 토할 것 같아!
smell~ 이런 악취를 풍기는 유령은 처음 봐!

* 분홍색 단어의 발음이 궁금하다면 143쪽을 펼쳐 보세요.

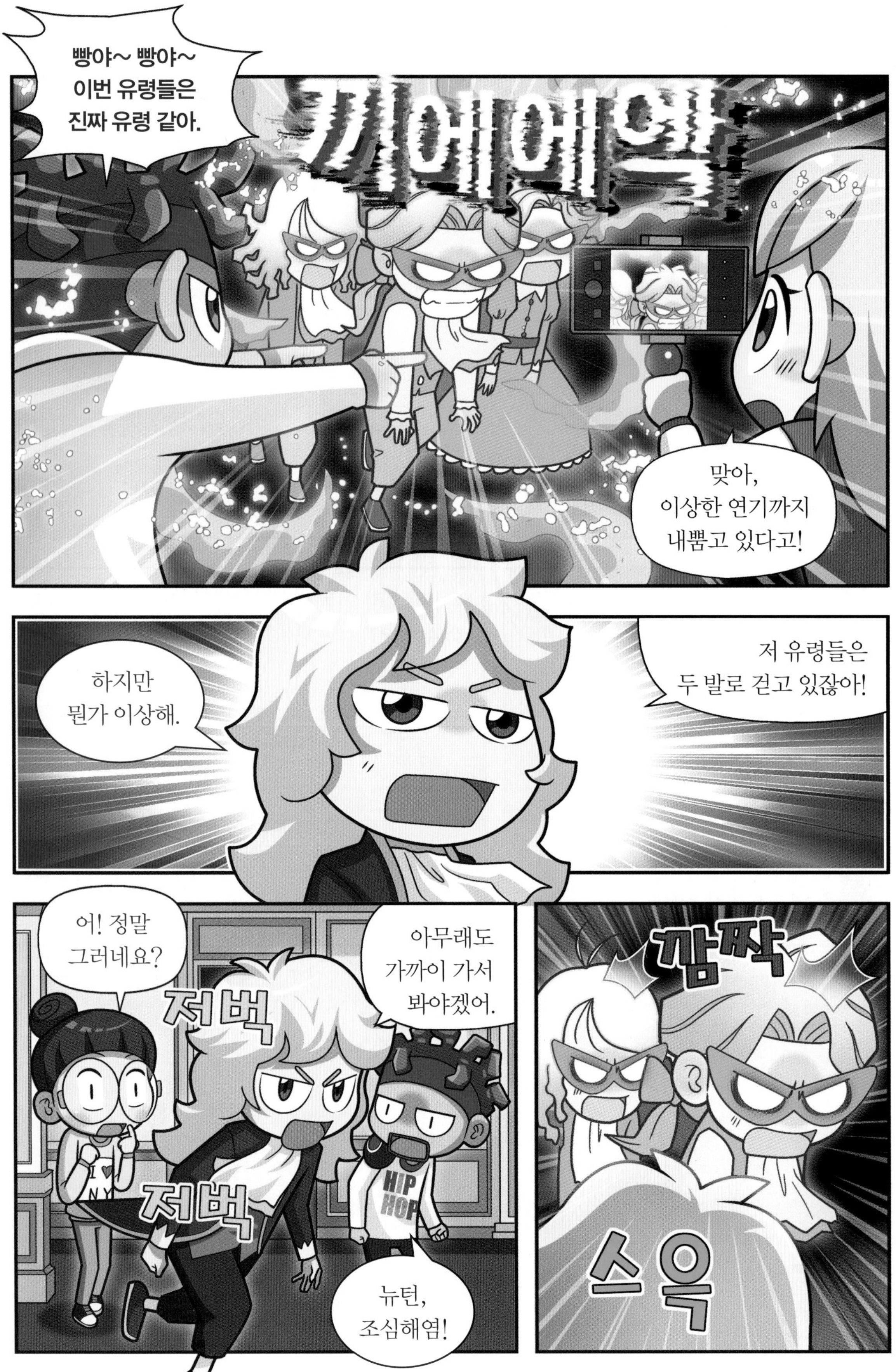
빵야~ 빵야~ 이번 유령들은 진짜 유령 같아.
끼에에엑
맞아, 이상한 연기까지 내뿜고 있다고!
하지만 뭔가 이상해.
저 유령들은 두 발로 걷고 있잖아!
어! 정말 그러네요?
저벅
아무래도 가까이 가서 봐야겠어.
저벅
뉴턴, 조심해염!
깜짝
스윽

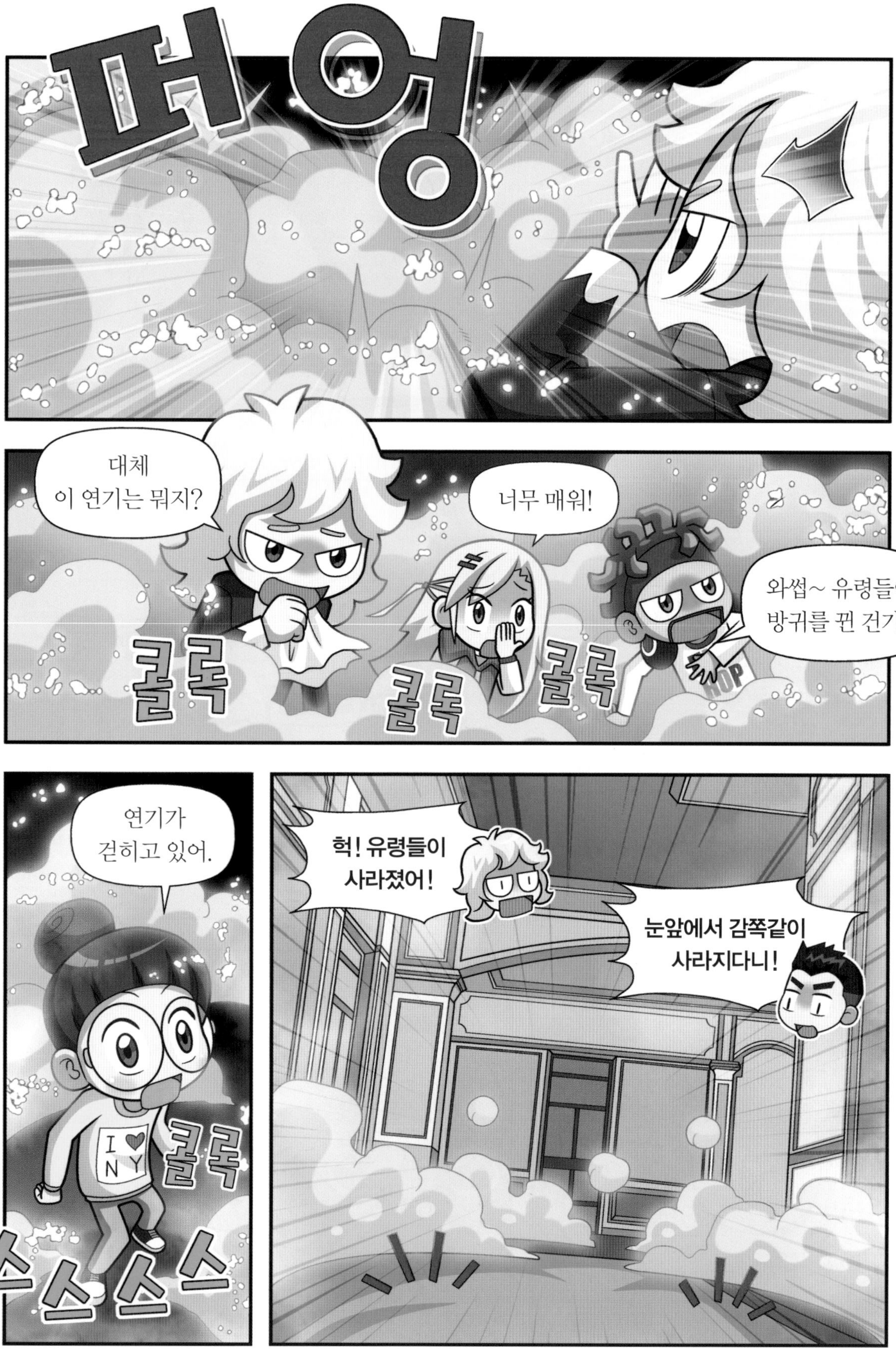
펑
대체 이 연기는 뭐지?
너무 매워!
와썹~ 유령들이 방귀를 뀐 건가?
콜록
콜록
콜록
연기가 걷히고 있어.
콜록
스스스스
헉! 유령들이 사라졌어!
눈앞에서 감쪽같이 사라지다니!

Chapter 6

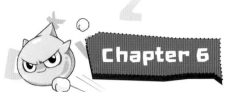

규율보다 소통

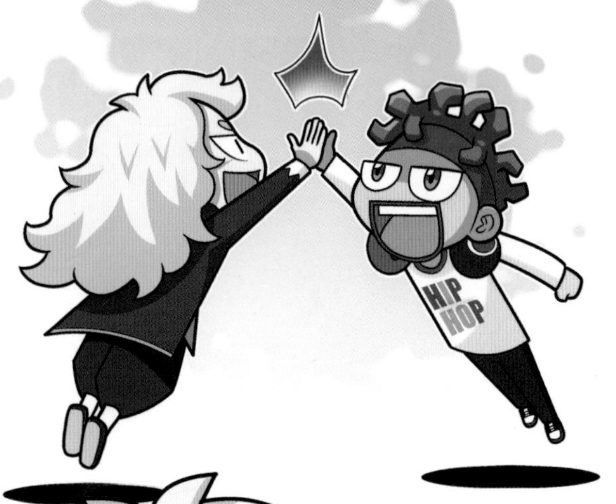

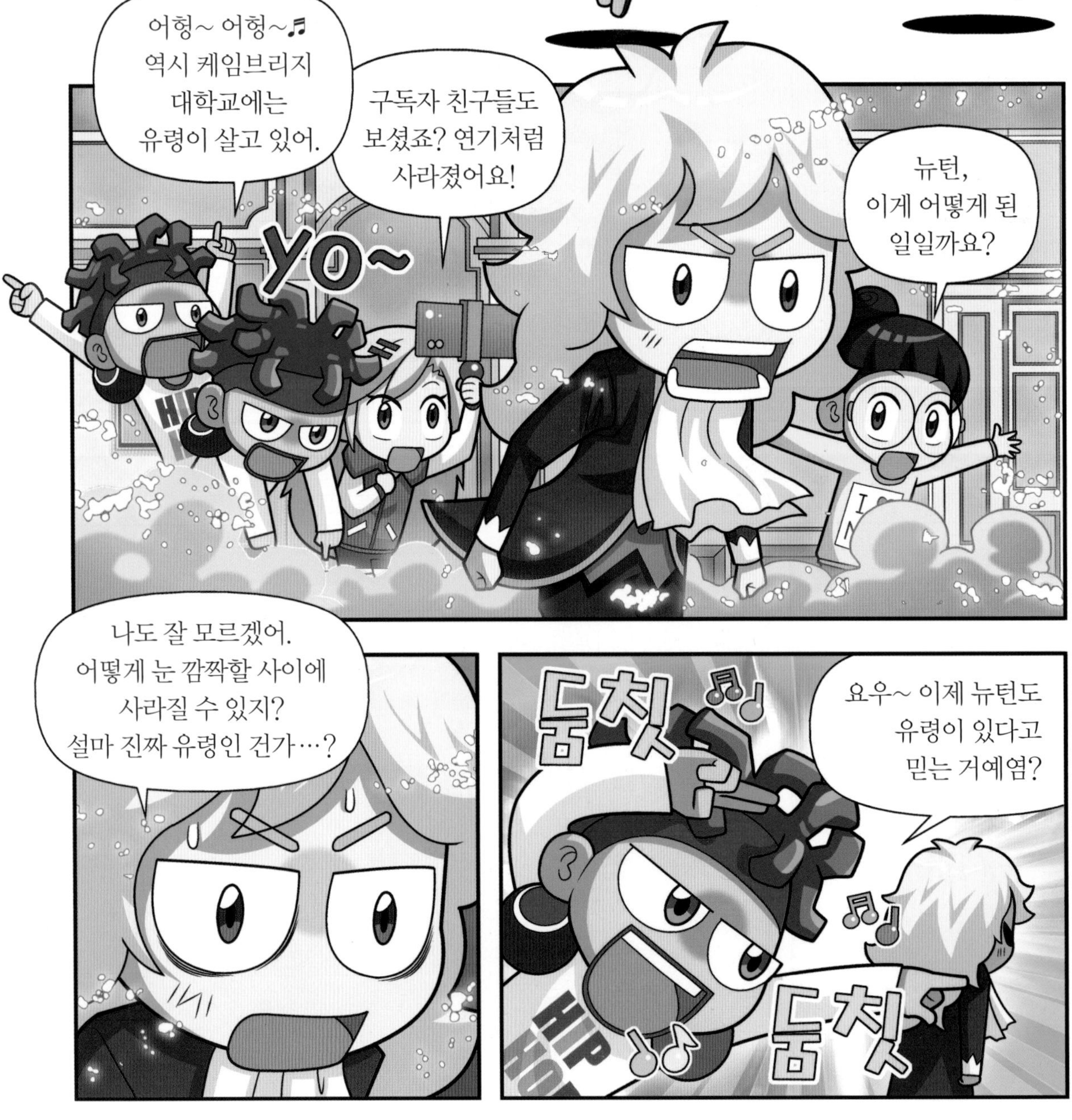
어헝~ 어헝~♬
역시 케임브리지
대학교에는
유령이 살고 있어.
YO~
구독자 친구들도
보셨죠? 연기처럼
사라졌어요!
뉴턴,
이게 어떻게 된
일일까요?
나도 잘 모르겠어.
어떻게 눈 깜짝할 사이에
사라질 수 있지?
설마 진짜 유령인 건가…?
둠칫
요우~ 이제 뉴턴도
유령이 있다고
믿는 거예염?
둠칫

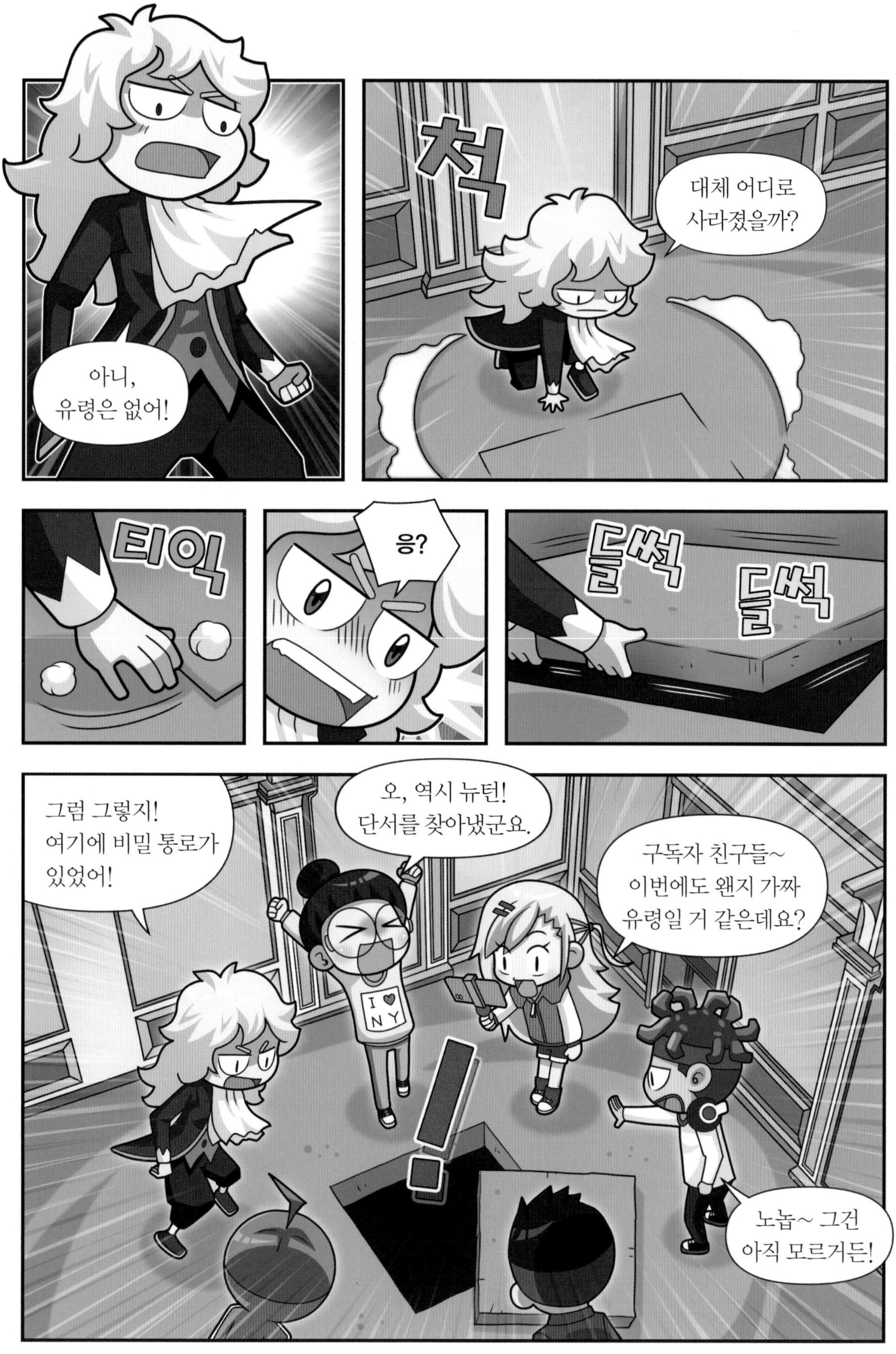
아니,
유령은 없어!
척
대체 어디로
사라졌을까?
티익
응?
들썩
들썩
그럼 그렇지!
여기에 비밀 통로가
있었어!
오, 역시 뉴턴!
단서를 찾아냈군요.
구독자 친구들~
이번에도 왠지 가짜
유령일 거 같은데요?
노놉~ 그건
아직 모르거든!
!

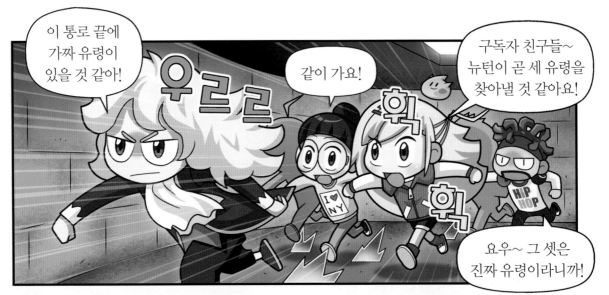

이 통로 끝에 가짜 유령이 있을 것 같아!
우르르
같이 가요!
휙
구독자 친구들~ 뉴턴이 곧 세 유령을 찾아낼 것 같아요!
휙
요우~ 그 셋은 진짜 유령이라니까!
들썩
들썩
덜컹
아! 통로가 여기로 이어져 있었구나.
lounge
탁
탁
탁 탁
lounge? 여긴 휴게실 아니니?
우르르
맞아요! 학생들이 서로 자유롭게 토론하며 휴식하는 곳이죠.

* 분홍색 단어의 발음이 궁금하다면 143쪽을 펼쳐 보세요.

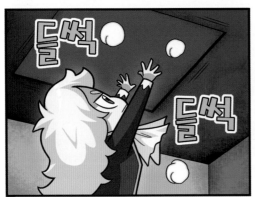

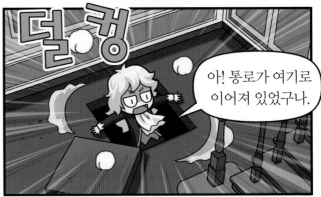

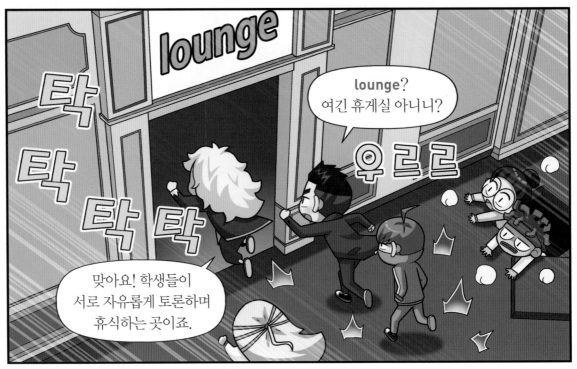

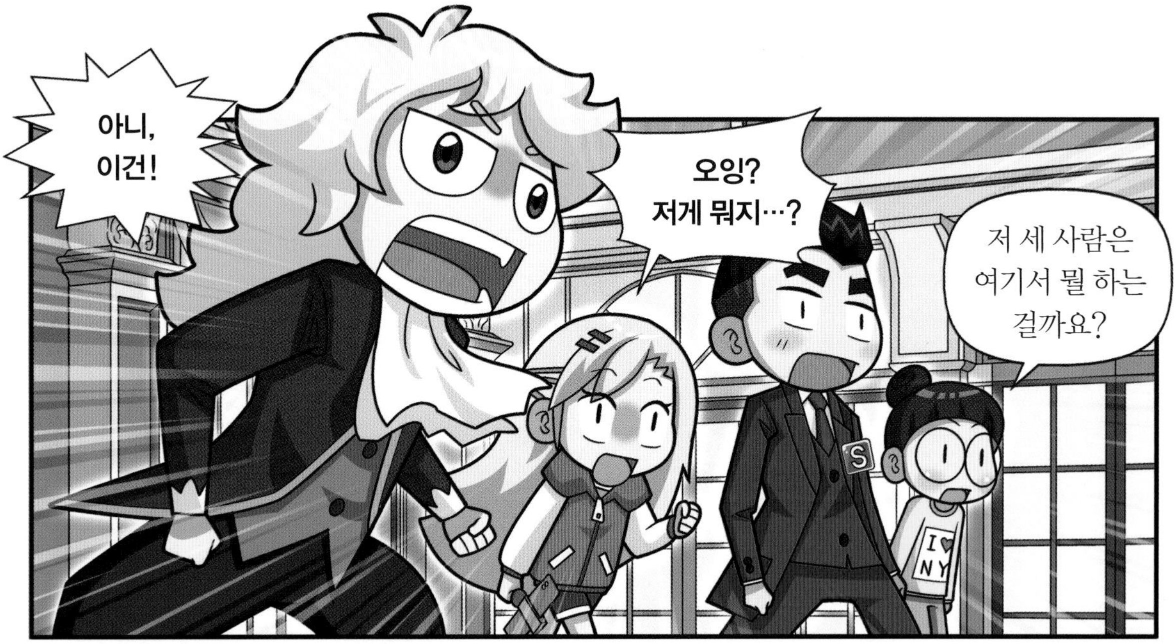
아니,
이건!
오잉?
저게 뭐지…?
저 세 사람은
여기서 뭘 하는
걸까요?

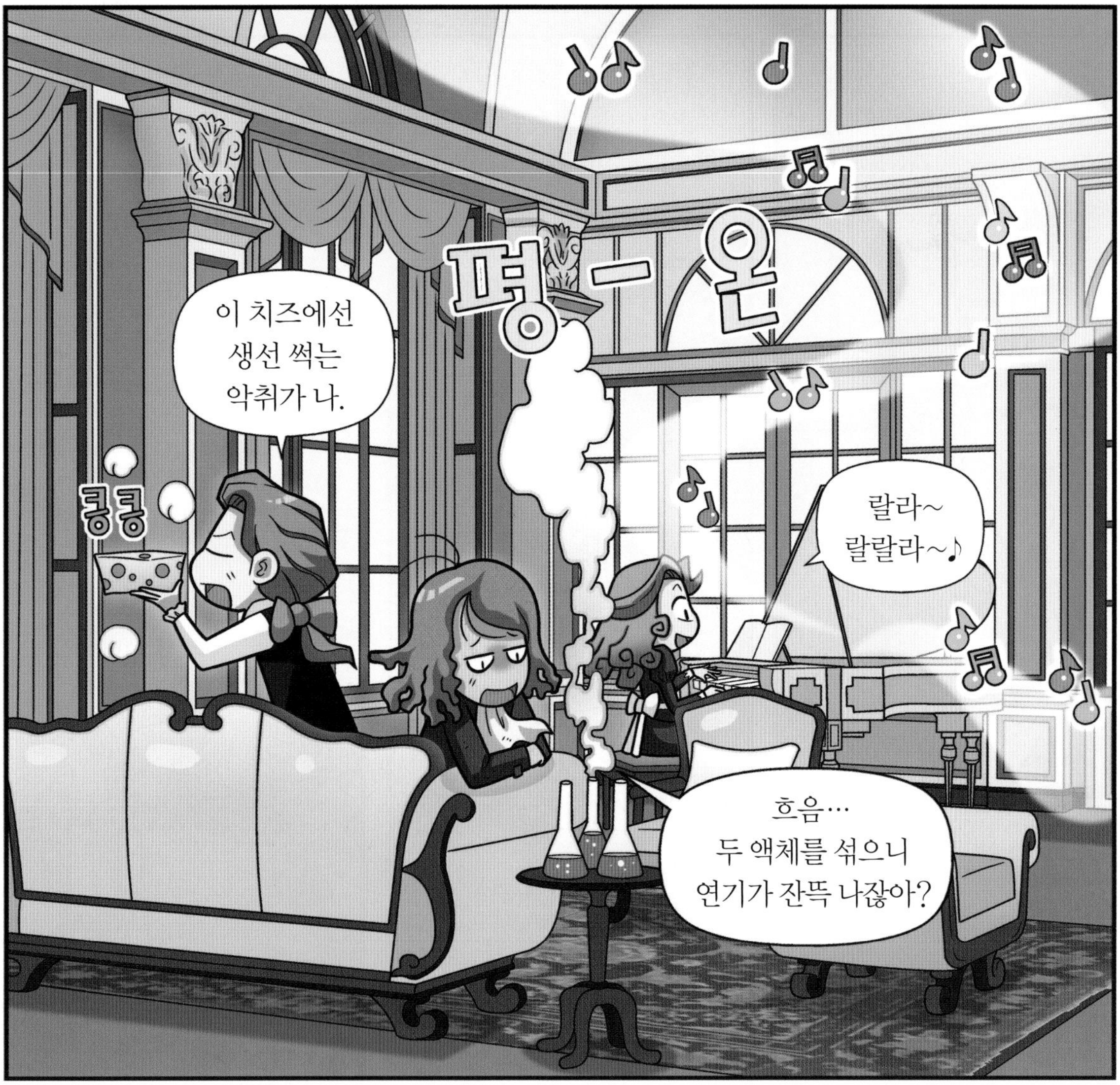
평–온
이 치즈에선
생선 썩는
악취가 나.
킁킁
랄라~
랄랄라~♪
흐음…
두 액체를 섞으니
연기가 잔뜩 나잖아?

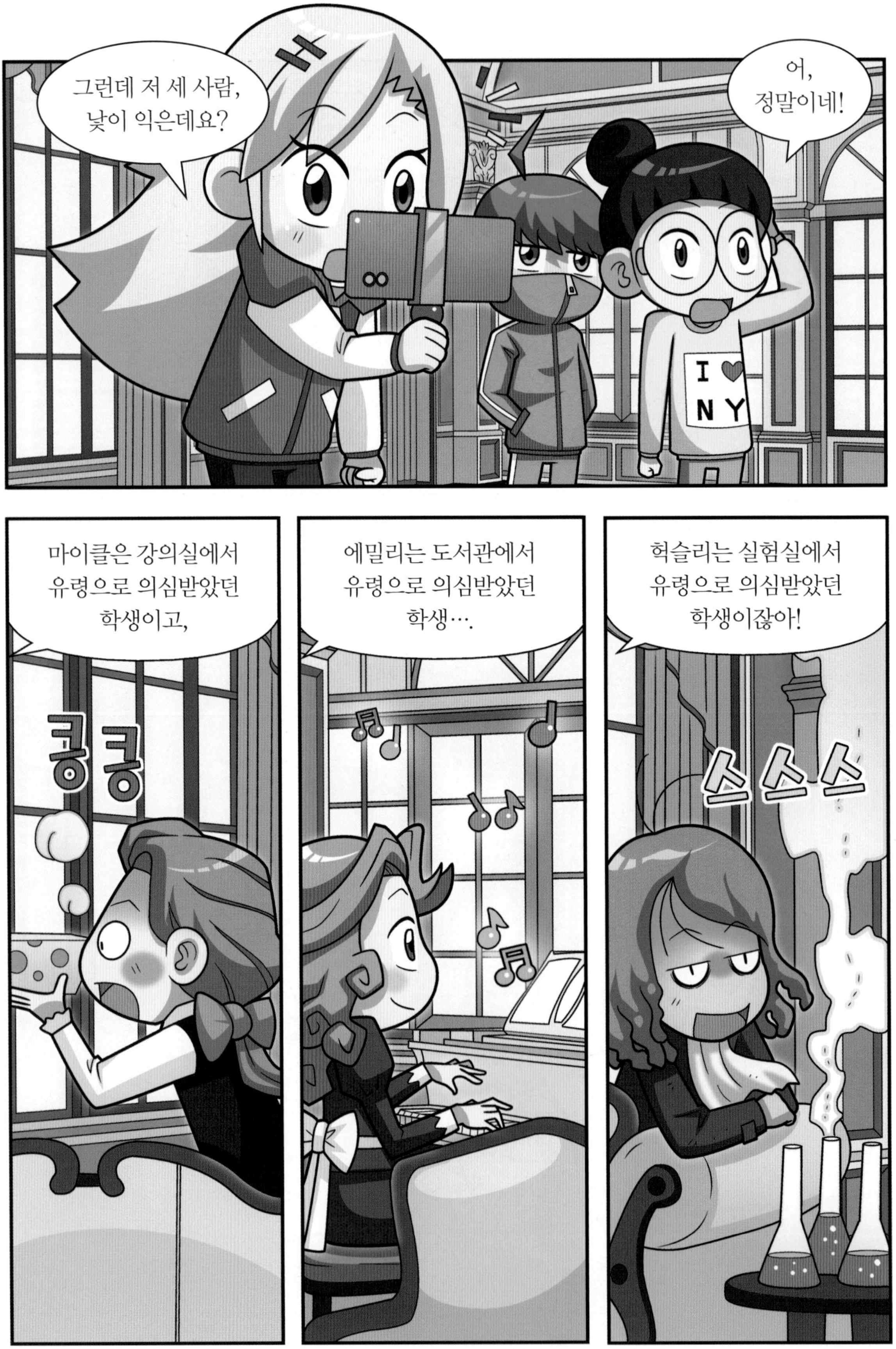

그런데 저 세 사람, 낯이 익은데요?
어, 정말이네!
I NY
마이클은 강의실에서 유령으로 의심받았던 학생이고,
쿵쿵
에밀리는 도서관에서 유령으로 의심받았던 학생….
헉슬리는 실험실에서 유령으로 의심받았던 학생이잖아!
스스스

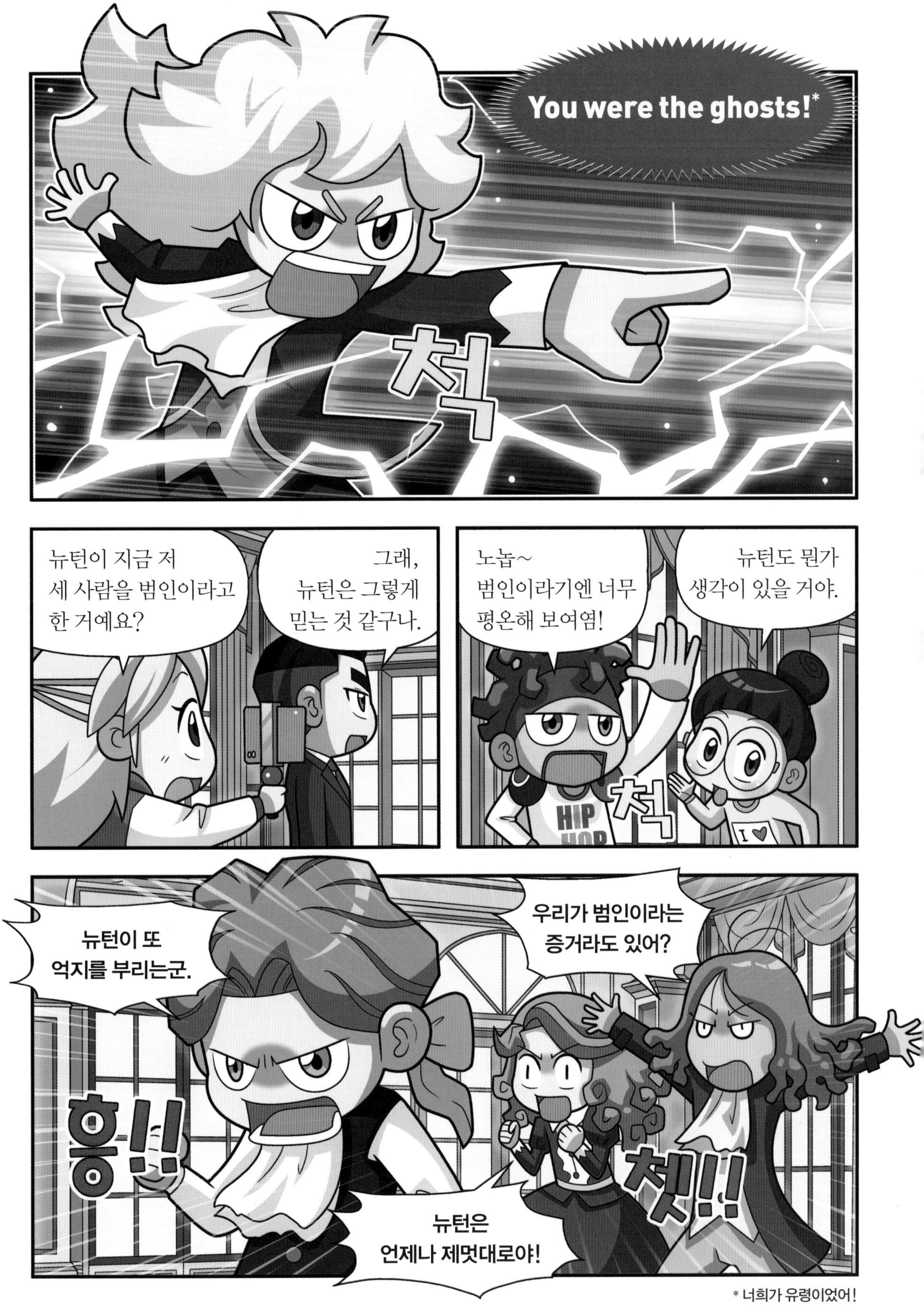
You were the ghosts!*
척
뉴턴이 지금 저 세 사람을 범인이라고 한 거예요?
그래, 뉴턴은 그렇게 믿는 것 같구나.
노놉~ 범인이라기엔 너무 평온해 보여염!
뉴턴도 뭔가 생각이 있을 거야.
척
HIP HOP
뉴턴이 또 억지를 부리는군.
우리가 범인이라는 증거라도 있어?
흥!!
칫!!!
뉴턴은 언제나 제멋대로야!

* 너희가 유령이었어!

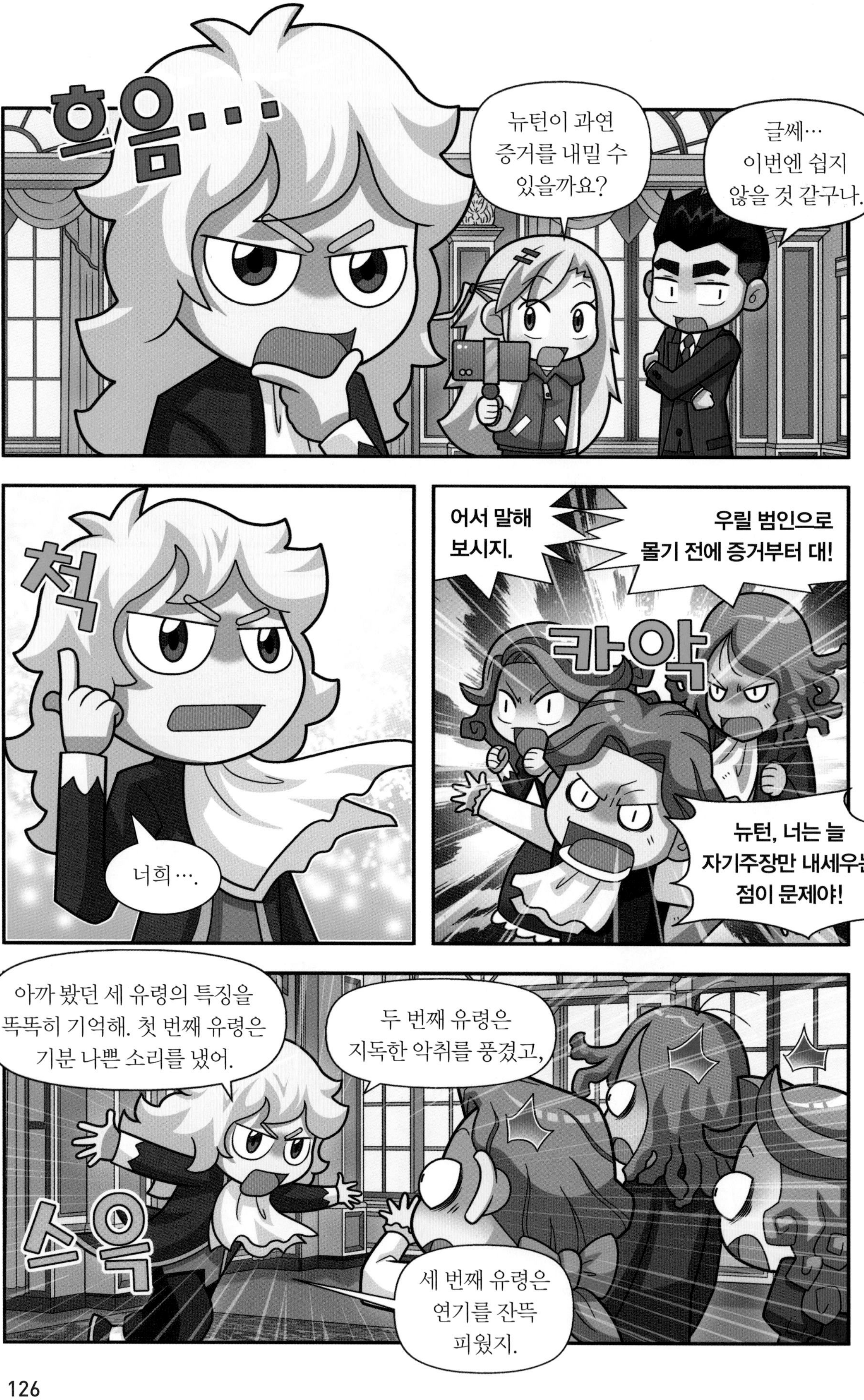
흐음…
뉴턴이 과연 증거를 내밀 수 있을까요?
글쎄… 이번엔 쉽지 않을 것 같구나.
척
너희….
어서 말해 보시지.
우릴 범인으로 몰기 전에 증거부터 대!
카악
뉴턴, 너는 늘 자기주장만 내세우는 점이 문제야!
아까 봤던 세 유령의 특징을 똑똑히 기억해. 첫 번째 유령은 기분 나쁜 소리를 냈어.
두 번째 유령은 지독한 악취를 풍겼고,
스윽
세 번째 유령은 연기를 잔뜩 피웠지.

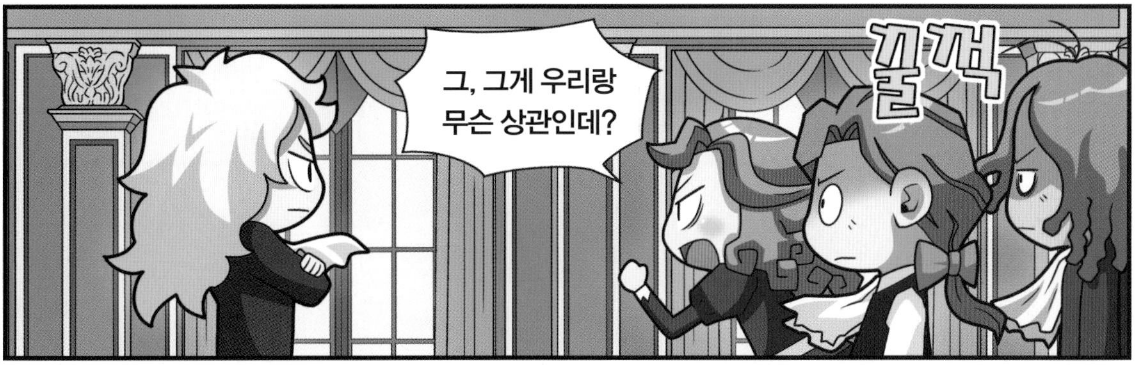
그, 그게 우리랑 무슨 상관인데?
꿀꺽

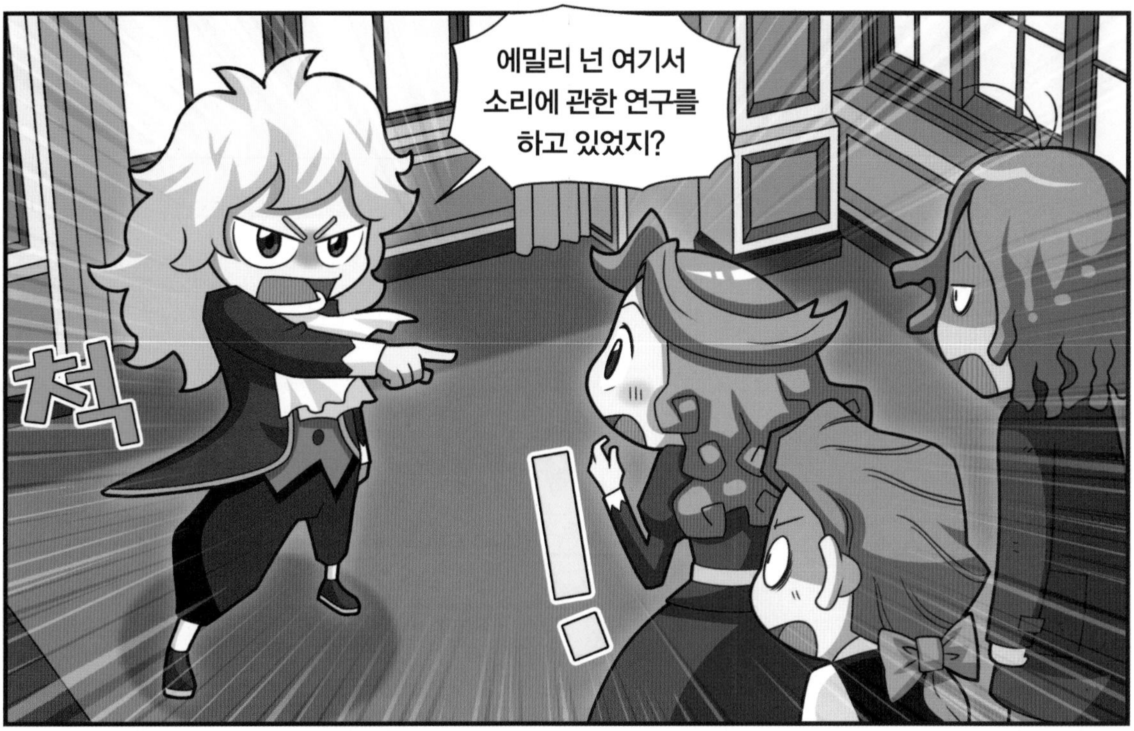
에밀리 넌 여기서 소리에 관한 연구를 하고 있었지?
척
!

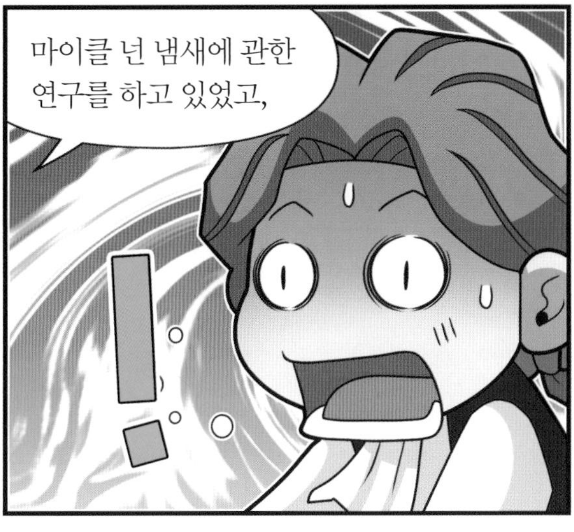
마이클 넌 냄새에 관한 연구를 하고 있었고,
!

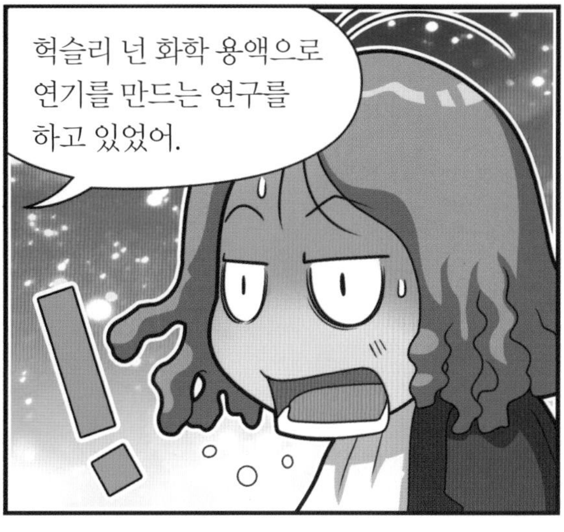
헉슬리 넌 화학 용액으로 연기를 만드는 연구를 하고 있었어.
!

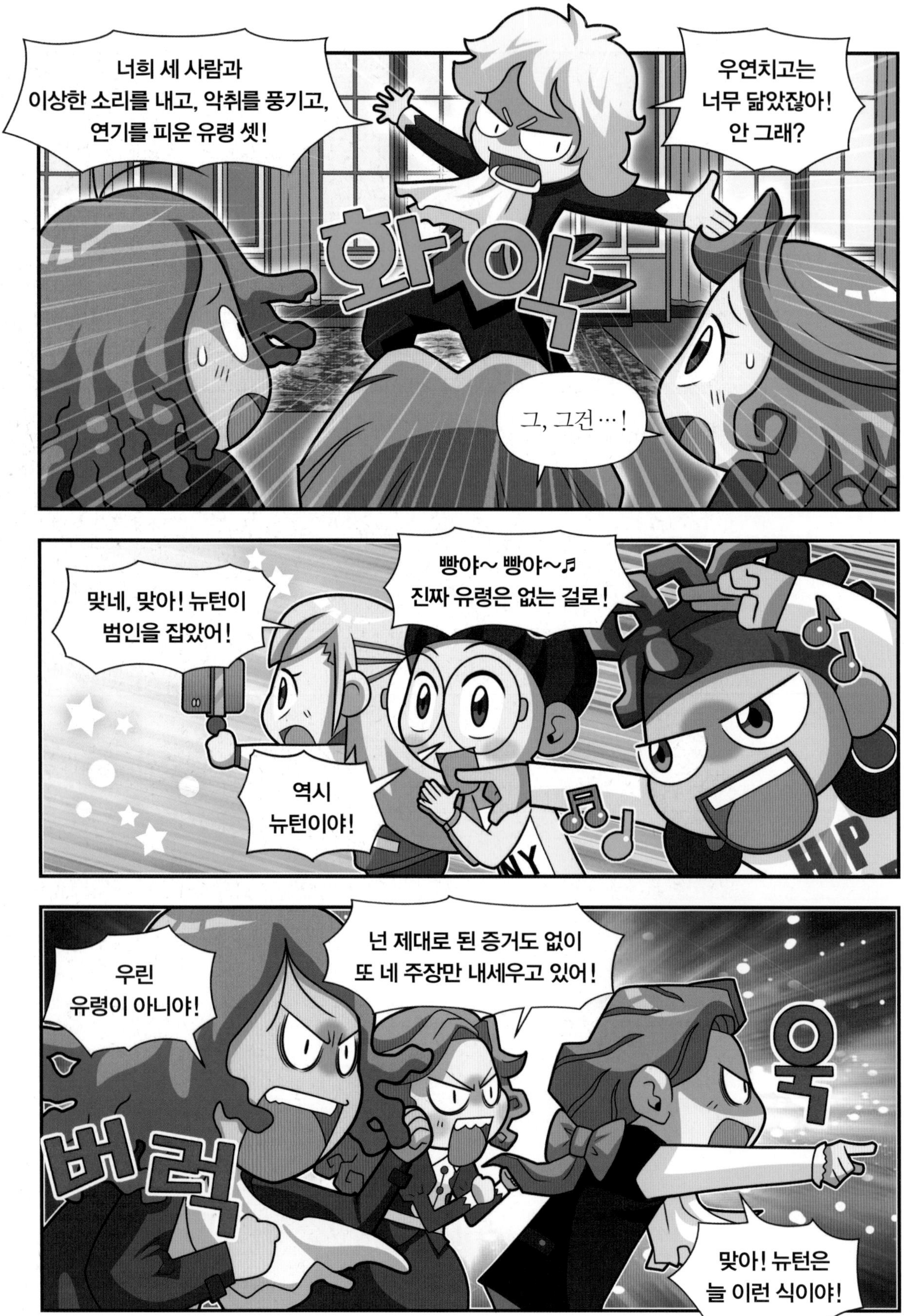
너희 세 사람과
이상한 소리를 내고, 악취를 풍기고,
연기를 피운 유령 셋!
우연치고는
너무 닮았잖아!
안 그래?
화악
그, 그건…!
맞네, 맞아! 뉴턴이
범인을 잡았어!
빵야~ 빵야~♬
진짜 유령은 없는 걸로!
역시
뉴턴이야!
우린
유령이 아니야!
넌 제대로 된 증거도 없이
또 네 주장만 내세우고 있어!
욱
버럭
맞아! 뉴턴은
늘 이런 식이야!

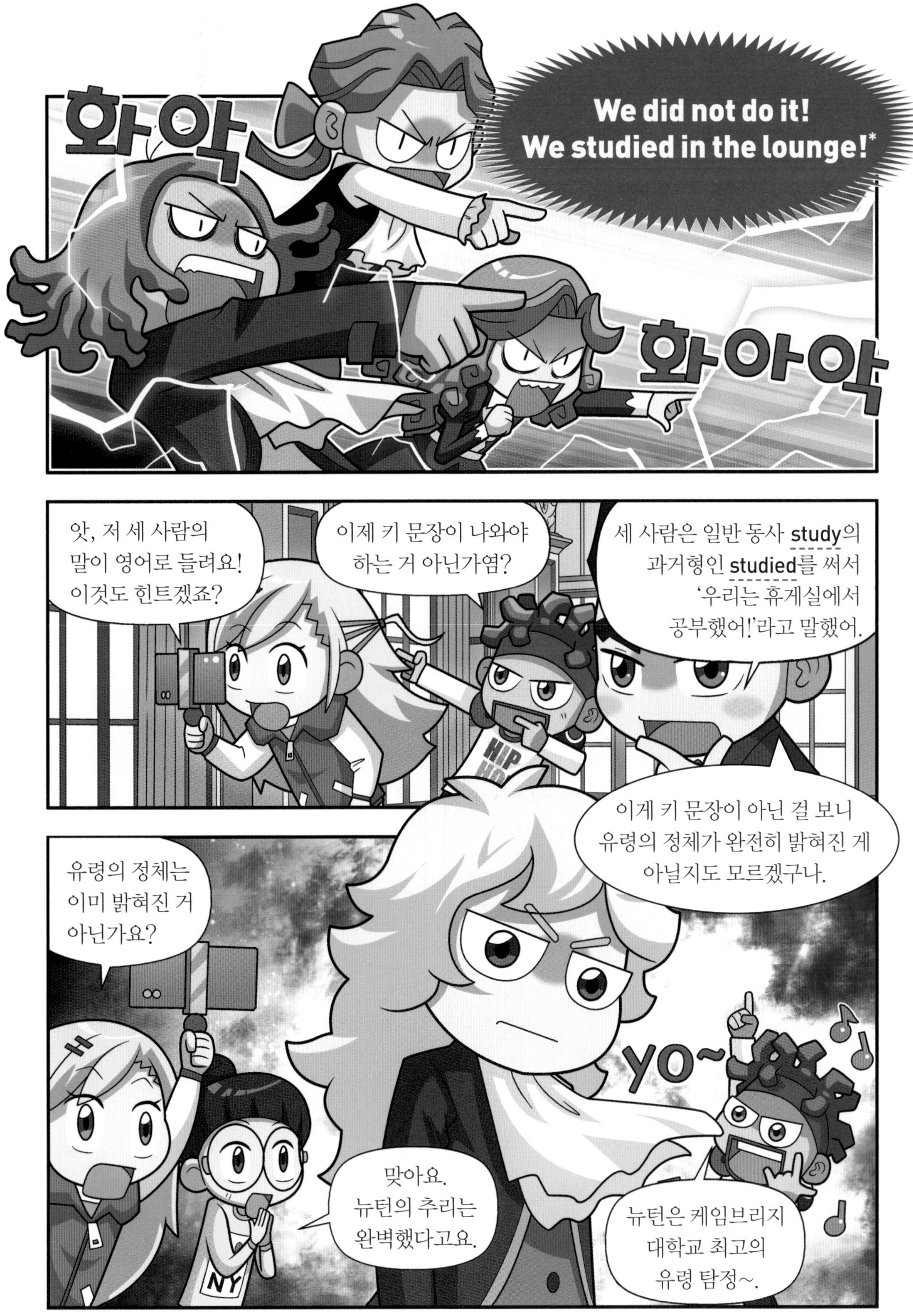
화악
We did not do it! We studied in the lounge!*
화아악
앗, 저 세 사람의 말이 영어로 들려요! 이것도 힌트겠죠?
이제 키 문장이 나와야 하는 거 아닌가염?
세 사람은 일반 동사 study의 과거형인 studied를 써서 '우리는 휴게실에서 공부했어!'라고 말했어.
이게 키 문장이 아닌 걸 보니 유령의 정체가 완전히 밝혀진 게 아닐지도 모르겠구나.
유령의 정체는 이미 밝혀진 거 아닌가요?
YO~
맞아요. 뉴턴의 추리는 완벽했다고요.
뉴턴은 케임브리지 대학교 최고의 유령 탐정~.

* 우리가 하지 않았어! 우리는 휴게실에서 공부했어!

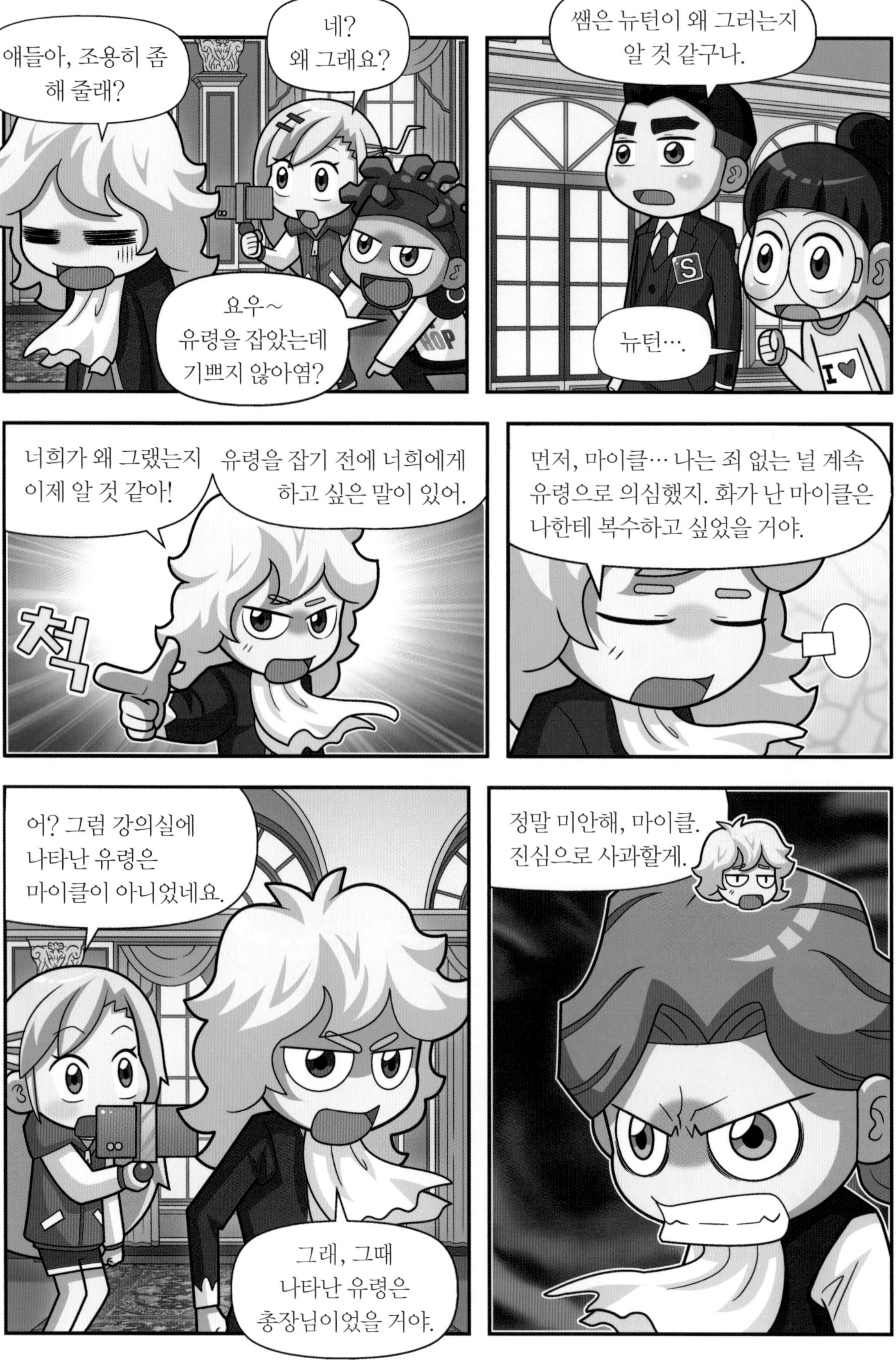

애들아, 조용히 좀 해 줄래?
네? 왜 그래요?
요우~ 유령을 잡았는데 기쁘지 않아염?
쌤은 뉴턴이 왜 그러는지 알 것 같구나.
뉴턴….
너희가 왜 그랬는지 이제 알 것 같아!
유령을 잡기 전에 너희에게 하고 싶은 말이 있어.
척
먼저, 마이클… 나는 죄 없는 널 계속 유령으로 의심했지. 화가 난 마이클은 나한테 복수하고 싶었을 거야.
어? 그럼 강의실에 나타난 유령은 마이클이 아니었네요.
그래, 그때 나타난 유령은 총장님이었을 거야.
정말 미안해, 마이클. 진심으로 사과할게.

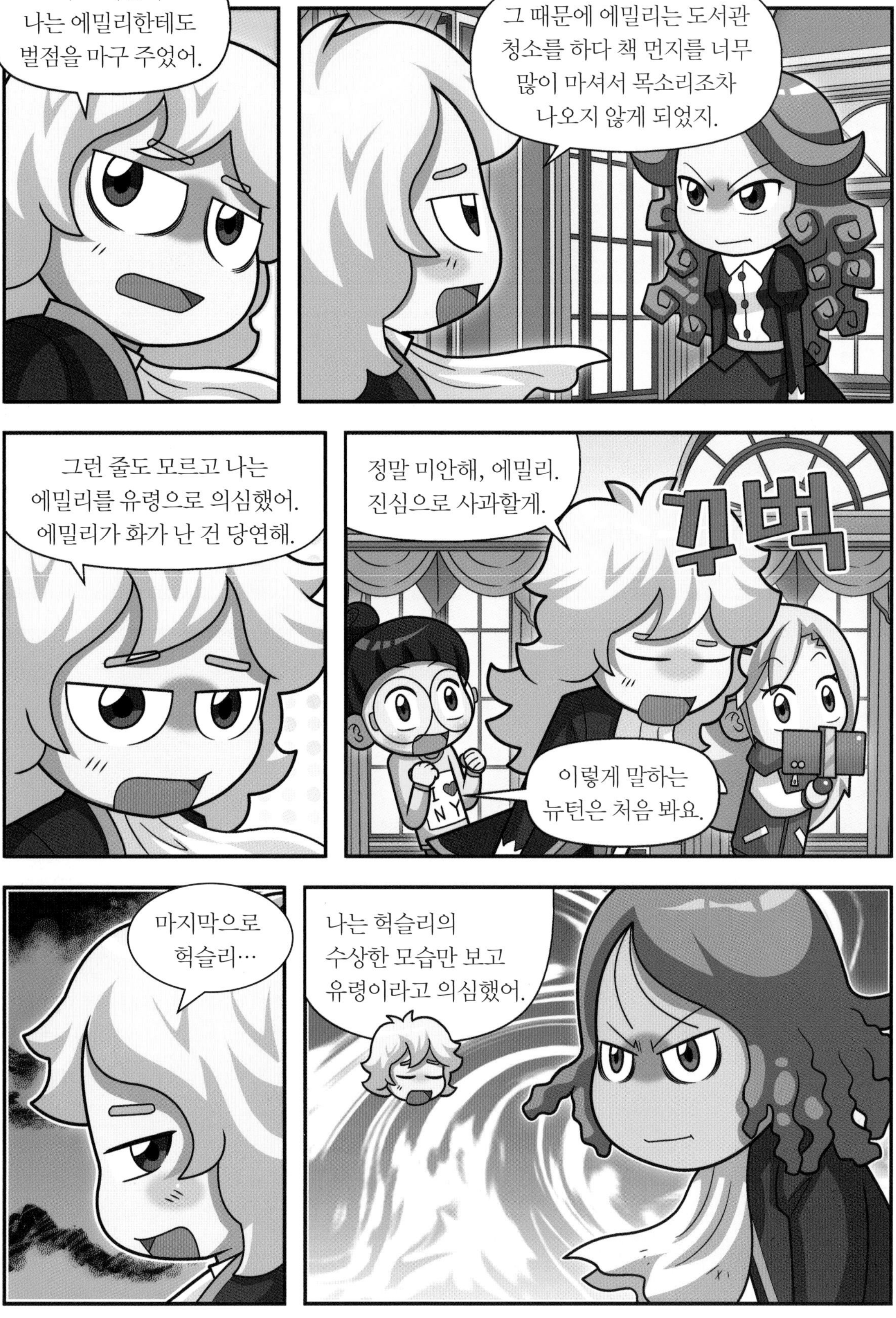
그리고 에밀리…
나는 에밀리한테도
벌점을 마구 주었어.
그 때문에 에밀리는 도서관
청소를 하다 책 먼지를 너무
많이 마셔서 목소리조차
나오지 않게 되었지.
그런 줄도 모르고 나는
에밀리를 유령으로 의심했어.
에밀리가 화가 난 건 당연해.
정말 미안해, 에밀리.
진심으로 사과할게.
꾸벅
이렇게 말하는
뉴턴은 처음 봐요.
마지막으로
헉슬리…
나는 헉슬리의
수상한 모습만 보고
유령이라고 의심했어.

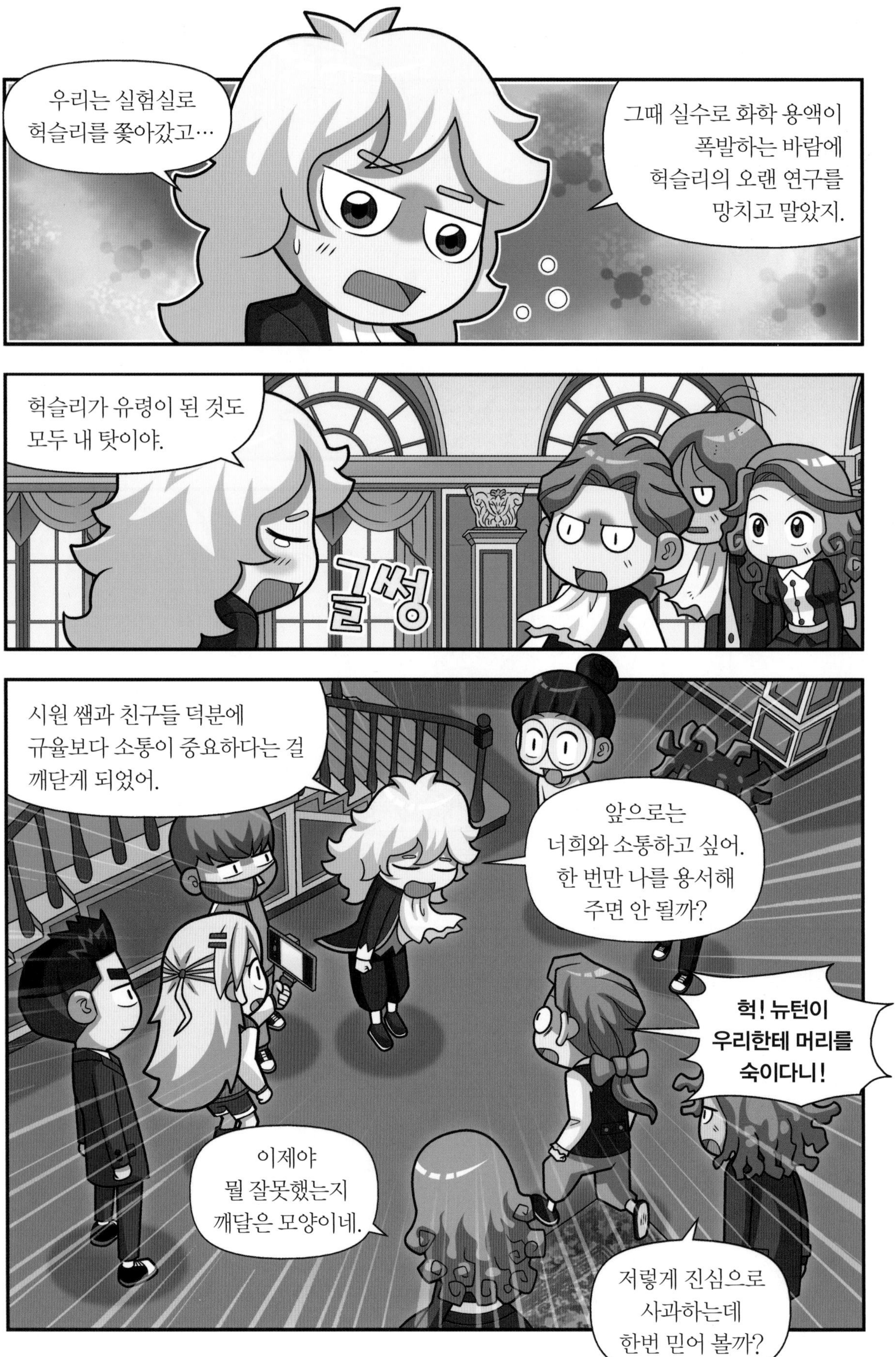
우리는 실험실로 헉슬리를 쫓아갔고…
그때 실수로 화학 용액이 폭발하는 바람에 헉슬리의 오랜 연구를 망치고 말았지.
헉슬리가 유령이 된 것도 모두 내 탓이야.
글썽
시원 쌤과 친구들 덕분에 규율보다 소통이 중요하다는 걸 깨닫게 되었어.
앞으로는 너희와 소통하고 싶어. 한 번만 나를 용서해 주면 안 될까?
헉! 뉴턴이 우리한테 머리를 숙이다니!
이제야 뭘 잘못했는지 깨달은 모양이네.
저렇게 진심으로 사과하는데 한번 믿어 볼까?

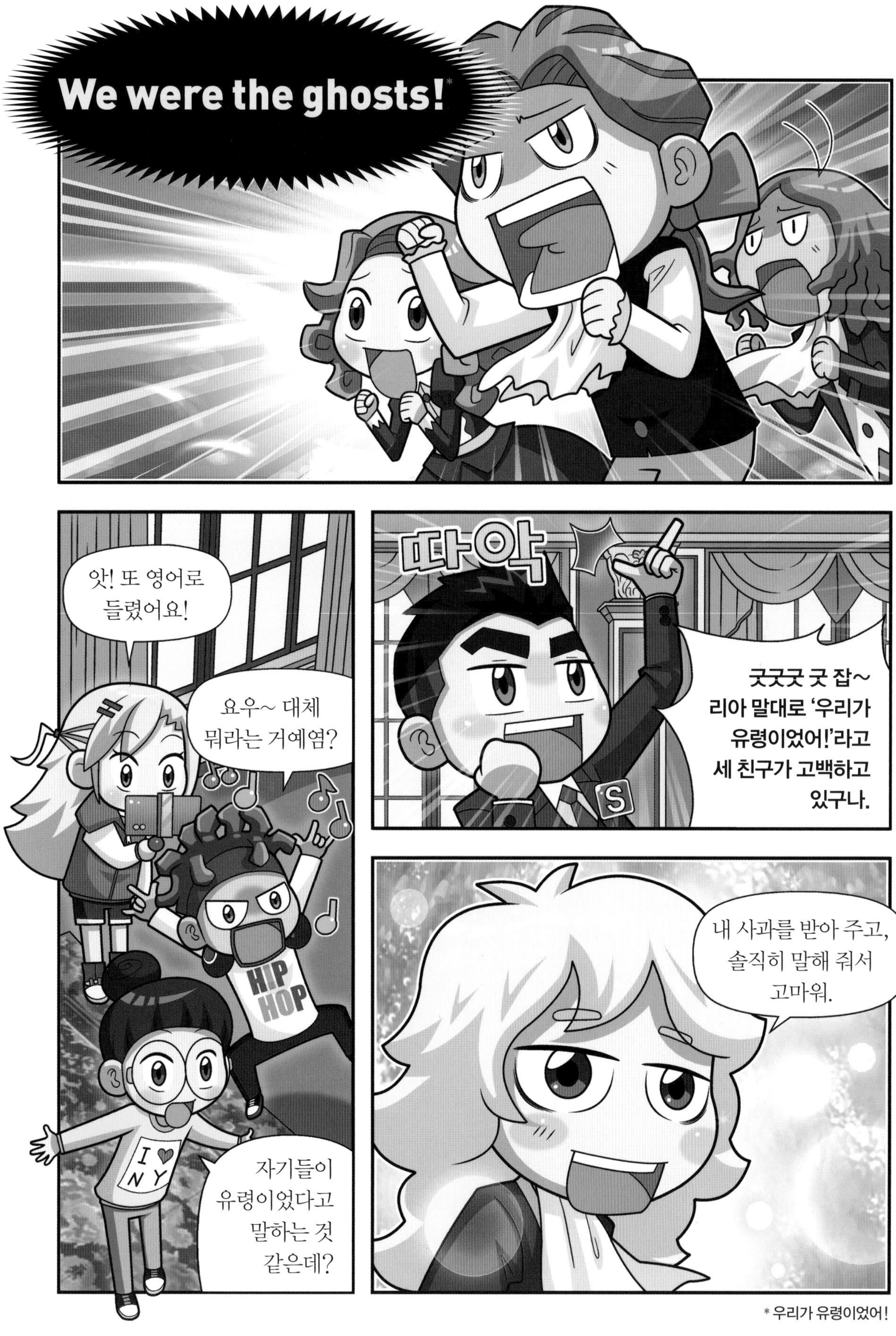
We were the ghosts!*
앗! 또 영어로 들렸어요!
요우~ 대체 뭐라는 거예염?
자기들이 유령이었다고 말하는 것 같은데?
따악
굿굿굿 굿 잡~ 리아 말대로 '우리가 유령이었어!'라고 세 친구가 고백하고 있구나.
S
내 사과를 받아 주고, 솔직히 말해 줘서 고마워.
HIP HOP
I ♥ NY

* 우리가 유령이었어!

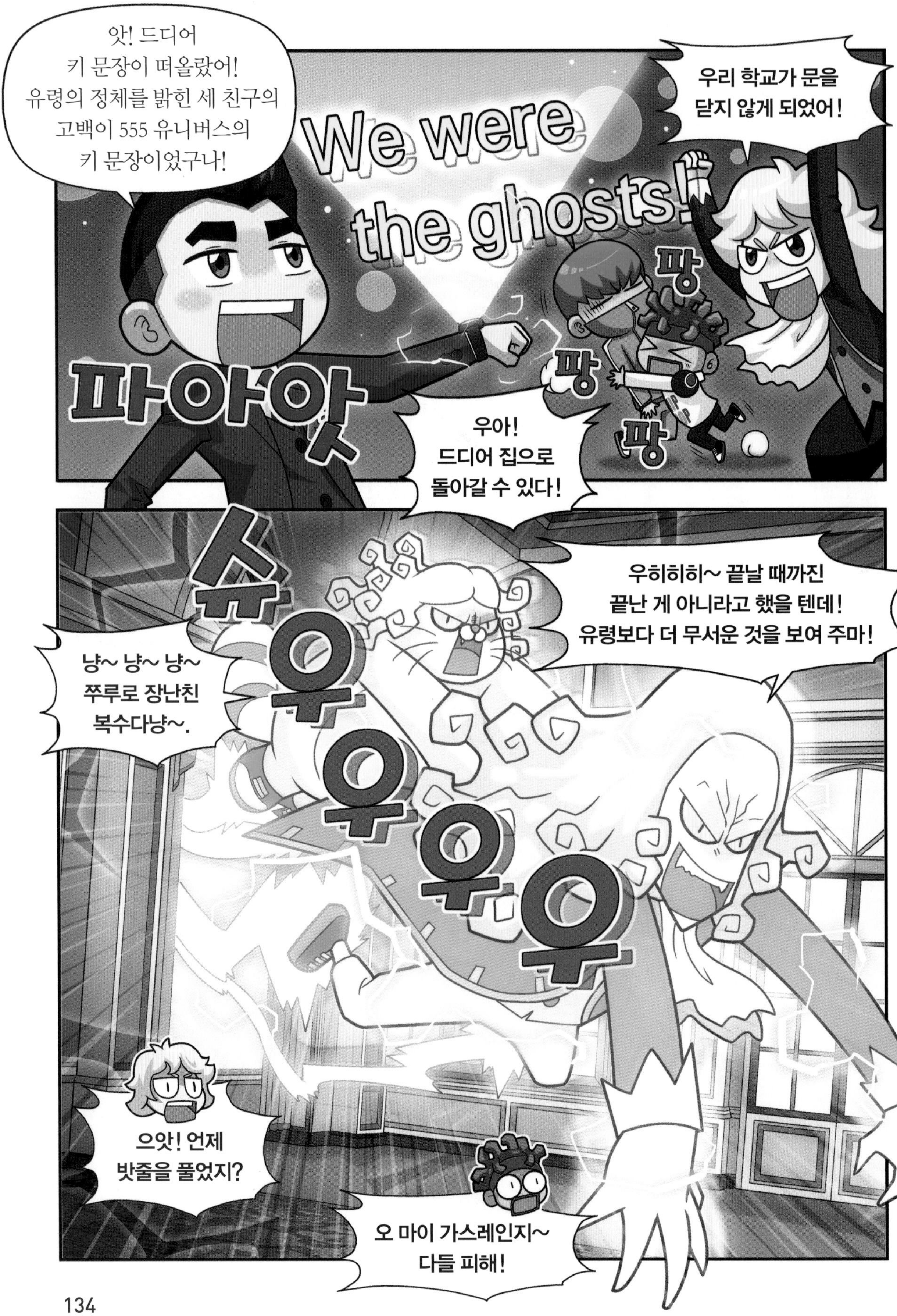
앗! 드디어
키 문장이 떠올랐어!
유령의 정체를 밝힌 세 친구의
고백이 555 유니버스의
키 문장이었구나!
We were the ghosts!
우리 학교가 문을
닫지 않게 되었어!
파아앗
팡
팡
팡
우아!
드디어 집으로
돌아갈 수 있다!
슈우우우우
우히히히~ 끝날 때까진
끝난 게 아니라고 했을 텐데!
유령보다 더 무서운 것을 보여 주마!
냥~ 냥~ 냥~
쭈루로 장난친
복수다냥~.
으앗! 언제
밧줄을 풀었지?
오 마이 가스레인지~
다들 피해!

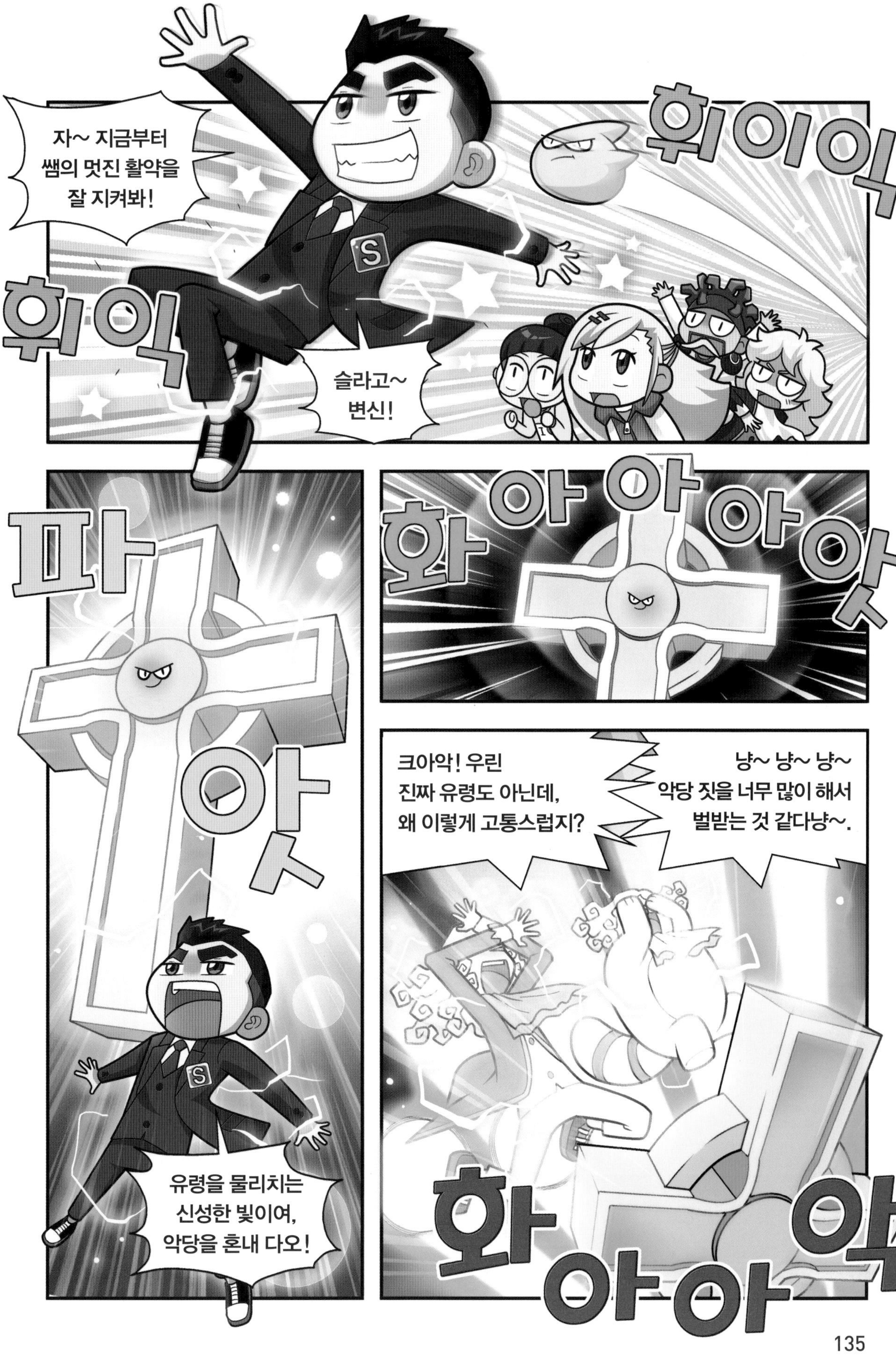
자~ 지금부터
쌤의 멋진 활약을
잘 지켜봐!
휘이익
휘익
슬라고~
변신!
파아앗
화아아아아악
크아악! 우린
진짜 유령도 아닌데,
왜 이렇게 고통스럽지?
냥~ 냥~ 냥~
악당 짓을 너무 많이 해서
벌받는 것 같다냥~.
유령을 물리치는
신성한 빛이여,
악당을 혼내 다오!
화아아악

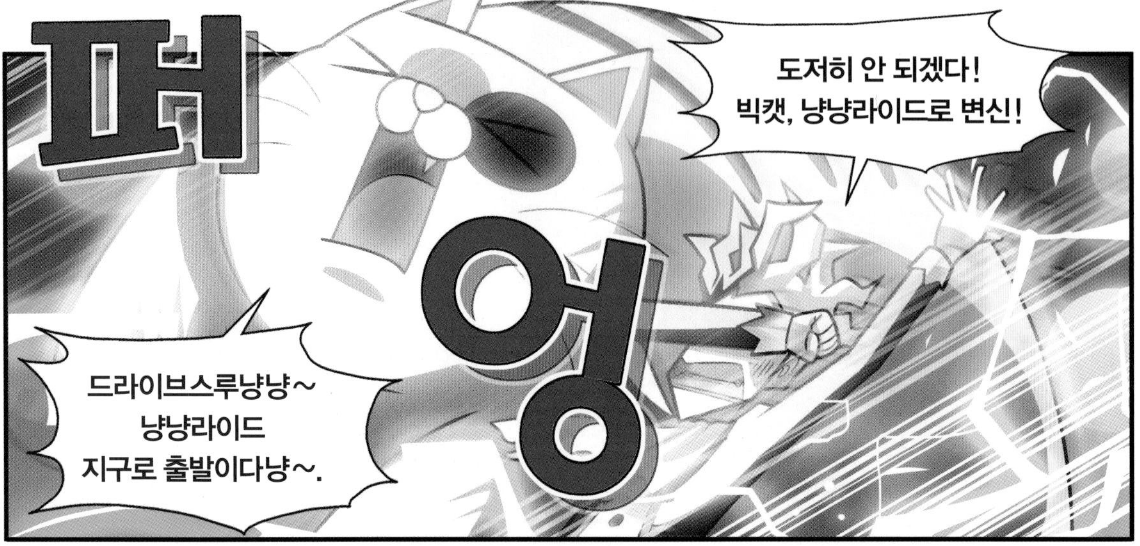
펴
엉
도저히 안 되겠다!
빅캣, 냥냥라이드로 변신!
드라이브스루냥냥~
냥냥라이드
지구로 출발이다냥~.

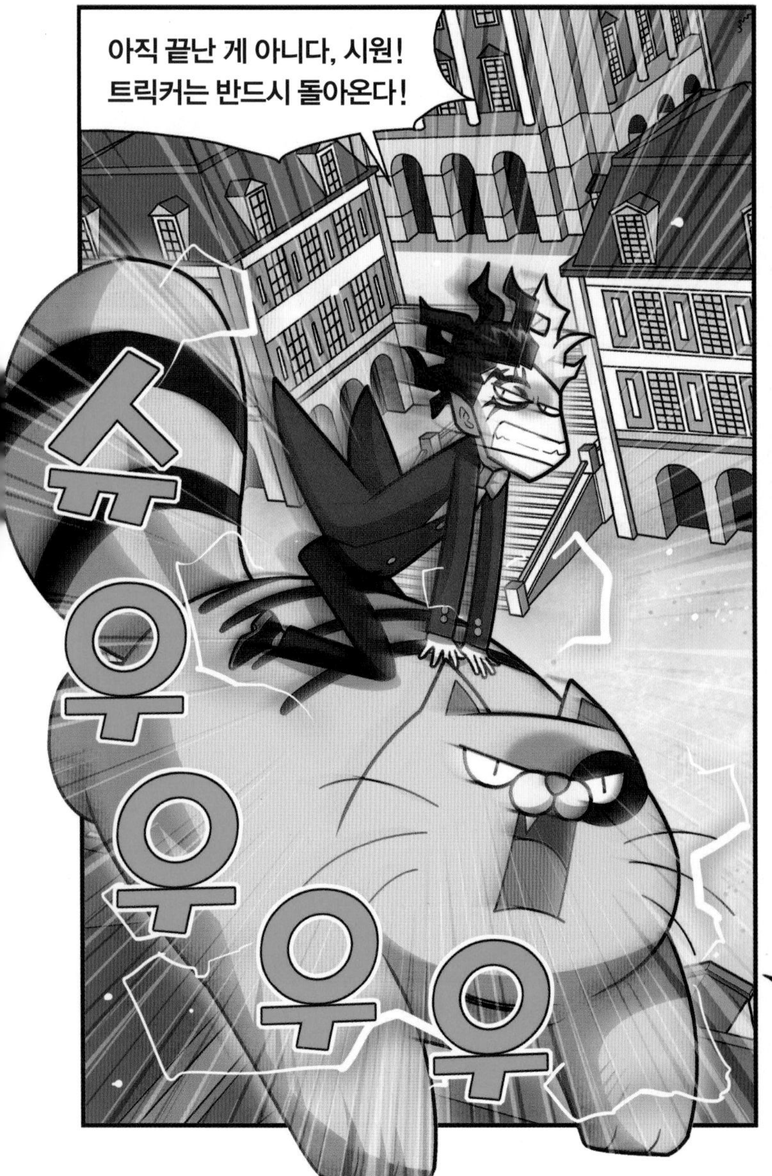
아직 끝난 게 아니다, 시원!
트릭커는 반드시 돌아온다!
슈우우우우

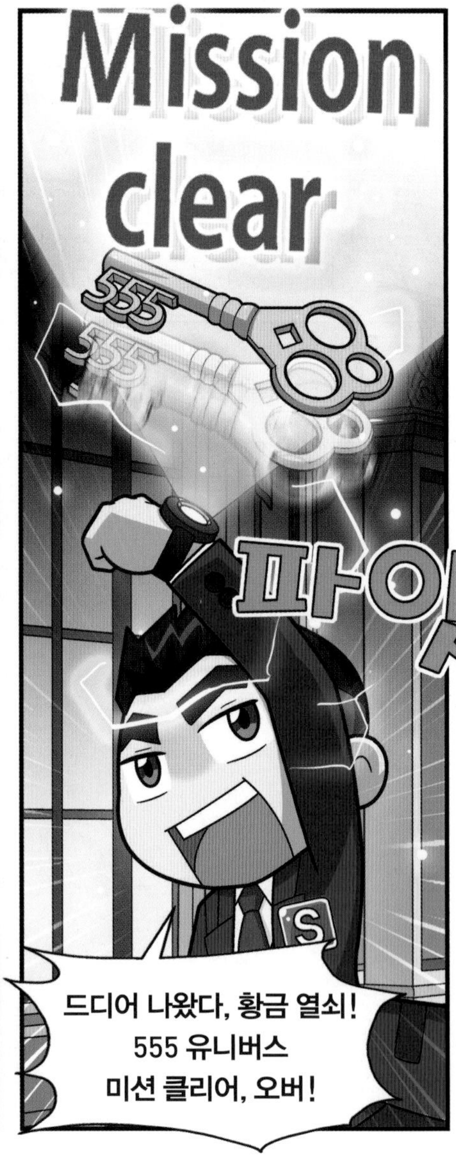
Mission
clear
555
파앗
S
드디어 나왔다, 황금 열쇠!
555 유니버스
미션 클리어, 오버!

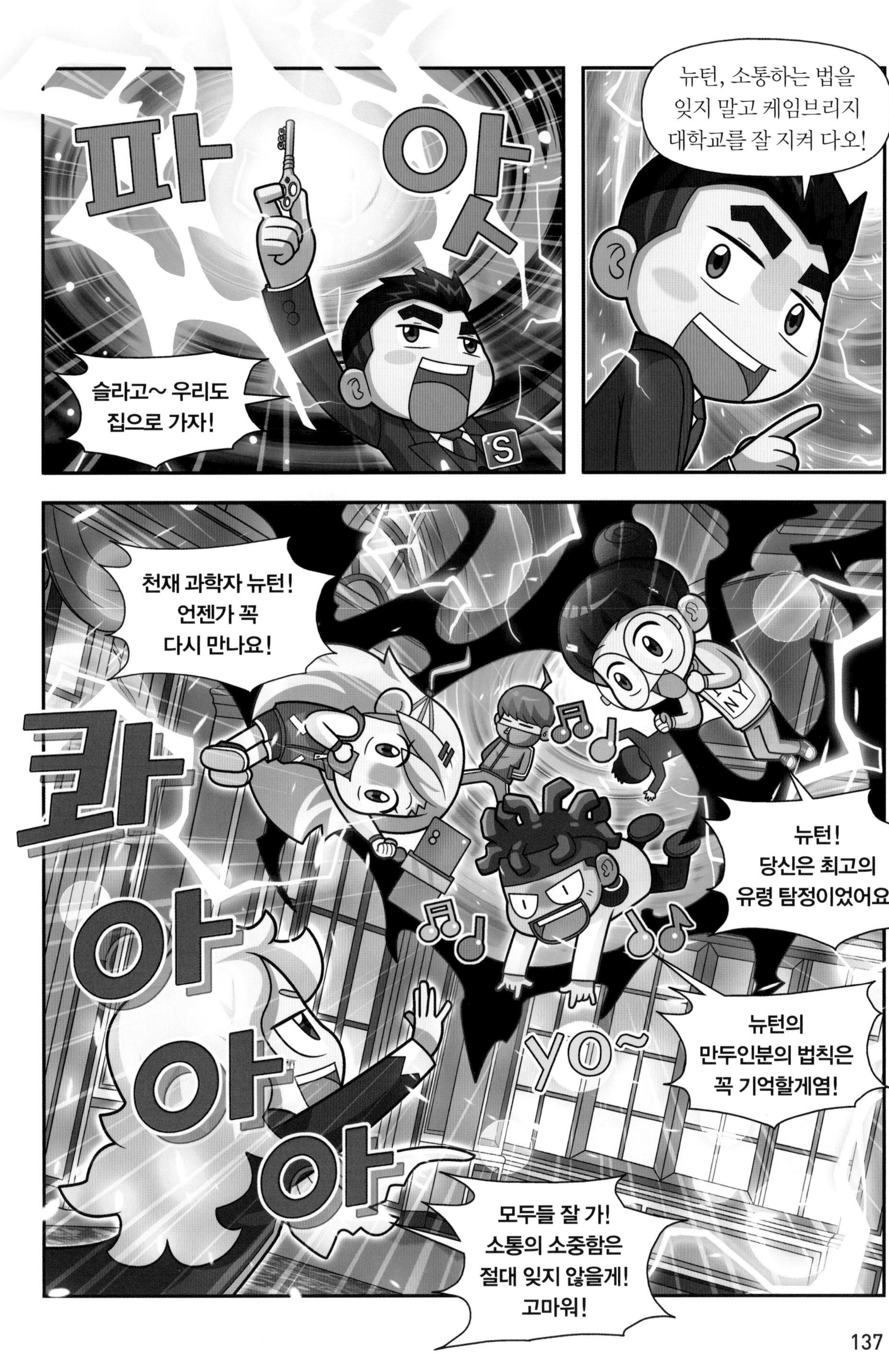
파앗
슬라고~ 우리도 집으로 가자!
뉴턴, 소통하는 법을 잊지 말고 케임브리지 대학교를 잘 지켜 다오!
천재 과학자 뉴턴! 언젠가 꼭 다시 만나요!
콰아아아
뉴턴! 당신은 최고의 유령 탐정이었어요!
YO~
뉴턴의 만두인분의 법칙은 꼭 기억할게염!
모두들 잘 가! 소통의 소중함은 절대 잊지 않을게! 고마워!

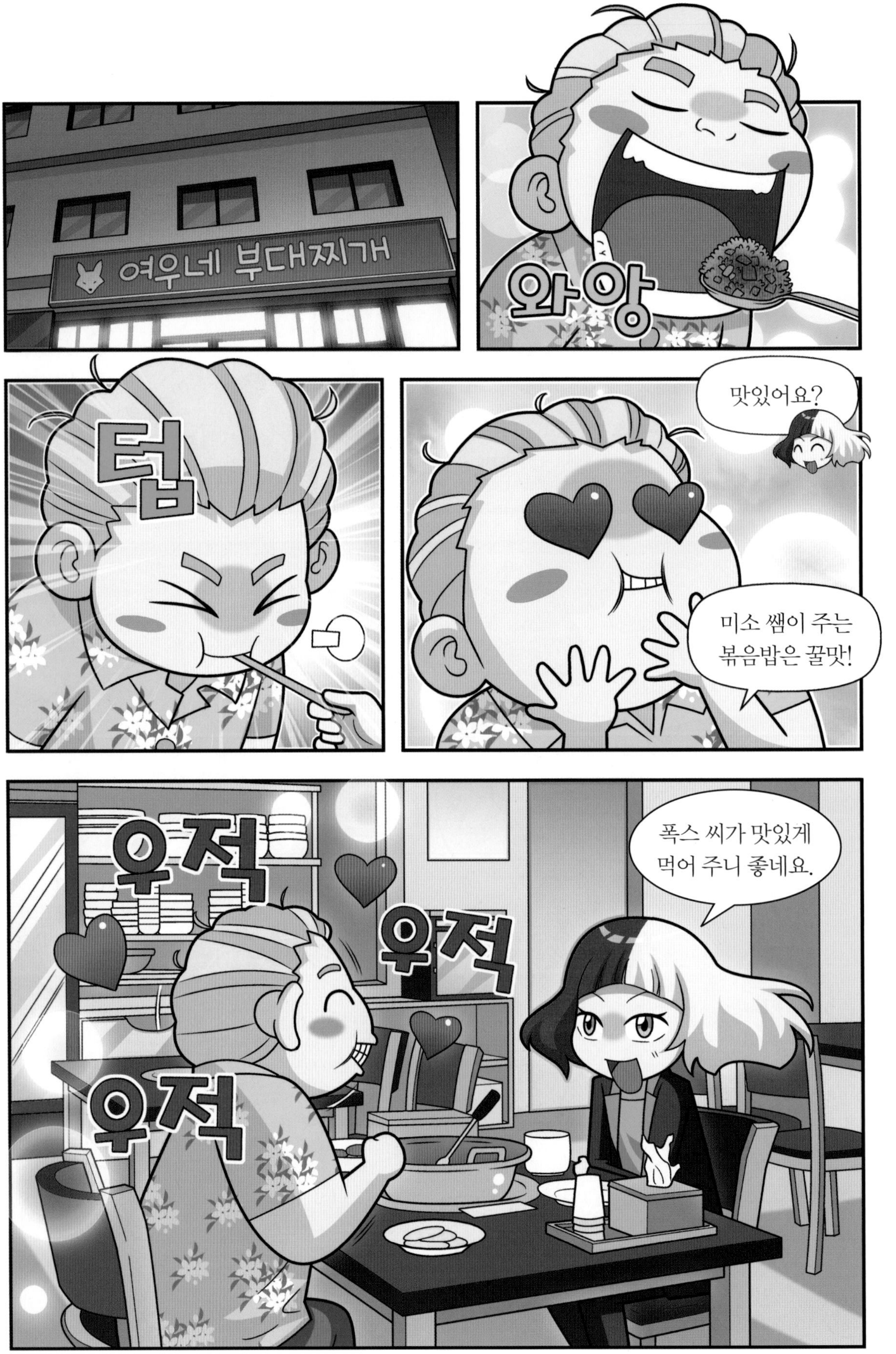
여우네 부대찌개
와앙
텁
맛있어요?
미소 쌤이 주는 볶음밥은 꿀맛!
우적
폭스 씨가 맛있게 먹어 주니 좋네요.
우적
우적

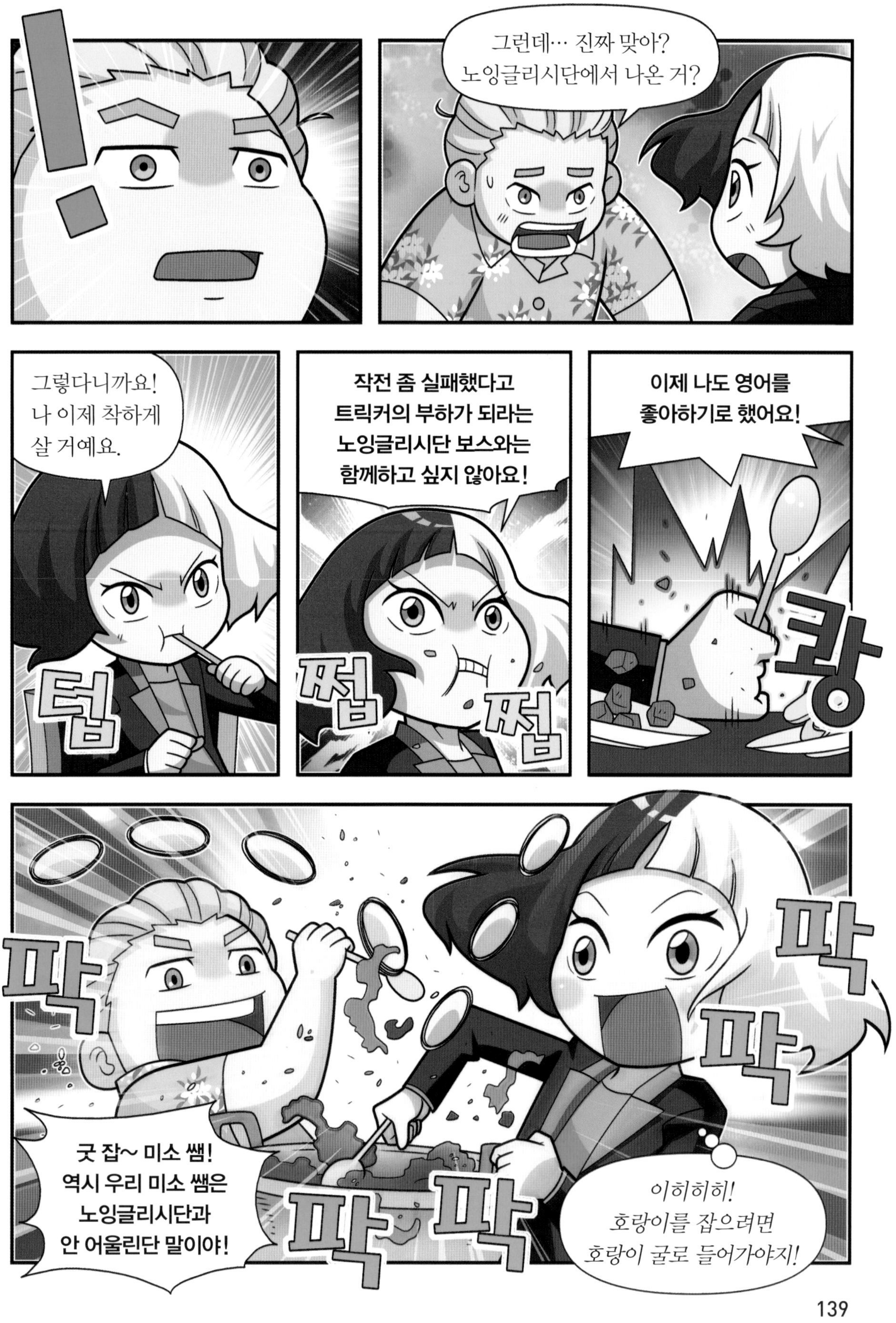
!
그런데… 진짜 맞아? 노잉글리시단에서 나온 거?
그렇다니까요! 나 이제 착하게 살 거예요.
텁
작전 좀 실패했다고 트릭커의 부하가 되라는 노잉글리시단 보스와는 함께하고 싶지 않아요!
쩝
쩝
이제 나도 영어를 좋아하기로 했어요!
쾅
팍
팍
팍
굿 잡~ 미소 쌤! 역시 우리 미소 쌤은 노잉글리시단과 안 어울린단 말이야!
팍
팍
이히히히! 호랑이를 잡으려면 호랑이 굴로 들어가야지!

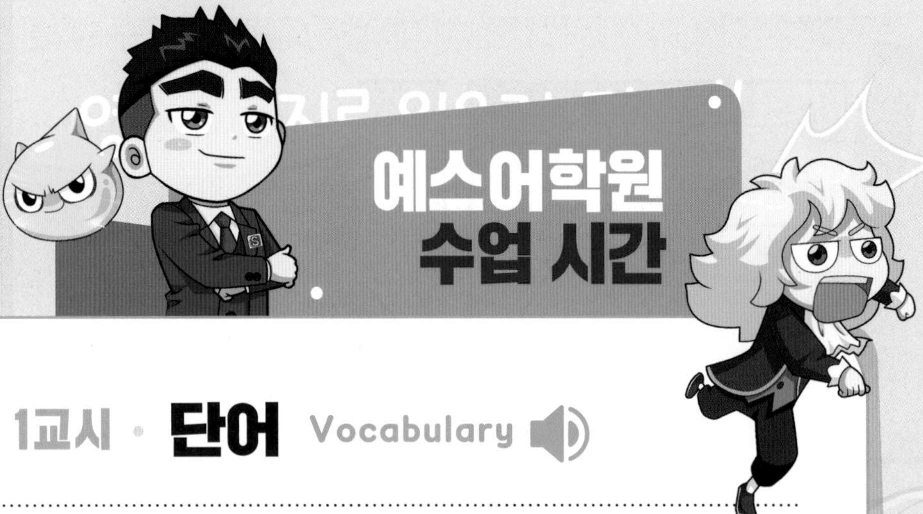

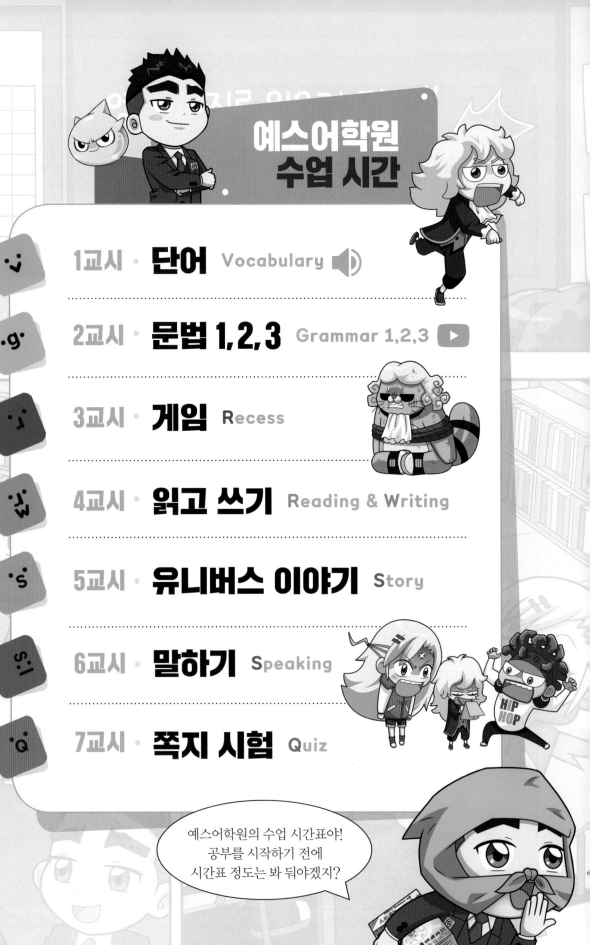

예스어학원 수업 시간

- 1교시 · **단어** Vocabulary
- 2교시 · **문법 1, 2, 3** Grammar 1,2,3
- 3교시 · **게임** Recess
- 4교시 · **읽고 쓰기** Reading & Writing
- 5교시 · **유니버스 이야기** Story
- 6교시 · **말하기** Speaking
- 7교시 · **쪽지 시험** Quiz

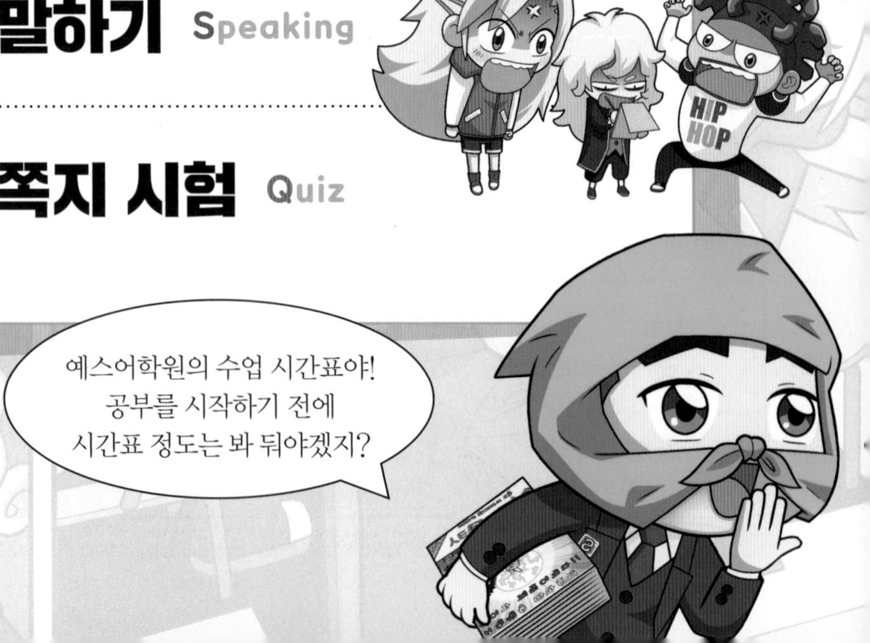

예스어학원의 수업 시간표야!
공부를 시작하기 전에
시간표 정도는 봐 둬야겠지?

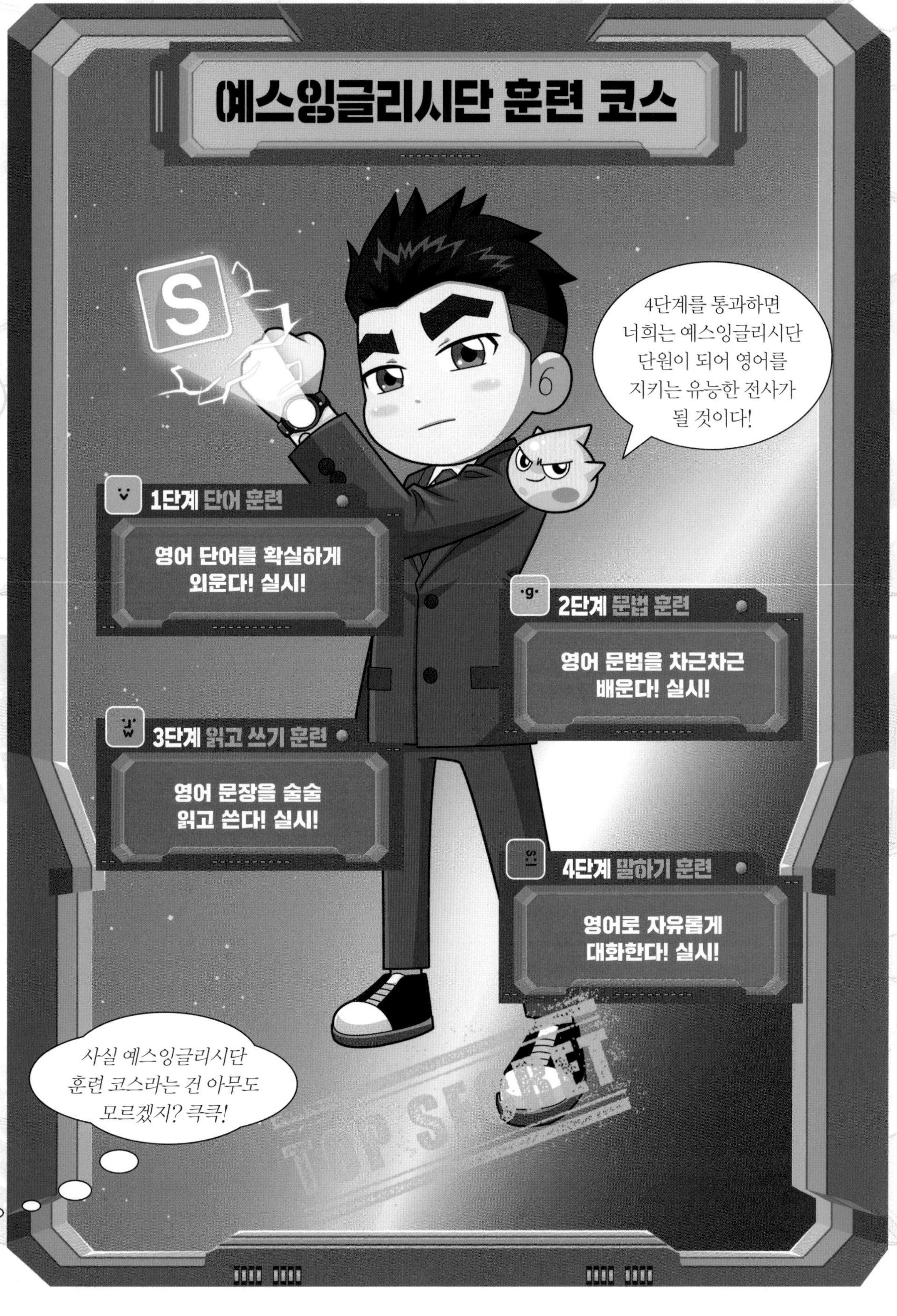
예스잉글리시단 훈련 코스
4단계를 통과하면 너희는 예스잉글리시단 단원이 되어 영어를 지키는 유능한 전사가 될 것이다!
1단계 단어 훈련
영어 단어를 확실하게 외운다! 실시!
2단계 문법 훈련
영어 문법을 차근차근 배운다! 실시!
3단계 읽고 쓰기 훈련
영어 문장을 술술 읽고 쓴다! 실시!
4단계 말하기 훈련
영어로 자유롭게 대화한다! 실시!
사실 예스잉글리시단 훈련 코스라는 건 아무도 모르겠지? 큭큭!
TOP SECRET

step 1. 단어 강의

영어의 첫걸음은 단어를 외우는 것에서부터 시작된단다.
단어를 많이 알아야 영어를 잘할 수 있어. 그럼 9권의 필수 단어를 한번 외워 볼까?

No.	학교 시설	School Facility	No.	과목	Subject
1	대학교	university	11	수학	math
2	대학	college	12	과학	science
3	강의실	lecture room	13	음악	music
4	교실	classroom	14	미술	art
5	기숙사	dormitory	15	역사	history
6	실험실	laboratory	16	사회	social studies
7	휴게실	lounge	17	지리	geography
8	음악실	music room	18	도덕	ethics
9	화장실	restroom	19	영어	English
10	구내식당	cafeteria	20	국어	Korean

난 대학교에 가서 history를 공부하고 싶어!

나는 music을 공부해서 세계적인 가수가 될 거야! 체킷아웃~♪

그전에 영어 공부부터 열심히 하는 게 어때?

원어민 발음 듣기
QR코드를 찍어 봐!

No.	실험	Experiment
21	유령	ghost
22	냄새	smell
23	소리	sound
24	연기	smoke
25	풍선	balloon

No.	실험	Experiment
26	질량	mass
27	빛	light
28	램프	lamp
29	측정하다	measure
30	관찰하다	observe

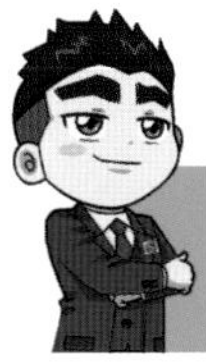

step 2. 단어 시험

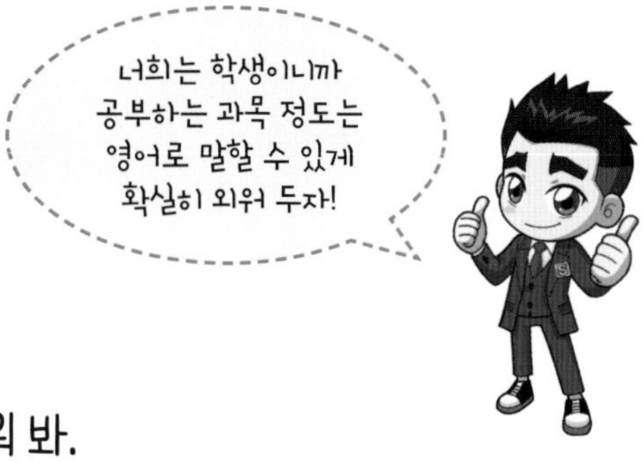
너희는 학생이니까
공부하는 과목 정도는
영어로 말할 수 있게
확실히 외워 두자!

단어를 확실하게 외웠는지 한번 볼까? 빈칸을 채워 봐.

- 대학교 ____________________
- 과학 ____________________
- 기숙사 ____________________
- 지리 ____________________
- 실험실 ____________________
- 유령 ____________________
- 화장실 ____________________
- 냄새 ____________________
- 수학 ____________________
- 관찰하다 ____________________

• 정답은 162~163쪽에 있습니다.

2교시 · g · 문법 1 · Grammar 1

step 1. 문법 강의

Be 동사는 앞에 오는 주어의 상태를 설명하며, '~이다'라는 뜻이 있다는 거 기억하지? 그렇다면 Be 동사의 과거형은 어떻게 써야 할까? 주어에 따라 그 형태가 달라지는데, am과 is는 was로, are는 were로 바뀐단다. '~이었다'라는 뜻이야.

🔑 시원 쌤표 영어 구구단

구분	단수 과거형		복수 과거형	
인칭	주어	Be 동사	주어	Be 동사
1	I	was	we	
2	you	were	you	were
3	he / she / it	was	they	

Be 동사 과거 부정문은 어떻게 만들까? 아주 간단해. was와 were 뒤에 not만 붙여 주면 돼! was not은 wasn't, were not은 weren't로 줄여서 쓸 수 있어!

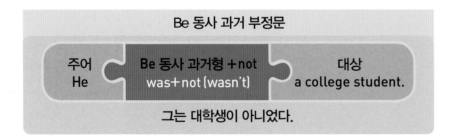

Be 동사 과거 부정문

| 주어 He | Be 동사 과거형 +not
was+not (wasn't) | 대상 a college student. |

그는 대학생이 아니었다.

Be 동사 과거 의문문은 Be 동사를 앞으로 옮겨 주고 마지막에 물음표를 붙이면 된단다. 대답은 긍정이면 'Yes, 주어 + was/were.' 로, 부정이면 'No, 주어 + wasn't/weren't.'로 하면 돼.

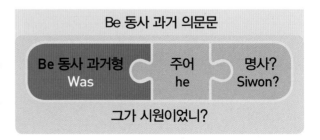

Be 동사 과거 의문문

| Be 동사 과거형 Was | 주어 he | 명사? Siwon? |

그가 시원이었니?

동영상 강의 보기
QR코드를 찍어 봐!

step 2. 문법 정리

Be 동사의 과거형이 쓰인 긍정문과 부정문을 살펴볼까?

Be 동사의 과거형이 쓰인 긍정문	
그녀는 대학생이었다.	She was a university student.
우리는 도서관에 있었다.	We were in the library.
그들은 유령을 무서워했다.	They were afraid of ghosts.
지난겨울은 매우 추웠다.	It was so cold last winter.

Be 동사의 과거형이 쓰인 부정문	
나는 어젯밤에 피곤하지 않았다.	I wasn't tired last night.
그들은 기숙사에 있지 않았다.	They weren't in the dormitory.
루시는 어제 학교에 늦지 않았다.	Lucy wasn't late for school yesterday.
나우는 과학을 잘하지 않았다.	Nau wasn't good at science.

step 3. 문법 대화

Be 동사의 과거형이 나온 대화를 한번 들어 봐!

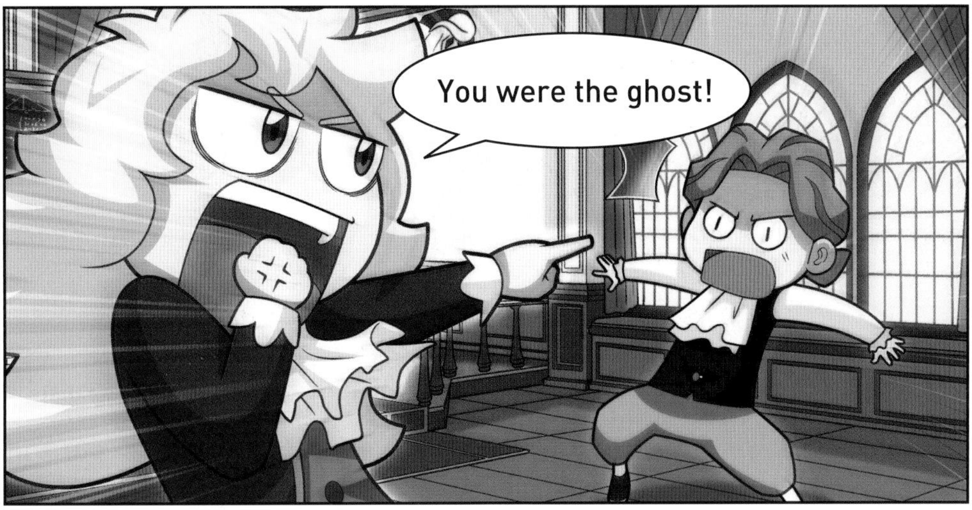
You were the ghost!

2교시 ·g· 문법 2 · Grammar 2

step 1. 문법 강의

일반 동사의 과거형도 배워 보자. 일반 동사를 과거형으로 바꿀 때는 대부분 동사의 기본형 뒤에 '-ed'를 붙이면 돼. 주의할 점은 주어가 달라져도 동사의 형태가 바뀌지 않는다는 거야.

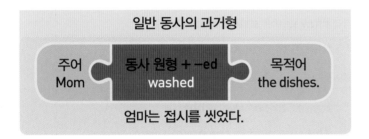

일반 동사의 과거형

| 주어 | 동사 원형 + -ed | 목적어 |
| Mom | washed | the dishes. |

엄마는 접시를 씻었다.

이처럼 '-ed'를 붙여서 과거형을 만드는 동사를 규칙 동사라고 해.
그런데 아래와 같이 동사의 기본형에 따라 '-ed'를 붙이는 방법이 조금씩 달라.

규칙 동사의 형태 변화		
대부분의 동사	동사 + ed	clean ⋯ cleaned
-e로 끝나는 동사	동사 + d	dance ⋯ danced
자음 + y로 끝나는 동사	y ⋯ i + ed	try ⋯ tried
단모음 + 단자음으로 끝나는 동사	마지막 자음 × 2 + ed	stop ⋯ stopped

또 '-ed'가 붙지 않는 과거형을 가진 동사도 있어.
이를 불규칙 동사라고 해. 불규칙 동사는 일정한 규칙 없이 모양이 바뀌기 때문에
자주 쓰이는 불규칙 동사들은 외워 두는 게 좋아.

불규칙 동사의 형태 변화			
go 가다 ⋯ went 갔다	see 보다 ⋯ saw 봤다	have 가지다 ⋯ had 가졌다	come 오다 ⋯ came 왔다
do 하다 ⋯ did 했다	read 읽다 ⋯ read 읽었다	eat 먹다 ⋯ ate 먹었다	put 놓다 ⋯ put 놓았다

동영상 강의 보기
QR코드를 찍어 봐!

step 2. 문법 정리

일반 동사의 과거형이 쓰인 긍정문을 살펴볼까?

규칙 동사를 활용한 긍정문	
그는 강의실에서 공부했다.	He studied in the lecture room.
나는 어제 나의 방을 청소했다.	I cleaned my room yesterday.
학생들은 학교에 걸어갔다.	The students walked to school.
버스는 버스 정류장에 멈추었다.	The bus stopped at the bus stop.

불규칙 동사를 활용한 긍정문	
그녀는 아침에 학교에 갔다.	She went to school in the morning.
그들은 실험실에서 실험을 했다.	They did an experiment in the laboratory.
우리는 교실에서 유령을 봤다.	We saw the ghost in the classroom.
그들은 점심을 같이 먹었다.	They ate lunch together.

step 3. 문법 대화

일반 동사의 과거형이 나온 대화를 한번 들어 봐!

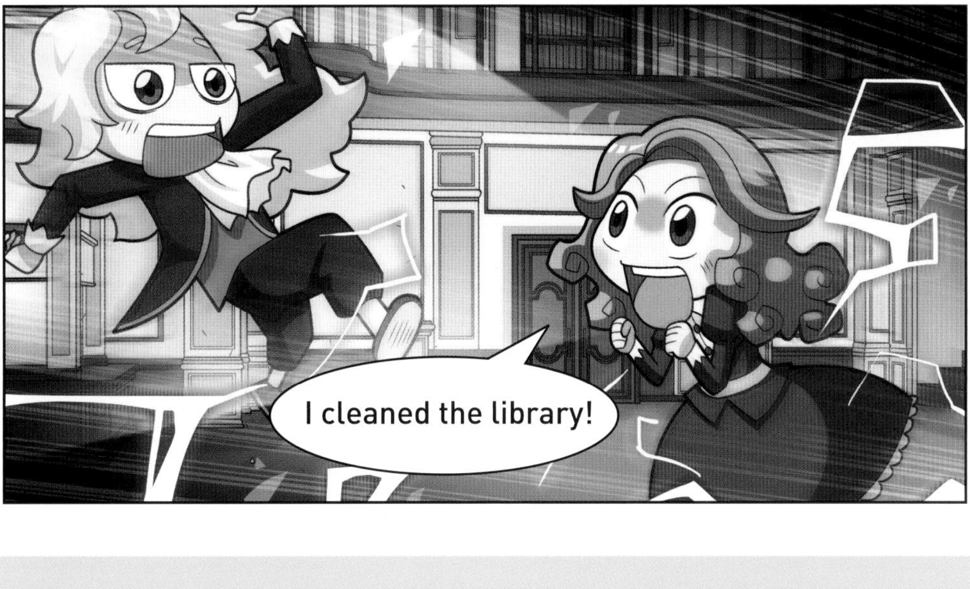
I cleaned the library!

2교시 ·g· 문법 3 • Grammar 3

step 1. 문법 강의

마지막으로 일반 동사 과거 부정문에 대해 알아보자. 일반 동사 과거 부정문을 만들 때는 주어의 형태와는 관계없이 동사 앞에 did not(didn't)을 붙여 주면 돼. 다만 동사 앞에 did not을 붙일 때는 반드시 동사가 기본형이어야 한다는 것을 절대 잊지 마!

일반 동사 과거 부정문

주어		동사 원형	나머지
The girl	did + not(didn't)	look	happy.

그 소녀는 행복해 보이지 않았다.

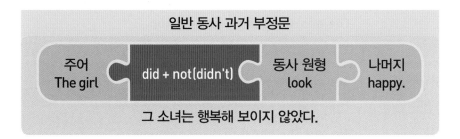

일반 동사 과거 의문문을 만들 때는 Did를 문장 앞에 붙여 주기만 하면 돼.
'Did + 주어 + 동사' 순으로 문장을 쓰는 거지. 주의할 점은 이때도 꼭 동사는 기본형으로 써야 해.

일반 동사 과거 의문문

	주어	동사 원형	대상?
Did	you	buy	a lamp?

너는 램프를 샀니?

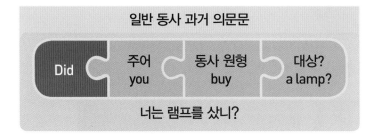

일반 동사 과거 의문문에 대한 대답은 아래와 같이 해 주면 돼.

긍정일 때	부정일 때
Yes, 주어 + did.	**No, 주어 + didn't.**

동영상 강의 보기
QR코드를 찍어 봐!

step 2. 문법 정리

일반 동사 과거 의문문과 그에 대한 대답을 살펴볼까?

일반 동사 과거 의문문과 긍정 대답	
Did you watch TV? 너는 TV를 봤니?	→ Yes, I did. / Yes, I watched TV. 응, 나는 TV를 봤어.
Did he study math? 그는 수학을 공부했니?	→ Yes, he did. / Yes, he studied math. 응, 그는 수학을 공부했어.
일반 동사 과거 의문문과 부정 대답	
Did they live in the dormitory? 그들은 기숙사에 살았니?	→ No, they didn't. / No, they didn't live in the dormitory. 아니, 그들은 기숙사에 살지 않았어.
Did she listen to music? 그녀는 음악을 들었니?	→ No, she didn't. / No, she didn't listen to music. 아니, 그녀는 음악을 듣지 않았어.

step 3. 문법 대화

일반 동사 과거 부정문이 쓰인 대화를 한번 들어 봐!

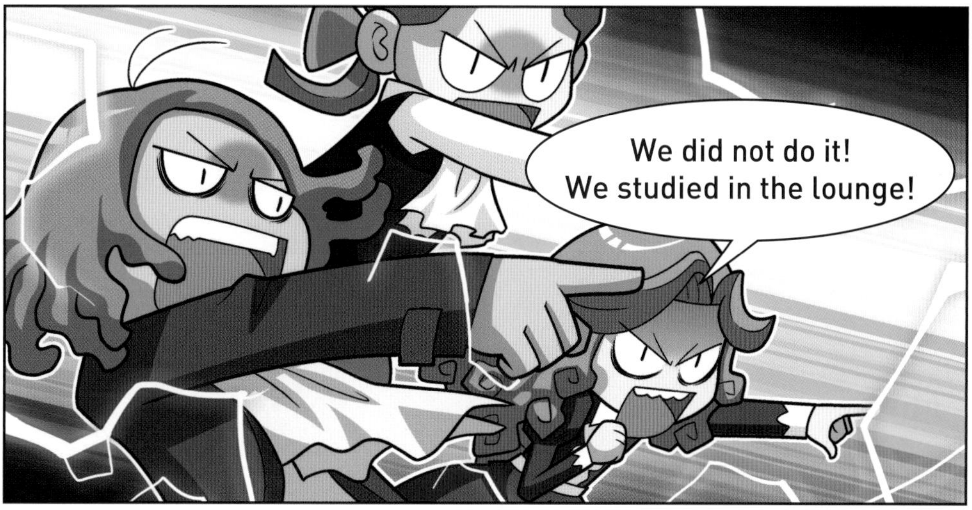
We did not do it!
We studied in the lounge!

1교시 때 배웠던 과목과 관련된
영어 단어를 찾아 선으로 그어 볼까?

좋아요!
쌤, 저부터 할게요.

art ○	○ number 
English ○	○ piano
science ○	○ map
math ○	○ sketch
music ○	○ alphabet
geography ○	○ experiment

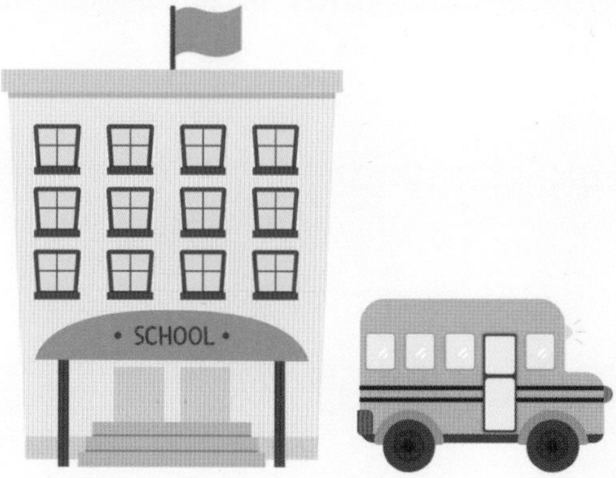

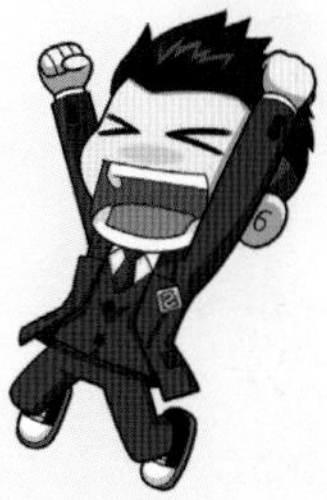

이번에는 각각 사다리를 타고 가서
학교 시설의 이름을 영어로 적어 봐!

나는 음악실에 갈 거야!

나는 강의실에 갈 거야!

나는 실험실에 갈 거야!

후는 화장실에 갈 거래요!

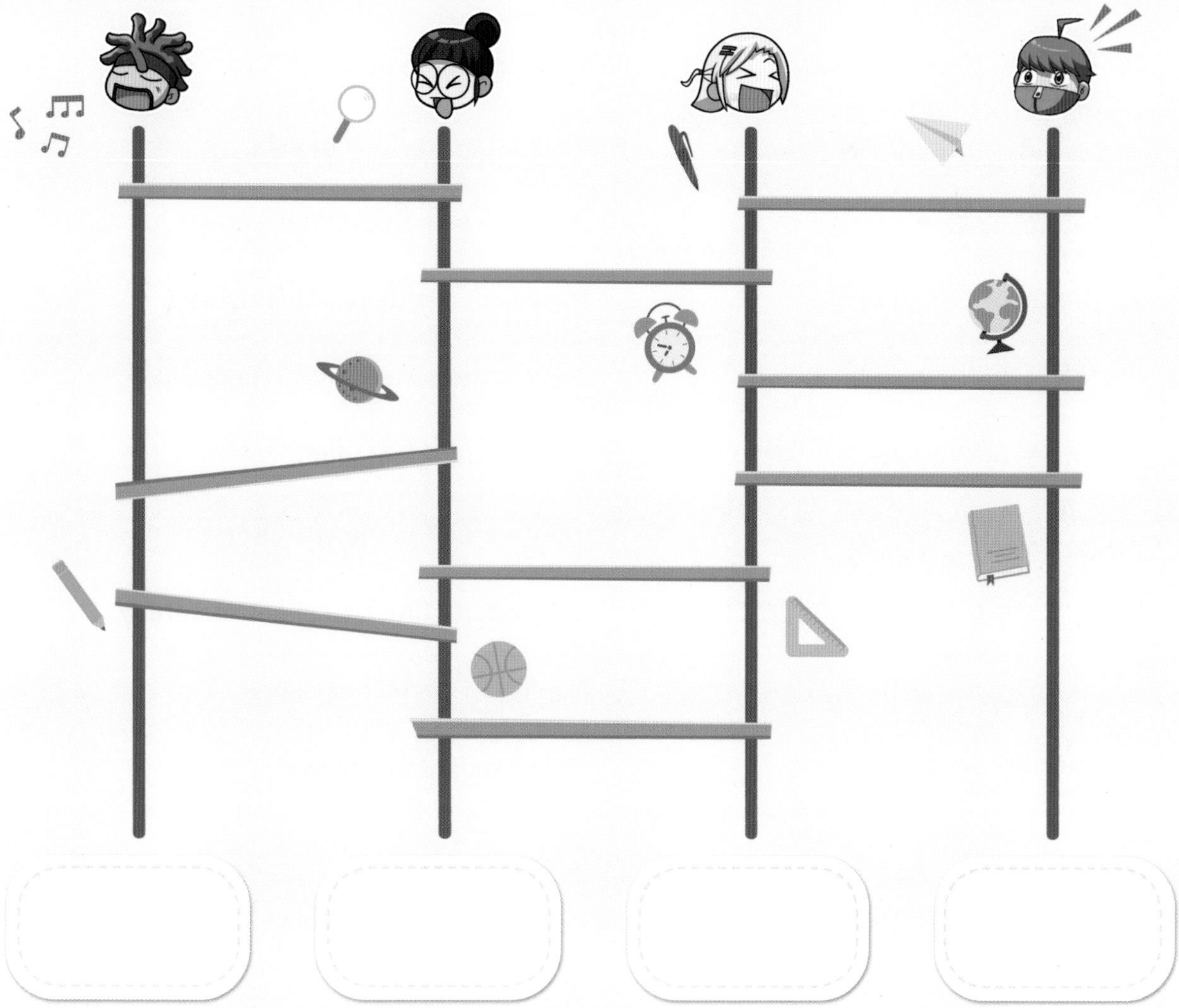

* 정답은 162~163쪽에 있습니다.

4교시 읽고 쓰기 • Reading & Writing

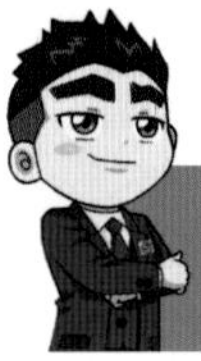

step 1. 읽기

자유자재로 영어를 읽고, 쓰고, 말하고 싶다면 문장 만들기 연습을 반복해야 하지.
먼저 다음 문장들이 익숙해질 때까지 읽어 볼까?

• 그녀는 대학생이었다.	**She was a university student.**
• 우리는 도서관에 있었다.	**We were in the library.**
• 그들은 유령을 무서워했다.	**They were afraid of ghosts.**
• 지난겨울은 매우 추웠다.	**It was so cold last winter.**
• 그는 대학생이 아니었다.	**He wasn't a college student.**
• 아이들은 학교에 있지 않았다.	**The children weren't at school.**
• 나는 어젯밤에 피곤하지 않았다.	**I wasn't tired last night.**
• 그들은 기숙사에 있지 않았다.	**They weren't in the dormitory.**
• 루시는 어제 학교에 늦지 않았다.	**Lucy wasn't late for school yesterday.**
• 나우는 과학을 잘하지 않았다.	**Nau wasn't good at science.**
• 엄마는 접시를 씻었다.	**Mom washed the dishes.**
• 그는 강의실에서 공부했다.	**He studied in the lecture room.**
• 나는 어제 나의 방을 청소했다.	**I cleaned my room yesterday.**
• 학생들은 학교에 걸어갔다.	**The students walked to school.**

문장 만들기 연습

1회 ☐ 2회 ☐ 3회 ☐

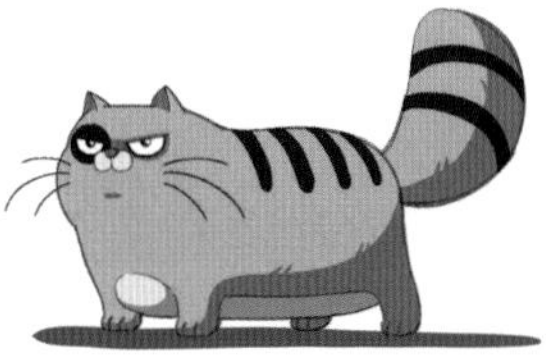

• 버스는 버스 정류장에 멈추었다.	The bus stopped at the bus stop.
• 그녀는 아침에 학교에 갔다.	She went to school in the morning.
• 그들은 실험실에서 실험을 했다.	They did an experiment in the laboratory.
• 우리는 교실에서 유령을 봤다.	We saw the ghost in the classroom.
• 그들은 점심을 같이 먹었다.	They ate lunch together.
• 나우와 리아는 벽을 칠하지 않았다.	Nau and Lia didn't paint the wall.
• 그 소녀는 행복해 보이지 않았다.	The girl didn't look happy.
• 그가 시원이었니?	Was he Siwon?
• 너는 램프를 샀니?	Did you buy a lamp?
• 그들은 기숙사에 살았니?	Did they live in the dormitory?
• 너는 TV를 봤니?	Did you watch TV?
• 그는 수학을 공부했니?	Did he study math?
• 그녀는 음악을 들었니?	Did she listen to music?
• 응, 나는 TV를 봤어.	Yes, I watched TV.
• 응, 그는 수학을 공부했어.	Yes, he studied math.
• 아니, 그녀는 음악을 듣지 않았어.	No, she didn't listen to music.

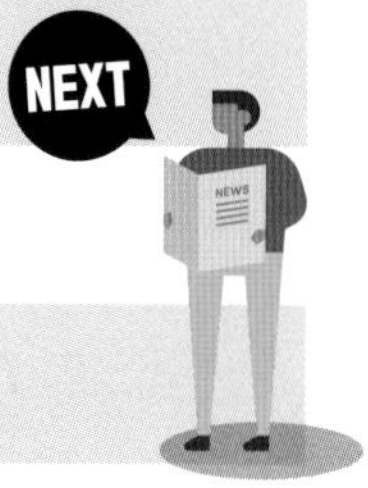
NEXT

4교시 읽고 쓰기 • Reading & Writing

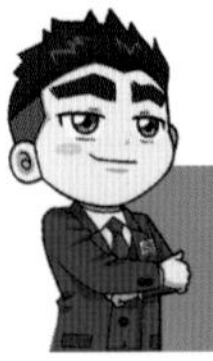

step 2. 쓰기

익숙해진 문장들을 이제 한번 써 볼까? 괄호 안의 단어를 보고, 순서에 맞게 문장을 만들어 보자.

❶ 그녀는 대학생이었다. **(was, She, a, student, university)**

______________________________ .

❷ 우리는 도서관에 있었다. **(in, the, library, were, We)**

______________________________ .

❸ 그들은 유령을 무서워했다. **(They, of, afraid, were, ghosts)**

______________________________ .

❹ 그는 강의실에서 공부했다. **(studied, He, lecture room, in, the)**

______________________________ .

❺ 학생들은 학교에 걸어갔다. **(to, The, walked, students, school)**

______________________________ .

❻ 그들은 실험실에서 실험을 했다. **(the, did, laboratory, an, They, experiment, in)**

______________________________ .

❼ 우리는 교실에서 유령을 봤다. **(ghost, saw, classroom, We, the, in, the)**

______________________________ .

❽ 그들은 점심을 같이 먹었다. **(together, ate, They, lunch)**

______________________________ .

이제 과거 시제의 부정문과 의문문을 영어로 써 볼까? 영작하다 보면 실력이 훨씬 늘 거야.
잘 모르겠으면, 아래에 있는 WORD BOX를 참고해!

❶ 그는 대학생이 아니었다. _____ .

❷ 아이들은 학교에 있지 않았다. _____ .

❸ 나우와 리아는 벽을 칠하지 않았다. _____ .

❹ 그 소녀는 행복해 보이지 않았다. _____ .

❺ 너는 램프를 샀니? _____ ?

❻ 너는 TV를 봤니? _____ ?

❼ 그는 수학을 공부했니? _____ ?

❽ 그들은 기숙사에 살았니? _____ ?

WORD BOX

• he	• Nau	• wasn't	• a	• student	• The	• study
• weren't	• at	• school	• children	• and	• college	• watch
• Lia	• buy	• didn't	• paint	• wall	• girl	• happy
• Did	• lamp	• math	• look	• you	• dormitory	• they
• live	• in	• TV				

* 정답은 162~163쪽에 있습니다.

5교시 유니버스 이야기 • Story

우리가 아홉 번째로 다녀온 곳은 바로 555 유니버스란다. 유서와 전통이 깊은 영국 케임브리지 대학교가 있는 유니버스이지. 또한 이곳은 동사 과거형 유니버스이기도 해. 어떤 곳인지 좀 더 자세히 알아볼까?

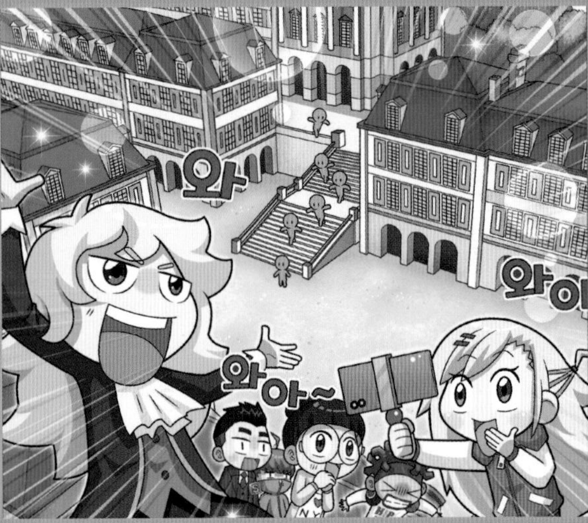
와
와아
와아~

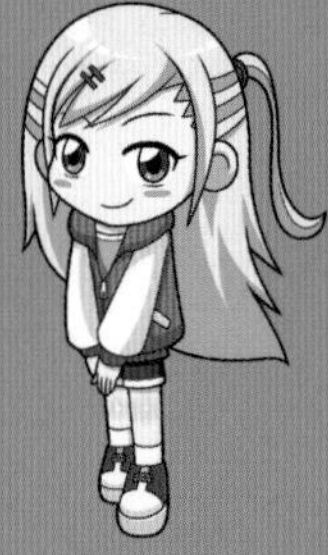
유령이 누군지 밝히지 못했다면 555 유니버스는 어떻게 되었을까요?

◀555 유니버스
위치 009 유니버스에서 가까운 곳
상황 영국 케임브리지 대학교에 유령이 나타나 학생들이 두려움에 떨고 있음.
키 문장 "We were the ghosts!"

555 유니버스 이야기: 동사 과거형

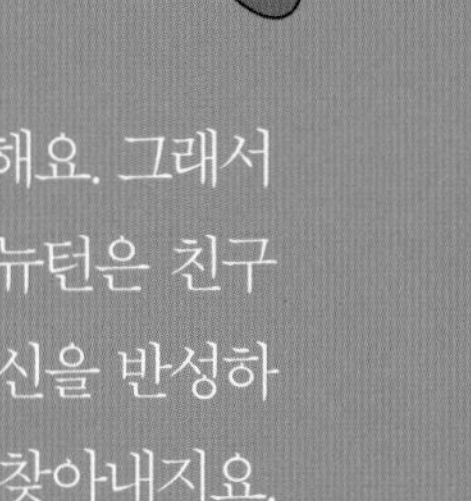
케임브리지 대학교가 문을 닫게 되고, 지구에서 대학교에 관한 영어 단어가 모두 사라졌겠지?

555 유니버스는 케임브리지 대학교가 있는 유니버스예요. 케임브리지 대학교에는 훌륭한 교수와 많은 학생이 활발히 학문을 연구하고 있지요. 그런데 어느 날, 학교 곳곳에서 유령 소동이 벌어져요. 학생들은 공포에 질려서 유령 소굴이 된 학교를 떠나려고 하지요. 이런 위기 속에 555 유니버스로 오게 된 에스잉글리시단은 학생들한테 벌점을 마구 매기는 학생, 뉴턴을 만나게 돼요. 누구보다 학교를 사랑하는 마음이 큰 뉴턴은 규율에서 벗어난 학생들을 그냥 두고 볼 수가 없었어요. 특히 학교를 혼란에 빠뜨리고 있는 유령의 정체를 밝혀내고 학교를 지키고 싶어 해요. 그래서 유령으로 의심이 가는 친구들한테 "You were the ghost!"를 외치지요. 하지만 뉴턴은 친구들을 유령으로 몰아가면서 자신의 주장만 내세우고 친구들과 소통하지 않는 자신을 반성하게 돼요. 그 후 친구들과 화해하면서 자연스레 동사 과거형이 들어간 키 문장도 찾아내지요. 555 유니버스의 키 문장인 "We were the ghosts!"는 유령의 정체를 밝히고, 케임브리지 대학교를 유령 소굴에서 벗어나게 한 멋진 말이에요.

우리 지구의 실제 이야기: 영국 케임브리지 대학교

케임브리지 대학교는 영국 케임브리지에 위치한 명문 대학교예요. 옥스퍼드 대학교와 함께 영국에서 가장 오랜 전통과 유서를 자랑하지요. '케임브리지'라는 이름이 '캠강(River Cam) 위에 놓인 다리(bridge)'에서 유래한 만큼 이 도시를 가로지르는 캠강이 특징이에요. 케임브리지 대학교에는 총 31개의 칼리지(college)가 있어요. 일반적으로 칼리지와 유니버시티(university)는 모

▲ 케임브리지 대학교 내 킹스 칼리지 예배당

두 대학을 의미하는데, 칼리지는 좁은 의미로 단과 대학을 뜻하기도 해요. 하지만 케임브리지 대학교에서 칼리지는 일종의 기숙사 개념으로, 학생들의 복지와 생활을 담당하는 대학교 내 기관이에요. 유니버시티의 어원은 '공동체' 또는 '조합'을 의미하는 라틴어, 우니베르시타스(universitas)에서 유래했답니다.

▲ 아이작 뉴턴

아이작 뉴턴(Isaac Newton)

영국의 천재 과학자로 물리학자, 천문학자, 수학자, 철학자, 신학자, 연금술사, 탐정 등 다양한 수식어가 붙어요. 1661년, 케임브리지 대학교 트리니티 칼리지에 입학한 그는 1669년에 그곳의 교수가 되었지요. 뉴턴은 우주의 모든 물체가 지구와 서로 잡아당기는 힘이 있다는 '만유인력의 법칙'을 발견했어요. 또한 운동의 세 가지 법칙의 발견과 반사 망원경의 발명, 수학적으로는 미적분학을 발전시키는 등 수많은 업적을 남겼답니다.

뉴턴은 정말 천재 같아요!

누구든 노력하면 그 분야의 천재가 될 수 있단다! 너희도 노력해서 영어 천재가 되는 건 어때!

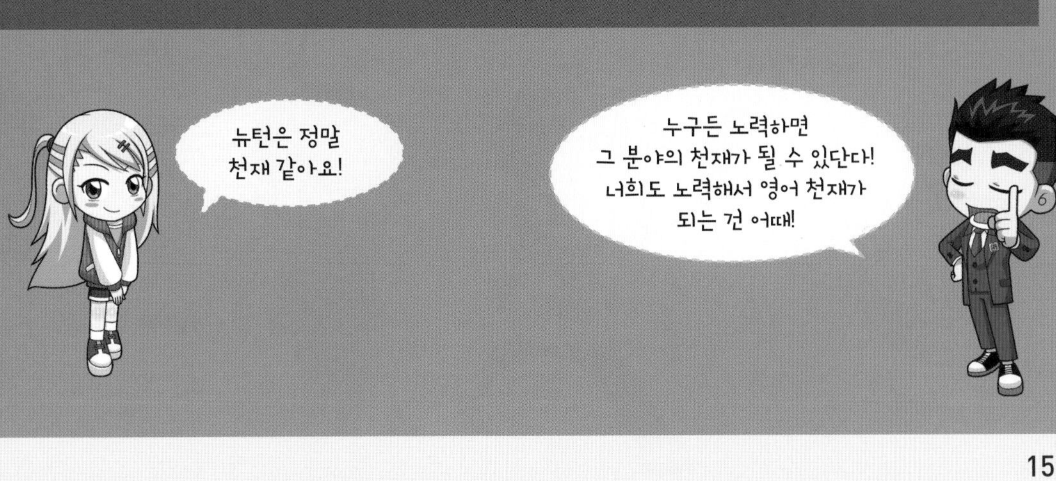

6교시 말하기 • Speaking

step 1. 대화 보기

만화에서 나오는 대사, '허리 업(Hurry up)!'은 어떨 때 쓰는 걸까?

이걸 언제 다 해?
아이고, 허리야!
다들 허리 업!
나처럼 허리를 세워!
딱
딱
딱
그래도 열심히 하면
끝이 보일 거야.
딱

모두 모두
허리 업!

step 2. 대화 더하기

'허리 업(Hurry up)!'은 '서둘러!'라는 뜻으로 쓰여. 자칫 명령하거나 너무 재촉하는 느낌을 강하게 줄 수 있기 때문에 'please'와 함께 쓰이기도 하지. 그렇다면 이와 비슷한 의미로 쓰이는 영어 표현들은 뭐가 있을까? 친구들이 하는 말을 듣고 따라 해 보렴.

Let's get going!
We must hurry.
Move it!
Jump to it!

한눈에 보는 이번 수업 핵심 정리

여기까지 열심히 공부한 여러분 모두 굿 잡!
어떤 걸 배웠는지 떠올려 볼까?

1. Be 동사의 과거형을 배웠어.

Be 동사의 과거형은 주어에 따라 그 형태가 달라지는데,
am과 is는 was로, are는 were로 바뀌지.

2. Be 동사 과거 부정문과 과거 의문문을 배웠어.

Be 동사 과거 부정문은 Be 동사 뒤에 not만 붙여 주면 돼.
Be 동사 과거 의문문은 Be 동사를 앞으로 옮겨 주고 마지막에 물음표를 붙이면 돼.

3. 일반 동사의 과거형을 배웠어.

대부분 동사의 기본형 뒤에 '–ed'를 붙이면 돼.
하지만 일정한 규칙 없이 바뀌는 동사도 있어.

4. 일반 동사 과거 부정문과 과거 의문문을 배웠어.

일반 동사 과거 부정문은 동사 앞에 did not을 붙여 주면 돼.
일반 동사 과거 의문문은 Did를 문장 앞에 붙여서 'Did + 주어 + 동사' 순으로 쓰면 돼.

어때, 쉽지? 다음 시간에 또 보자!

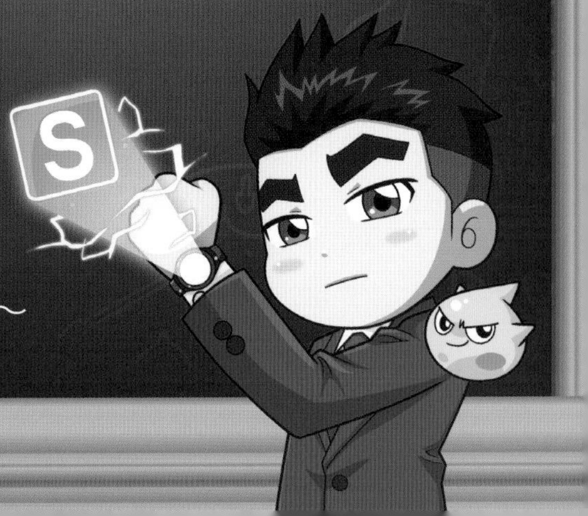
S

7교시 쪽지 시험 • Quiz

수업 시간에 잘 들었는지 쪽지 시험을 한번 볼까?

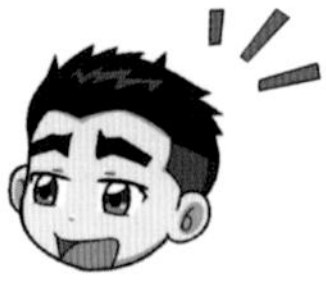

1. 학교 시설을 나타내는 단어가 아닌 것은 무엇일까요?

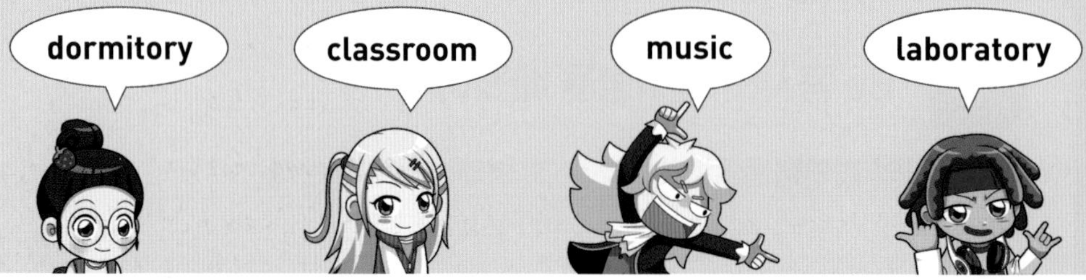
dormitory
classroom
music
laboratory

2. 과목을 나타내는 단어가 아닌 것은 무엇일까요?

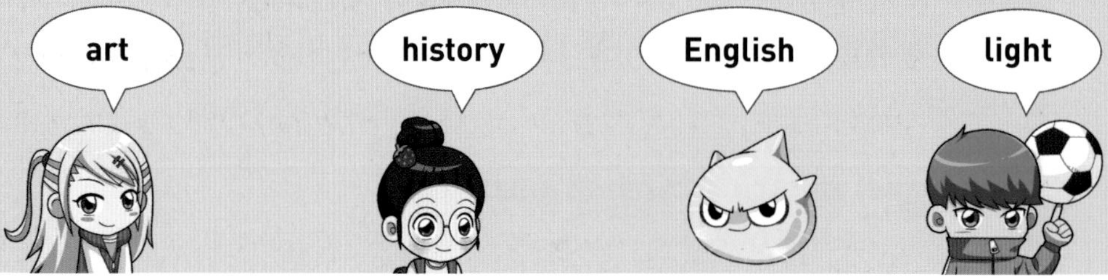
art
history
English
light

3. 불규칙 동사가 아닌 것은 무엇일까요?

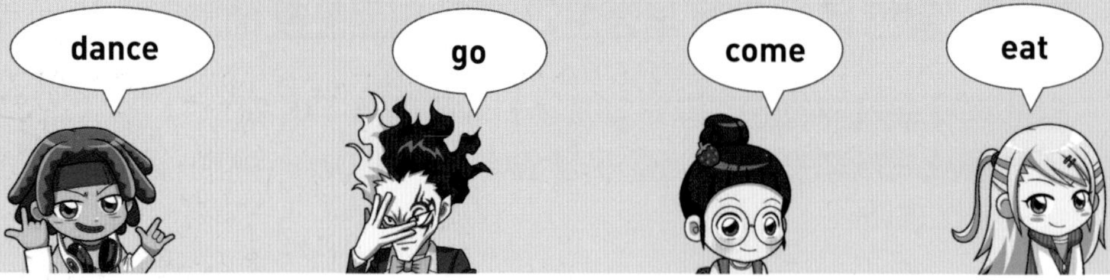
dance
go
come
eat

4. 다음 중 틀린 말은 어느 것일까요?

① Be 동사의 과거형은 am과 is는 was로, are는 were로 바뀐다.
② was not은 wasn't, were not은 weren't로 줄여서 쓸 수 있다.
③ 일반 동사의 과거형은 규칙 동사이면 동사의 기본형에 '-id'를 붙인다.
④ 일반 동사 과거 의문문을 만들 때는 Did를 문장 앞에 붙여 주면 된다.

5. 다음 중 올바른 문장은 무엇일까요?

① She were a university students.
② I wasn't tired last night.
③ Mom was wash the dishes.
④ They were eat lunch together.

6. 다음 중 틀린 문장은 무엇일까요?

① The bus stopped at the bus stop.
② They did an experiment in the laboratory.
③ Did he study math?
④ No, she did listen to music.

7. 문장의 빈칸을 완성해 보세요.

① 우리는 도서관에 있었다.   We (   ) in the library.
② 루시는 어제 학교에 늦지 않았다.   Lucy (   ) late for school yesterday.
③ 학생들은 학교에 걸어갔다.   The students (   ) to school.
④ 그녀는 음악을 들었니?   (   ) she listen to music?

8. 다음 문장을 완성해 보세요.

Did you live in the dormitory?

Yes, (   ) (   ).

* 정답은 162~163쪽에 있습니다.

P 143

• 대학교	university	• 과학	science
• 기숙사	dormitory	• 지리	geography
• 실험실	laboratory	• 유령	ghost
• 화장실	restroom	• 냄새	smell
• 수학	math	• 관찰하다	observe

P 150~151

art
English
science
math
music
geography
number
piano
map
sketch
alphabet
experiment

나는 음악실에 갈 거야!
나는 강의실에 갈 거야!
나는 실험실에 갈 거야!
후는 화장실에 갈 거래요!
music room
lecture room
restroom
laboratory

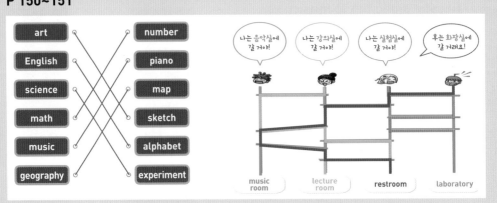

P 154

❶ She was a university student

❷ We were in the library

❸ They were afraid of ghosts

❹ He studied in the lecture room

❺ The students walked to school

❻ They did an experiment in the laboratory

❼ We saw the ghost in the classroom

❽ They ate lunch together

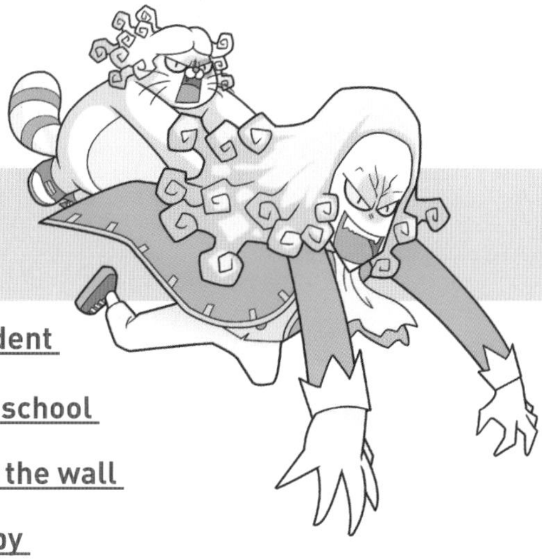

P 155

❶ He wasn't a college student ✓

❷ The children weren't at school ✓

❸ Nau and Lia didn't paint the wall ✓

❹ The girl didn't look happy ✓

❺ Did you buy a lamp ✓

❻ Did you watch TV ✓

❼ Did he study math ✓

❽ Did they live in the dormitory ✓

P 160

1.

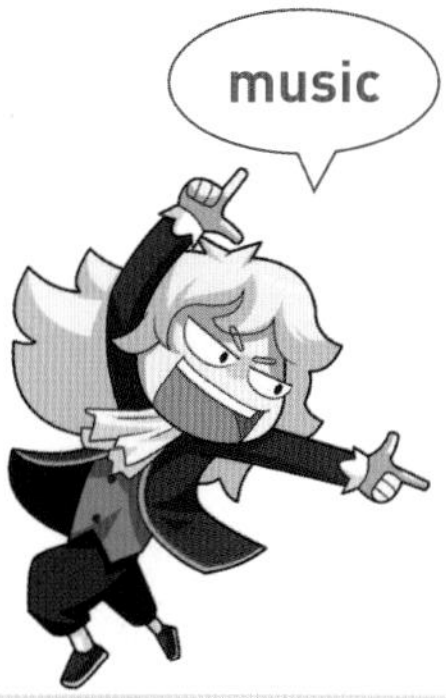
music

2.

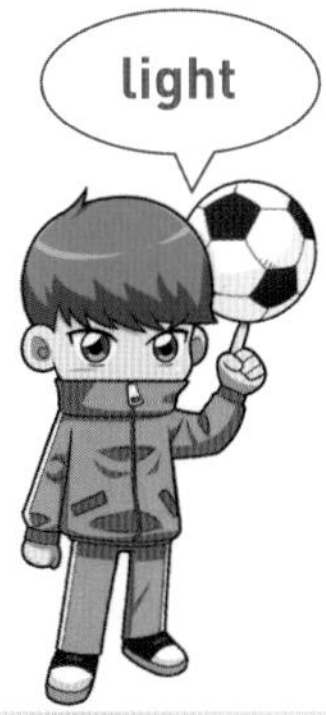
light

3.

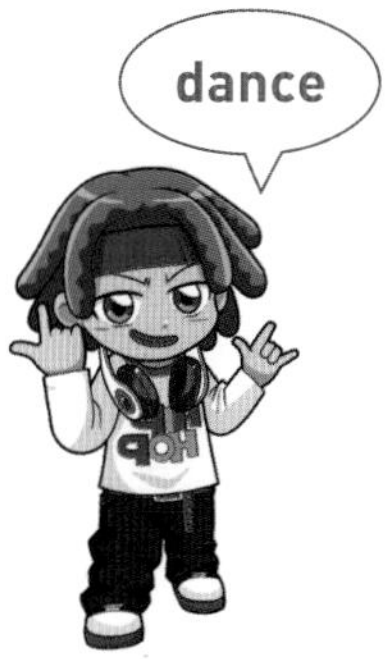
dance

4. ③

P 161

5. ②

6. ④

7. ❶ (were)
❷ (wasn't)
❸ (walked)
❹ (Did)

8. (I) (did)

지령서

노잉글리시단의 행동 대장 트릭커!
너에 대한 믿음이 사라진 지 오래지만
넓은 마음을 가진 내가 한 번 더 기회를 주겠다!
다음 목적지는 OOO 유니버스다! 지금 당장 떠나라!

목적지: OOO 유니버스
위치: 555 유니버스에서 가까운 곳
특징: 살아서 빠져나올 수 없는 미로 라비린토스에서
　　　 영웅 테세우스가 사라진 아리아드네 공주를 찾고 있다.

보스가 주는 지령

OOO 유니버스는 그리스 로마 신화 유니버스로,
크레타 섬의 가장 악명 높은 미로인 라비린토스가 있다.
아리아드네라면 정신을 못 차리는 테세우스를 이용해서
예스잉글리시단 녀석들을 함정에 빠뜨리고, 골탕을 먹여라!
더불어 테세우스가 아리아드네를 찾지 못하고,
무시무시한 황소 괴물 미노타우로스의 먹이가 되게 만들어라!
그렇게만 된다면 신화가 엉망이 되고,
신화에서 유래한 영어 단어가 싹 사라질 것이다!

추신: 마지막 나의 배려를 저버리면 지옥의
　　　 영어 특특특강이 널 기다리고 있을 것이다!

노잉글리시단
Mr. 보스

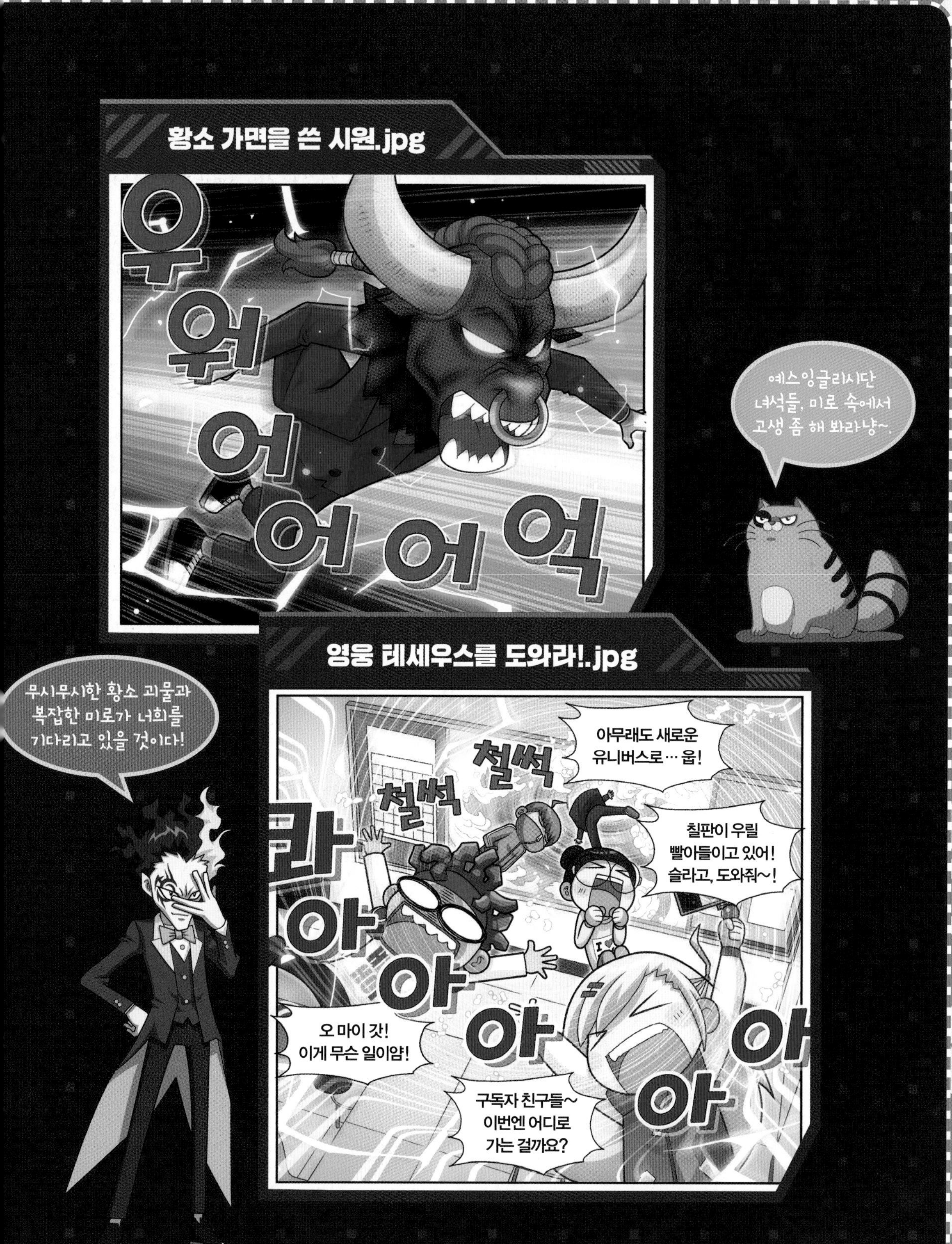
황소 가면을 쓴 시원.jpg
우워어어어억
예스잉글리시단 녀석들, 미로 속에서 고생 좀 해 봐라냥~.
영웅 테세우스를 도와라!.jpg
무시무시한 황소 괴물과 복잡한 미로가 너희를 기다리고 있을 것이다!
아무래도 새로운 유니버스로 … 웁!
철썩
철썩
칠판이 우릴 빨아들이고 있어! 슬라고, 도와줘~!
콰아아아아아
오 마이 갓! 이게 무슨 일이얌!
구독자 친구들~ 이번엔 어디로 가는 걸까요?

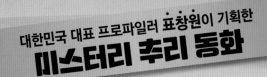

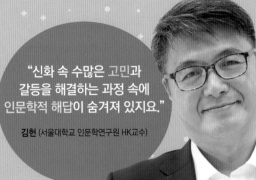

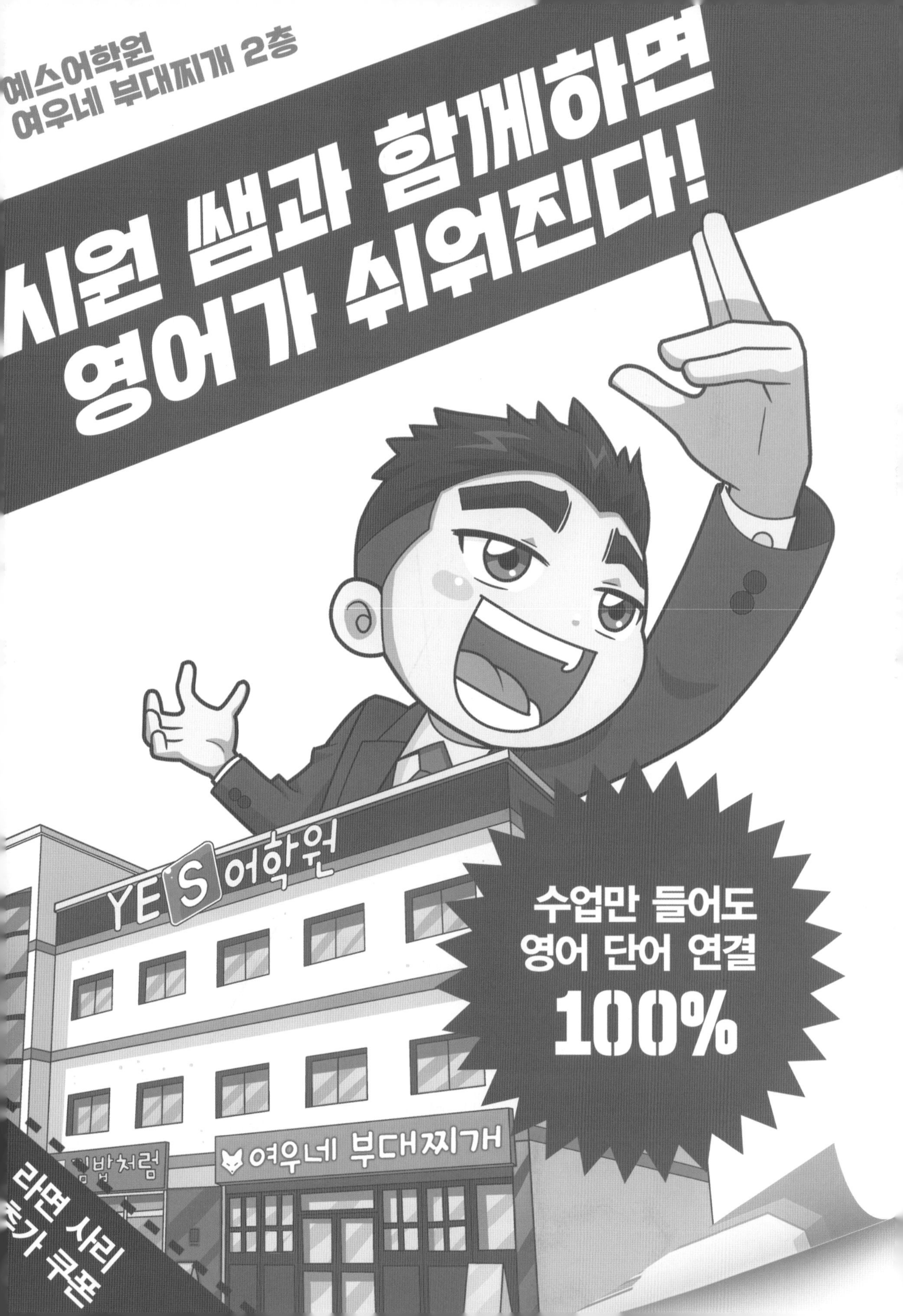
예스어학원
여우네 부대찌개 2층
시원 쌤과 함께하면
영어가 쉬워진다!
YES어학원
수업만 들어도
영어 단어 연결
100%
여우네 부대찌개
라면 사리
쿠폰

예스잉글리시
신입 단원 모집

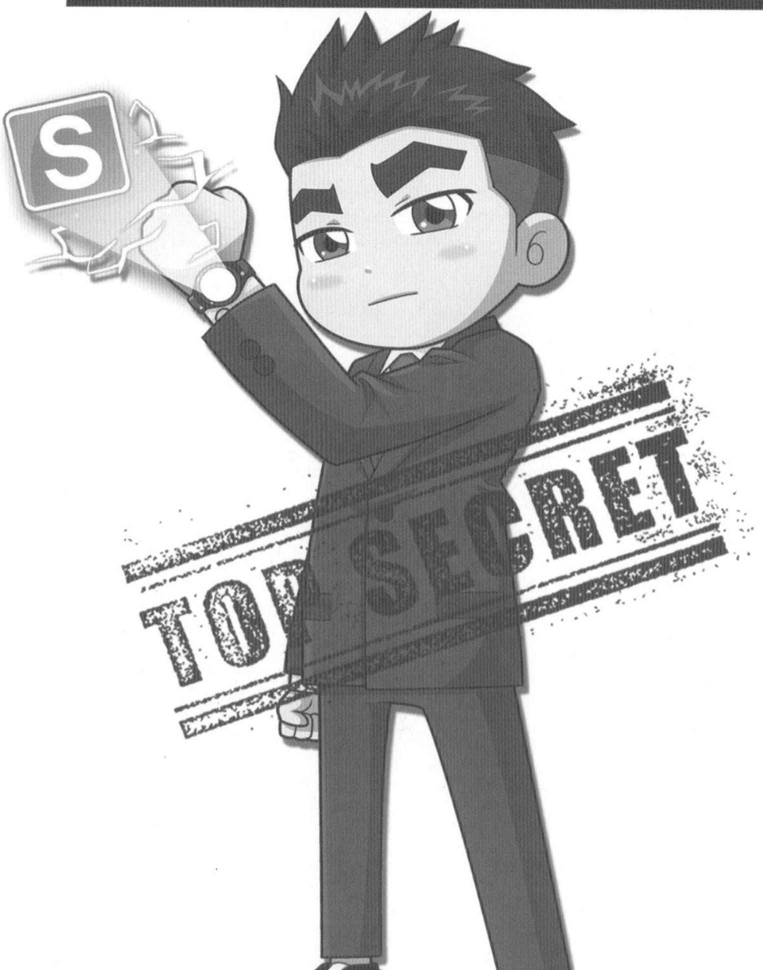
S
TOP SECRET

코드 네임 : 에스원 요원과
영어 유니버스를 구하라!